YUHIKAKU

地方自治論［新版］

2つの自律性のはざまで

LOCAL GOVERNMENT IN JAPAN

著・北村　亘

　　青木栄一

　　平野淳一

有斐閣 ストゥディア

新版によせて

　2017年12月，地方自治の教科書として本書は発刊されました。地方自治の教科書が多数あるなかで，初学者向けに特化した教科書として，地方自治の歴史や外国の地方自治との比較，そして地域社会やコミュニティの話は別の教科書の説明に委ねるという大胆な決断を行いました。

　ありがたいことに，教科書であるにもかかわらず，公務員の方々やマスメディアの記者の方々にも読んでいただき，いろいろな場面で取り上げていただくことも少なくありませんでした。特に，地方政治の中でも首長や議員のデータの部分について，政治家や公務員，記者の皆さんからご感想をいただくことも少なくありませんでした。当初，読者層として想定していた法学部や政治経済学部の学生の皆さんのみならず，福祉系や教育系に進む学部生の皆さんからも「福祉や教育と地方自治がどのようにかかわっているのかがわかった」というお声をいただきました。執筆者一同，改めて御礼申し上げます。

　初版の発刊から2024年の新版の発刊の時点までに，日本の地方自治を取り巻く環境には大きな変化がありました。まず，2020年2月から日本でも本格化した新型コロナウイルス（COVID-19）感染症の蔓延を挙げないといけません。この結果，感染症対策を中央政府，都道府県，市区町村が協力して行わなければならなくなりました。誰がイニシアティブを握っているのかということで混乱しました。また，特に市区町村は，給付金の支給やワクチン接種の準備をめぐって，誰がどこに何人住んでいるのかということの把握に四苦八苦することになりました。さらに，2022年2月からロシアのウクライナへの本格的な侵攻も，日本の地方自治に大きな影響を与えました。世界的な原材料価格の高騰や半導体不足などにより，公共事業が中止や延期を余儀なくされることも増えています。過重な負荷が一気に地方自治体にかかってしまいました。

　他方で，コロナ禍以前からの課題であった少子高齢化や人口減少には歯止めがかかっておらず，地方自治を取り巻く厳しい環境は一層厳しくなっています。合計特殊出生率の低下を食い止めるために中央政府も地方自治体も必死ですが，なかなか止まらず，再開発で大規模マンションの建設を促進することで都市部

では近隣の自治体から生産年齢人口（15歳から64歳の人口）を引き抜くという手段を派手にとる自治体が目を引く程度です。高齢人口（65歳以上の人口）が全人口に占める割合を示す高齢化率は，2022年10月時点で29％にまで一貫して上昇し，さらに2070年には40％近くまで達するといわれています（内閣府『高齢社会白書』令和5年版）。

　高齢化した住民の皆さんはいままで以上に行政サービスに依存していくかもしれません。1950年には12人の生産年齢人口の人たちで1人の高齢人口の人たちを支える計算でしたが，2015年には2人で1人の高齢人口の人たちを支える計算になっており，さらに2070年には1人で1人の高齢人口の人たちを支えることになりそうです。さまざまな給付や介護の申請手続きをしなければなりませんが，難解な法令用語に満ちている膨大な書類を作成することは困難です。住民対応業務にかかる負担は実は増えていきそうです。他方で，人口減少の中で職員採用もままならない地方自治体が相次いでいます。人手不足の中で，農山漁村でも少子化のため都市部から戻ってきて市町村に就職してくれる若者も少なくなってしまっています。

　救いは，情報通信技術（ICT）や人工知能（AI），ロボット・プロセス・オートメーション（ロボティクス，RPA）など「新しいテクノロジー」の進歩がある一定の水準を超えて加速度を上げている点です。とはいえ，職員獲得が難しいなかで，専任の情報政策担当の職員や土木技術系の専門知識をもつ職員の確保ができていない町村も少なくありません。「新しいテクノロジー」が社会実験の結果，確立した行政運営のツールになってしまうと，財源に厳しい零細の市町村では導入もままならないということもあるでしょう。しかし，高度な専門性や財源にめぐまれない市町村こそが「新しいテクノロジー」を最も必要としている地方自治体であることはいうまでもありません。どのようにすれば相対的に費用をかけずに導入できるのかということを考えていく必要があります。

　環境の変化の一方で，あまり変わらなかった点も少なくありません。地方分権については，地方分権一括法が毎年成立しています。2023年には第13次一括法が成立しています。これらの一連の一括法は，義務づけや枠づけの緩和を内容としていますが，地方自治制度全体に大きな影響があるわけではありません。強いていえば，教育行政に関する制度や福祉・介護に関する制度が改革さ

れており，この部分は対応しなければなりませんでした。ですので，今回の改訂では，税財政や定員などのデータや数字の更新などを中心に行いました。制度が変わった福祉や教育の部分では一部図表も新しいものに差し替えています。

　薄い分量の教科書ですが，読者の皆様の知的好奇心を前回同様に刺激できましたら幸いです。

　2024 年 2 月

北村　　亘
青木栄一
平野淳一

> 　刊行後の追加情報などは以下のウェブサポートページで提供しています。
> https://www.yuhikaku.co.jp/static/studia_ws/index.html
> このウェブサポートページでは，本書をテキストとしてご利用いただく先生方に向けた授業用スライドなどの案内も掲載しています。

初版はしがき

　本書は，大学の法学部や経済学部，政治経済学部，教育学部，あるいは社会福祉系の学部で学ぶ1，2年次の学生の皆さんを対象に，地方自治論の入門的な教科書として執筆しました。我々3人の執筆者は，これまでに出版されてきた研究書や論文の成果をできるだけ取り入れて，わかりやすく書いたつもりです。

　同時に，すでに中央省庁などにお勤めの国家公務員や，都道府県や市区町村にお勤めの地方公務員，すでに政治家となっておられる方やこれから選挙に出ようと思う方にも，地方自治という世界を鳥瞰的に捉えて，ご自身の職務やご勤務先の行く末を再考する機会を提供したいという思いで執筆しました。

　さて，こんなことを書いていると，「地方自治とは関係のない一般市民は読まなくてもいい」と思われる方もおられるでしょうが，やはりそういう方にこそぜひとも読んでいただきたいと切望しています。最近は，地方自治をめぐって政治的な闘争劇や不祥事などに関するニュースを目にする機会が増えています。単に面白おかしく，あるいは呆れて無関心になっているだけでは，後々たいへんなことになります。

　地方自治は，じつは皆さんの日常生活に大きく関係している存在なのです。その役割の大きさは，本書を読んで実感していただきたいところです。地方自治体が機能しているときにはあまり意識しないでしょうが，機能しなくなった途端に日常生活が一気に大打撃を受けてしまいます。きれいな水や空気と同じく，地方自治もなくなって初めて重要性がわかります。でも，有効に機能する地方自治がなくなる前に，年に何回かだけでも，地方自治のあり方について一緒に考えてみましょう。

　また，本書の執筆にあたって，大学で実際に講義されている地方自治の研究者を意識しなかったといえば，それは嘘になります。せっかく出版したのだから少しでも多く授業で活用していただきたいと思っていますが，そのためにはそうした先生方にまずは納得いただかなければなりません。だからといって，研究者の関心だけを意識していると，どうしても学生さんの視線からは乖離し

てしまうのも事実です。研究者の関心を満たすことと，学生さんへのわかりやすさとのバランスをどのようにとるのかは，最後の最後まで苦労したところです。

　我々執筆者は，大学生や一般市民の方々への地方自治論の入門書としてだけでなく，公務員や専門家の方々が途中で立ち止まって地方自治について考えるための教科書として本書を書き上げました。日本の地方自治の特徴を理解するうえでの最低限の知識を提供している入門書と信じて，ぜひとも本書を読み進めてください。

　本書で使う言葉について少し説明をしておきます。本書では，都道府県や市区町村などの「地方自治体」を指す言葉として，いくつかの言葉を用います。まず，地方自治に関する一般的な議論をする場合には「地方政府」（local government）という言葉を用います。地方政府とは，国家の領域内の特定地域において，住民から選出された政治家が住民への行政サービスの内容と質，そしてその負担方法を決定するための統治機構を指し，契約などの主体になりうる法人格を有している点に特徴があります。日本では都道府県や市町村ですし，アメリカでは州政府の下にある郡や市などが該当します（アメリカにおける州政府の扱いについては本書第9章参照）。「上位の政府に改廃存置が決定されてしまう政府」であるという言い方もできるでしょう。本書でも，国家間比較などで学問的に中立的な用語としては地方政府を用います。

　なお，日本で行政サービスを住民に最も身近なところで提供する「基礎自治体」（municipality）を指す場合，一般的には「市町村」がよく使われます。しかし，近年では東京都の特別区も含めて「市区町村」という場合も少なくありません。特別区の特殊な性格のために，市町村と一緒にして考えたほうが適切な場合とそうでない場合があります。ただ，現段階では深刻に考えずに先に進みましょう（詳しくは本書第7章参照）。

　また，日本の地方自治を論じる際には，都道府県，市区町村，広域連合，一部事務組合などをすべてまとめて「地方公共団体」（local public entity）といいます。憲法や地方自治法などに出てくる言葉です。しかし，都道府県や市区町村を，日常的には単に「地方自治体」（local authority）と呼ぶことが多いでし

ょう。本書では，日本の文脈で地方政府を指すときには地方自治体や，具体的に都道府県と市町村，あるいは市区町村を使います。場合によってはどちらでも該当することもありますので，神経質に使い分けをしているわけではありません。

　もう1つが「国」です。基本的に，国民全体や領土全体を統治する政府を「全国政府」(national government) と呼びます。中でも立法，行政，司法の政治権力を完全に独占している政府を「中央政府」(central government) と呼びます。中央政府は，議会の法令に基づいて地方政府の改廃存置を決定できます。日本の地方自治を論じるときには，「国と地方」というように，実際には中央政府という意味で「国」を使うことが多いですが，あえて地方政府との対峙の中で論じるときには「中央政府」という言葉を用います。少し耳慣れないかもしれませんが，中央政府，地方政府という言い方にも慣れてください。

　さて，地方自治は，非常に興味深い対象です。有権者である住民の代表が特定の地域の政治を行うという意味では，地方政府はいかなる組織形態であろうとも「政府」です。住民の付託を受けた政治家が，「何をどのように実施するのか」といった政策内容や実施方法を決めると同時に，「誰にいくらの負担を求めるのか」といった課税対象や税負担を決めるわけです。まさに，特定の地域の中での自己完結的な「小宇宙」といってもいい政治空間です。

　他方で，中央政府や他の地方政府の動向に影響を受けるため，地方政府は完全に独立した意思決定を行いうるわけではありません。多くの国家では，地方政府の権限や財源が上位の政府に設定されています。地方政府の活動を制約する要因をできるだけ減らしていく改革こそが地方分権改革である，といっても過言ではありません。

　本書は，地方自治を考えていく際に，地方政府の「自律性」(autonomy) に着目します（図0-1参照）。住民から選出された政治家と職業公務員が一定の領域を統治する地方政府を中心に考えます。そこで，第1部「地方政府の主人公」では，どのような主体（アクター）が地方政府の中での政策決定や実施に関与しているのかを考えていきます。首長（第1章），議会（第2章），地方公務員（第3章）で，それぞれの主体について観察していきます。

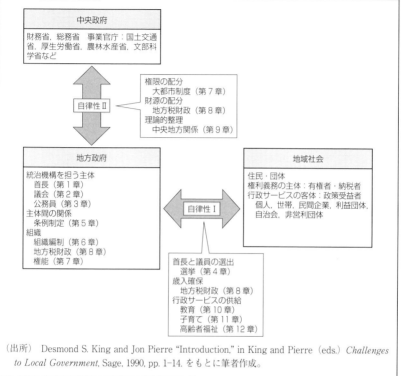

CHART 図0-1　地方政府の2つの自律性

中央政府

財務省，総務省　事業官庁：国土交通
省，厚生労働省，農林水産省，文部科
学省など

自律性Ⅱ

権限の配分
　大都市制度（第7章）
財源の配分
　地方税財政（第8章）
理論的整理
　中央地方関係（第9章）

地方政府

統治機構を担う主体
　首長（第1章）
　議会（第2章）
　公務員（第3章）
主体間の関係
　条例制定（第5章）
組織
　組織編制（第6章）
　地方税財政（第8章）
　権能（第7章）

地域社会

住民・団体
権利義務の主体：有権者・納税者
行政サービスの客体：政策受益者
　個人，世帯，民間企業，利益団体，
　自治会，非営利団体

自律性Ⅰ

首長と議員の選出
　選挙（第4章）
歳入確保
　地方税財政（第8章）
行政サービスの供給
　教育（第10章）
　子育て（第11章）
　高齢者福祉（第12章）

（出所）　Desmond S. King and Jon Pierre "Introduction," in King and Pierre（eds.）*Challenges to Local Government*, Sage, 1990, pp. 1-14. をもとに筆者作成。

　地方自治の主体が明らかになったところで，地方政府が直面する自律性に焦点を当てていきます。「自律性Ⅰ」とは，地域社会に対する地方政府の自律性です。住民は，地域社会での重要な政治活動を委ねるべく政治家を選出し，必要なコストを税金として支払います。選出された政治家は，職業公務員とともに政策を実施します。他方で，住民は，地方政府が提供する行政サービスを享受する存在です。しばしば住民は地方政府の主人公であると同時に，地方政府の行政的顧客でもあります。住民や団体などから構成される地域社会と地方政府とに対立がなければ理想でしょうが，両者は時には対立します。どの程度の緊張関係があるのかを考えているわけです。第2部では，選挙（第4章）や条例制定（第5章），自治体の組織編成（第6章）における地方政府と地域社会との緊張関係について議論をしていきます。

次いで焦点を当てる「自律性Ⅱ」とは，中央政府に対する地方政府の自律性のことです。日本の多くの地方自治研究では，どの程度，地方政府に自律性があるのかということが丹念に分析されてきました。その成果を踏まえて，第3部では，どの地方政府にどのような権能が与えられているのかを考えるために大都市制度（第7章）を説明し，何にどのように支出しているのか，そして，その財源はどこから調達しているのかを考えるために地方税財政（第8章）を説明します。いずれも地方分権改革を考える際の論点だと思います。まとめとして，中央政府と地方政府との関係（中央地方関係）を理論的に位置づける作業のための用語や概念を説明します（第9章）。

　最後の第4部では，具体的に教育や福祉の政策領域を取り上げて，実際に地方政府がどのように行政サービスを供給しているのか具体的に考えます。少子高齢化・人口減少の時代に，現役子育て世代の主たる関心は，保育園や義務教育といった教育サービスや，両親の介護です。また，教育や福祉は，中央政府，都道府県，市区町村が協働して住民に行政サービスを供給しているという点で，日本の公共セクター全体を理解するための格好の素材です。加えて，教育政策の場合，住民の意向を反映して主導権を握ろうとする首長や議会と，政治的な中立性を体現する教育委員会がせめぎ合う領域であり，政策研究として重要です。学校教育（第10章），子育て（第11章），高齢者福祉（第12章）の順で説明していきます。

　地方自治は，「自律性Ⅰ」と「自律性Ⅱ」のはざまで展開されています。中央政府に対する地方政府の自律性が低いとき，地方政府は中央政府による統制と画一性を盾にして，住民や地域社会と向き合うことが少なくなるかもしれません。しかし，中央政府に対する地方政府の自律性が高められていくと，地方政府には，住民と地域社会を自ら説得して負担を求めたり，給付水準を決めていったりする必要が生じます。地方政府を運営する政治家は選挙で選ばれている以上，全体としての利益と特定の住民の利益を調整して決定を下さなければなりません。下手をすると，将来のことを考えずに現在の住民の意向に流されるかもしれません。中央政府に対する自律性が高められた結果，地方政府は地域社会に対する自律性が低くなってしまうでしょう。2つの自律性のはざまで，着地点を探すことが地方自治を考えるうえで重要なことなのです。

本書が直接にふれていない領域がいくつかあります。第1に，現在の日本の地方自治がどのように形成されてきたのかという歴史の話です。本当は近代国家における地方自治制度の設計という問題は，現在の発展途上国などでの統治機構の再設計の問題とも関係しており，重要な論点です。第2に，市民参加や市民社会，コミュニティの話です。もはや行政だけですべての公共サービスの供給ができると考える時代は終わっています。旧来からの自治会や町内会，あるいは最近の特定の領域で進化しつつある非営利法人（NPO）や民間企業が地方自治において果たす役割も，重要な論点です。第3に，少子高齢化・人口減少の時代における地方創生や地域振興についてもふれていません。地域活性化の方策については現在進行形の大問題です。誰がどこに住んでいても，同じ質と量の行政サービスを受け取ることができるためには，どのような工夫が必要なのか，もし不可能であればどうすればいいのか，ということも地方自治に関係する人だけでなく国民全体で考えないといけない論点です。

　これらの問題に対して，本書は，必要に応じて各章でふれておりますが，十分とはいえません。あくまで，本書は，これらの問題を深く理解するためにもまずは基礎・基本を身につけてもらうことをめざしています。幸い，発展編ともいうべき地方自治論の教科書はいくつもあります。さらには，現実に生じている課題や事象を報道するマス・メディアも生きた教科書です。ぜひとも好奇心の火を絶やさずに勉強していただければ幸いです。

　本書の完成までには多くの方々のお世話になりました。特に，首都大学東京の伊藤正次先生，明治大学の木寺元先生には，教科書執筆の先輩としてたいへん有益なコメントを頂戴しました。また，獨協大学の大谷基道先生，近畿大学の辻陽先生には，制度やデータでの思い違いや誤字脱字までご指摘いただきました。先生方の厳格な姿勢は，気が緩みがちな私たちに非常に大きな教育効果があったように思います。心よりお礼申し上げます。もとより，本書に含まれる誤りなどについては執筆者3名の連帯責任の部分と，各執筆者の個別責任の部分がありますが，総じて3名の責任であることは間違いありません。

　さらに，有斐閣書籍編集第2部の岩田拓也氏と岡山義信氏には，同社が長年

にわたって培ってこられた教科書作りのノウハウをもとに適切なアドバイスをしていただいただけでなく，不即不離の姿勢で進捗管理もしていただきました。心よりお礼申し上げます。

2017 年 11 月

北村　亘

青木栄一

平野淳一

著者紹介

北 村　　亘（きたむら　わたる）

1970 年，京都府に生まれる。

1998 年，京都大学大学院法学研究科博士後期課程修了。博士（法学）。

現　在，大阪大学大学院法学研究科教授。

専攻は，行政学，地方自治論。

主著に，『現代官僚制の解剖――意識調査から見た省庁再編 20 年後の行政』（編著，
有斐閣，2022 年）；『政令指定都市――百万都市から都構想へ』（中央公論新社，
2013 年）；『地方財政の行政学的分析』（有斐閣，2009 年）など。

青 木　栄 一（あおき　えいいち）

1973 年，千葉県に生まれる。

2002 年，東京大学大学院教育学研究科博士課程修了。博士（教育学）。

現　在，東北大学大学院教育学研究科教授。

専攻は，教育行政学，政府間関係論。

主著に，『文部科学省――揺らぐ日本の教育と学術』（中央公論新社，2021 年）；『文
部科学省の解剖』（編著，東信堂，2019 年）；『地方分権と教育行政――少人数
学級編制の政策過程』（勁草書房，2013 年）など。

平 野　淳 一（ひらの　じゅんいち）

1981 年，島根県に生まれる。

2010 年，神戸大学大学院法学研究科博士後期課程単位取得満期退学。博士（政治学）。

現　在，甲南大学法学部准教授。

専攻は，政治学，地方政治論。

主著に，「現職市長の任期途中の辞職・失職」『甲南法学』59（1・2），47-85 頁，
2019 年；「『平成の大合併』後の市長選挙」『公共選択』72，102-121 頁，2019
年；「平成の大合併の政治的効果――市長選挙結果の分析から」『年報政治学』
2013-I，256-278 頁，2013 年など。

目　　次

新版によせて ………………………………………………………… i

初版はしがき ………………………………………………………… iv

著者紹介 ……………………………………………………………… xi

第1部　地方政府の主人公

CHAPTER 1　首　　長　　2

1　首長に関する制度 ……………………………………………… 3

　　自治体職員に対する影響力（3）　議会に対する影響力（4）　住民
　　に対する影響力（4）

2　首長の実像 ……………………………………………………… 5

　　日常活動（5）　首長の前職（7）

3　首長の給与・待遇 ……………………………………………… 11

　　都道府県知事の給与（11）　市長の給与（12）

4　首長の退任 ……………………………………………………… 15

　　任期満了による退任（15）　任期途中での退任（15）

　　Column ❶　若手首長　16

CHAPTER 2　議　　会　　22

1　地方議会・地方議員に関する制度 …………………………… 23

　　地方議会の権限（23）　地方議会の運営（25）

2　地方議員の実像 ………………………………………………… 27

　　日常活動（27）　地方議員の社会的背景（28）　地方議員の党派性
　　（32）　議員の報酬・待遇（33）

3 二元代表制の特徴 ··· 35

二元代表制とは（35）　首長と議会の影響力の比較（36）　首長と
議会の協調・対立のパターン（40）

Column ❷　落選議員の憂鬱　38

地方公務員　　　　　　　　　　　　　　　　　　　　　　44

1 多様な地方公務員 ··· 44

公務員の種類（44）　地方公務員の種類（46）

2 採用と昇進管理，給料表 ··· 47

採用（47）　昇進管理（51）　給料表（53）

3 出 向 官 僚 ·· 56

地方自治体で勤務する国家公務員（56）　旧自治省からの出向官僚
（57）

Column ❸　さまざまな公務員　58

第**2**部　自律性Ⅰ：地域社会に対する地方政府の自律性

住民による統制　　　　　　　　　　　　　　　　　　64
選挙と住民投票

1 首 長 選 挙 ·· 65

首長選挙の制度（65）　首長選挙の特徴（66）　無党派首長の増加
理由（69）　相乗り首長の存在理由（70）

2 地方議会選挙 ··· 72

地方議員の選出に関するルール（72）　地方議会選挙の特徴（73）

3 直接請求と住民投票 ··· 76

直接請求制度の種類（76）　憲法や法律で現行法上制度化されてい
る住民投票（78）　地方公共団体が定める条例による住民投票
（82）

Column ❹　地方選挙における無投票　80

条 例 制 定 85

1 条 例 と は ……………………………………………… 85

2 条例制定の主体 …………………………………………… 87

3 条例制定の過程 …………………………………………… 88

4 条例制定の実例 …………………………………………… 91

所沢市における空き家条例の制定過程（**91**）　寝屋川市における子
どもたちをいじめから守るための条例の制定過程（**95**）　武蔵野市
における住民投票条例の導入過程（**98**）

5 条例案の制定過程からみる自治体の政策過程の特徴 ………… 101

> **Column ❺** 地方政治における対立：条例制定をめぐる "私たち" と "あの人たち"　102

地方自治体の組織編成 107

1 どのような原理で地方自治体の組織は編成されているか …… 107

地方自治体組織に対する規制（**107**）　地方自治体の組織は首長部
局ばかりではない――執行機関多元主義（**110**）

2 図でみる地方自治体組織 ………………………………… 113

庁舎の配置（**113**）　フロア構成と座席表（**113**）

3 地方自治体組織の新たな姿 ……………………………… 116

地方自治体組織の見直し――フラット化（**116**）　地方自治体組織
の多様化の動向（**118**）

> **Column ❻** 教育委員会制度改革と首長の権限強化　120

第3部 自律性Ⅱ：中央政府に対する地方政府の自律性

CHAPTER **7**

地方自治体の権能と大都市制度 126

1 地方自治体の種類 ・・・・・・・・・・・・・・・・・・・・・・・・・・・・・・・・・・・ 126

二層制（126）　市町村および東京都の 23 特別区（127）　都道府県
（129）　一部事務組合と広域連合（130）

2 地方自治体の権能 ・・・・・・・・・・・・・・・・・・・・・・・・・・・・・・・・・・・ 131

権能からみた関係（131）　融合型の地方自治（134）

3 大都市制度——政令指定都市，中核市，施行時特例市 ・・・・・・・・・ 135

大都市制度（135）　区による行政（136）　中核市と施行時特例市
（137）　保健所の存在（139）　二重行政（142）

Column ❼　地方自治体の連携と「新しいテクノロジー」　140

地方税財政と予算 145

1 国際比較からみた日本の地方税財政 ・・・・・・・・・・・・・・・・・・・・・・ 145

「脆弱な地方自治」という神話（145）　マーブルケーキ・モデル
（146）

2 歳　　出 ・・ 148

目的別歳出決算額（149）　性質別歳出決算額（150）

3 歳　　入 ・・ 152

地方歳入の手段と全体的な特徴（152）　地方税（153）　移転財源
（156）　地方債の発行（158）

4 予算をめぐる問題 ・・・・・・・・・・・・・・・・・・・・・・・・・・・・・・・・・・・・・ 159

議会での予算審議の慌ただしさ（159）　課税自主権の政治的行使
（160）　ベイルアウト期待行動の阻止（161）

Column ❽　「ふるさと納税」の何が問題なのか？　162

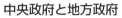

CHAPTER **9** 中央政府と地方政府 167

1 比較の枠組み ・・ 168
　単一主権制と連邦制（168）　制限列挙方式と概括例示方式（169）
　集権−分権軸と融合−分離軸，集中−分散軸と統合−分立軸（171）

2 中央地方関係の一般的な理論 ・・・・・・・・・・・・・・・・・・・・・・・・ 173
　市場保全型連邦主義（173）　ハミルトニアン・モデル（174）「足
　による投票」モデルと「シティ・リミッツ」論（175）　鼎立不能
　な3つの制度理念（178）

3 日本における中央地方関係 ・・・・・・・・・・・・・・・・・・・・・・・・・ 181
　垂直的行政統制モデル（181）　水平的政治競争モデル（183）　新
　産業都市建設促進法と老人医療の無料化をめぐる政治過程（185）
　行政的回路における地方利益の表出機能（187）

 第 **4** 部　2 つの自律性の中での地方自治の展開

CHAPTER **10** 学 校 教 育 192

1 学校教育の担い手は誰か ・・・・・・・・・・・・・・・・・・・・・・・・・・・・・ 193
　学校教育の政府間関係——複数の政府がかかわる仕組み（193）
　融合的政府間財政関係——中央政府が地方政府を支える仕組み
　（193）

2 児童生徒・学級・学校——子どもが減り続ける社会 ・・・・・・・・ 196
　学校教育に対する少子化の影響（196）　学級数（198）　学校数
　（199）

3 教職員——地方公務員として公教育を支える人 ・・・・・・・・・・ 201
　少子化時代の教員数（201）　職業としての教員（202）

4 縮小領域としての教育の新しい動向 ・・・・・・・・・・・・・・・・・・・ 205

　　Column **9** 首都圏の中学受験　206

CHAPTER 11 子育て行政 211

1 待機児童問題から考える子育て行政 ……………………… 212
少子化時代の待機児童というパズル（212） 保育所建設反対運動（214） 子ども・子育て支援新制度（214）

2 未就学児と幼稚園・保育所──教育行政と福祉行政の交差点 … 215
幼稚園と保育所（215） 子育て行政の対象者数（216） 子育て行政施設数（217）

3 保育士と幼稚園教諭──子育て行政の担い手を社会が大切にしているか … 218
保育士や幼稚園教諭になるには（218） 保育士の労働環境と保育士不足（220）

4 子育て行政に関する財政 …………………………………… 222

5 少子化を克服するための政策はあるのか ……………… 224
（隠れ）待機児童問題を解決した先にあるもの（224） 子ども・子育て支援新制度はどうなるのか（225） こども家庭庁の設置（227）

Column ⑩ 第一線職員 226

CHAPTER 12 高齢者福祉 230

1 高齢化が変える日本の姿 ………………………………… 231

2 重い市町村の責任をサポートするには ………………… 233
介護保険制度（233） 介護サービスと地方自治体の役割（235）

3 高齢者福祉施設──民設民営がもたらすこと ………… 238

Column ⑪ 上乗せ・横出しサービス 240

4 介護人材──一生の仕事にできないのはなぜか ……… 243
大量に必要とされる介護人材（243） 介護福祉士になるには（245）

5 市町村による介護サービスの持続可能性 ……………… 246

Column ⑫ カジノ老人福祉施設は必要悪なのか？ 247

索　引 …………………………………………………………… 251

第1部

地方政府の主人公

PART **1**

CHAPTER 1 首　長
2 議　会
3 地方公務員

　第1部では，首長（都道府県知事や市区町村長），地方議会（都道府県議会や市区町村議会），そして地方公務員（都道府県職員や市区町村職員）に焦点を当て，地方政府の運営に携わる主体について説明を行う。地方自治の究極的な主人公である住民は，地方政府の日々の運営を首長と地方議会に委ねている。そして，首長や地方議会も，多岐にわたる行政活動を能力選抜された地方公務員に委ねている。地方政府の運営を考える際に，住民から委任を受けた地方政治家である首長や地方議会の議員，そして，地方政治家からさらに委任を受けた地方公務員が地方政府の主人公といっても過言ではない。

　そこで，首長，地方議会，地方公務員はどのような人々であり，どのような日常を過ごしているのか，どのぐらいの給料を得ているのか，彼らを取り巻く制度はどのような特徴を持っているのかということを概観する。最初は，地方政府の「顔」ともいうべき首長を取り上げる（第1章）。次いで，首長と同じく住民からの政治的委任を受けている地方議会の議員たちに焦点を当てて，首長との関係についても議論を深める（第2章）。最後に，多岐にわたる行政分野で日常的な実務を担っている地方公務員について，採用や，昇進管理，給与の観点から，その実像を明らかにする（第3章）。

第 **1** 章

首　長

INTRODUCTION

　首長は，住民の直接選挙によって選ばれる地方自治体のトップである。「首長」はもともと行政機関の責任者を指す用語であり，都道府県においては知事，市区町村においてはそれぞれ市長，区長，町長，村長といった呼び名がついている（区〔特別区〕については，第7章参照）。首長の役割は，地方自治法により，「地方公共団体を統轄し，これを代表する」とともに，「事務を管理し及びこれを執行する」（地方自治法147条・148条）と定められている。首長は地方自治体の「顔」であり，地方政治や地方行政において最も重要な役割を果たす存在でもある。しかし，首長が実際にどんな仕事をして，どのような毎日を送っているかは意外と知られていない。また，首長は選挙で選ばれるが，どのような人がなっていて，いくらぐらいの給与をもらっているのかも知らない人が多いのではないだろうか。

　本章では，首長が地方行政・地方政治において権限を有している権限について簡単にふれたうえで，首長の日常活動や前職，給与といった点に注目し，その実像を明らかにする。また，任期を終えた首長が，どのような形で退任するかもみていきたい。

1 首長に関する制度

　首長は，強力で広範囲にわたる権限を有している。権限の規定のされ方に注目して，議会と比較すると，議会の権限は，法律で示されている具体的な権限しか行使できないという**制限列挙方式**で示されている。これに対し，首長の権限は，「たとえばこのような権限がある」という**概括例示方式**であるため，他にも行使可能な権限があると解釈できる。以下では，首長の具体的な権限について，他のアクター（自治体職員，議会，住民）への影響力という観点からみていきたい。

自治体職員に対する影響力

　まず，自治体職員に対する影響力に注目する。首長は，地方自治体における行政機関のうち，**首長部局**と呼ばれる諸機関の活動をコントロールし，責任も負っている。首長部局とは，「首長の人事権や指揮監督権に服しながら条例に定められた首長の事務権限を執行する部局」と定義できる。簡単にいえば，首長の指示や命令を受けて働く職員からなる自治体内の組織（○○部や○○課など）のことである。首長は自治体による行政の最高責任者として，首長部局の職員に対して指揮・監督を行う。職員が首長の指示を無視して独自の判断で活動を行うことは困難であることから，首長はしばしば民間企業における社長にたとえられる。そのため，職員の任免についても首長に権限があるように思われるが，実際の職員の採用や，免職処分に関係する手続きは，人事委員会（第6章参照）などが担い，首長の恣意的な判断によって意思決定がなされないような仕組みになっている。

　地方自治体には，首長部局の他に**行政委員会**と呼ばれる首長から独立した機関がいくつか存在する。警察や選挙管理など，公平性や政治的中立性の確保が特に強く求められる行政については，これらの行政委員会の管轄となる。行政委員会の事務局に勤める自治体職員は，公平性・政治的中立性の観点から首長の指揮命令を受けないこととされている。しかし，行政委員会事務局の職員の

採用・異動は首長部局と一体で行われることがほとんどで，独立性が個々の職員レベルにまで徹底されているとは言い難い。

議会に対する影響力

首長は，議会に対しても，さまざまな影響力を行使できる立場にある。まず，予算案や予算を伴う提案は首長の**専権事項**とされており，議会はそれらを修正する権限しか持たない。特に，自治体がどのような事業をどの程度の費用をかけて行うかを決める予算の編成・提案はともに首長の専権事項であり，首長の議会に対する影響力の源泉になっている。

首長は，条例の改廃をはじめとしたさまざまな議案を議会に提出する権限（**議案提出権**）も有している。議案提出権は，議会も有している権限である。だが，多くの自治体で，首長提出の条例案の占める比率が90％以上となっており，議案の多くは首長から出されているのが実態である（第5章参照）。また，提出された首長議案も大半が原案のまま可決されている。

議案提出権に関連して，首長は議会による条例の制定・改廃，予算に関する議決への**再議請求権**を有している（地方自治法176条）。首長は，議会の議決に異議がある場合，議会に再度審議を求めることができる。議案が条例や予算に関連するものであれば，議会が出席議員の3分の2以上の賛成により，再度同じ議決を下せば，首長の再議請求ははねつけられる。条例・予算以外の議案については，出席議員の過半数の賛成で同じく首長の再議請求をはねつけることが可能である。なお，議決された議案のうち否決されたものについては再議の対象とはならない。

首長は議会に対して議案提出権や再議請求権の他に，副知事や副市町村長に関する人事案の提案権を有している。副知事や副市町村長に関する人事案についても，通常の議案と同様，議会の同意（過半数）が必要である。

住民に対する影響力

首長は住民に対しても一定の影響力を有している。具体的には，徴税，土地収用，**条例制定**，避難命令といった権限が考えられる。個々の具体的な決定をすべて首長自身が行っているわけではないが，住民に対する権限行使は首長の

名前で行われる。住民は，住民税や固定資産税等の地方税を地方自治体に納める義務があり，税を滞納した場合には，自治体が滞納者の財産の差し押さえをすることもある。また，地方自治体は，学校や道路などの公共施設を建設する際に，正当な補償を行えば，強制的に土地を取得することができる。条例についても，建築物の高さに制限を設ける景観条例などのように，住民の自由をある程度制限するものがある。災害などの緊急時には，首長やその委任を受けた担当者が必要と判断すれば，避難命令が出され，住民は避難を強制されることになる。

　以上のように，首長が有する権限はきわめて強力で，広範にわたるものであり，誰が首長となるかによって，自治体のあり方も変わってくる。住民からすると，その自治体でどのような行政サービスを受け，そのためにどの程度税金を負担するのかが，首長の政策によって変わってくるのである。また，地方議員や自治体職員にとっても，首長に誰がなるかは自らの活動にかかわる重大事である。特に，予算の提案権・原案作成権を持たない地方議員は，予算に関する要望を首長に伝えるしかなく，首長の意向によって，主たる活動の場としている地域の生活環境の整備や自身の再選が左右されることもありうる。自治体職員にとっても，首長が重視する政策や自治体運営の方針に応じて職務をこなさなければならない。首長が交代して，それまでの行政運営のあり方が大きく変わったことで，対応に四苦八苦する職員が出てくることもある。このように，首長が自治体行政に及ぼす影響はきわめて大きいことから，住民が首長選挙によって首長を統制することが決定的に重要になる。

 首長の実像

┃ 日 常 活 動 ┃

　首長は一般に多忙な日々を過ごしている。まず，自治体行政における最高責任者として，各部局から送られてくる書類に目を通し，決裁することが挙げられる。図1-1は，ライブカメラで24時間公開されている，高知県の知事室の様子である。奥に知事のデスクがあるが，通常はここで執務を行う。また，手

（出所）　高知県庁ホームページ「知事室ライブ中継」。

前には知事を囲んで打ち合わせができる応接テーブルと椅子がある。知事はこ
こで職員を集めて，さまざまな案件に関する説明を聞くことが多い。

　こうした執務や職員との打ち合わせの他に，来客への対応や各種会議への出
席も職務に含まれる。また，議会開会中は議会の本会議や委員会への出席も重
要な職務となる。首長は，「議会の審議に必要な説明のため議長から出席を求
められたときは，議場に出席しなければならない」（地方自治法121条1項）と
されている。議会では，自治体の予算や行政運営について説明を行うとともに，
議員からの質問にも答えなければならない。

　この他に，地方自治体の顔として，自治体内におけるさまざまな会合・行事
に出席し，挨拶等もしなければならない。また，国への陳情（市であれば都道府
県への陳情も含まれる）や打ち合わせのために，中央省庁に出向くこともある。
さらに，メディア向けの定例記者会見を行い，自治体行政にかかわることにつ
いて説明を行ったり，質問を受けたりすることも首長の仕事である。

　これらは行政官として首長が行わなければならない職務であるが，首長は**再
選**をめざす政治家としても活動している。具体的には，国会議員など他の政治
家の選挙を応援したり，逆に応援を受けたりすることもある（鶴谷2008a；鶴谷

時刻	活動内容	場所
9:00	NTT西日本との「特殊詐欺被害防止推進に関する協定」締結式	庁内
10:00	第57回秋の女性レクリエーションバレーボール大会開会式	日本ガイシホール
11:00	各局との打ち合わせ	庁内
11:35	名古屋市人事委員会から令和4年職員の給与に関する報告及び勧告を受領	庁内
13:30	議会運営委員会	議会運営委員会室
15:00	各局との打ち合わせ	庁内
17:00	名古屋市職員労働組合から2023年度名古屋市予算政策に対する要求書を受領	庁内

（出所）　名古屋市『市長の部屋』より，令和4年9月7日の予定をもとに筆者作成。

2008b）。また，自治体内の行事への出席も，意図しているかどうかは別として，有権者としての住民に自らの仕事ぶりをアピールする絶好の機会となりうる。

　表1-1は，名古屋市の河村たかし市長のとある一日を示したものである。まず，午前中に式典や大会への出席の他に，市役所の各局との打ち合わせが入っている。各局との打ち合わせでは，自治体行政にかかわるさまざまな事項について首長からの質問が各局の担当者になされるとともに，首長から具体的な指示が出されることもある。午前中はこの他に，市の人事委員会から職員給与に関する報告・勧告を受領している。

　午後も同じく各局との打ち合わせや，議会運営委員会への出席，市職員組合からの要求書の受領が入っている。この他にも，自治体の顔である首長には各界の著名人，各種団体の代表など，さまざまな人々が表敬・陳情・PRを目的に訪れる。これらの人々への応対も首長の大事な仕事とされている。

　以上のように，首長はさまざまな職務をこなさねばならず，首長職が激務であることは間違いない。しかし，強い権限をもとに自らの考えで自治体行政を運営することができ，自治体の顔として高い知名度を持つ首長は，多くの政治家にとって非常に魅力的なポストである。

首長の前職

　図1-2は，1975年度から2022年度までの間に在任した47都道府県の知事を，前職別にまとめたものである。前職は，中央省庁官僚，都道府県職員，国

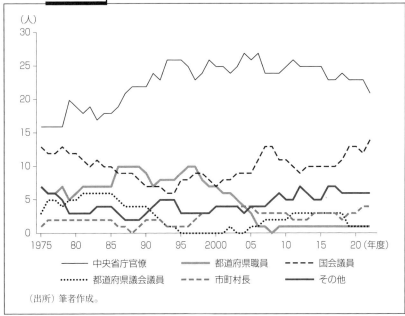

（人）

凡例：
中央省庁官僚
都道府県職員
国会議員
都道府県議会議員
市町村長
その他

（出所）筆者作成。

会議員，都道府県議会議員，市町村長，その他の6つに区分した。まず，最も多いのが中央省庁出身者である。その内訳をみると，地方行政を所管している総務省（旧自治省）出身者の数が最も多い（2023年3月時点では11人）。総務省の職員は，都道府県に総務や財政関係の部の部長や課長といった幹部職員として出向し，本省に行きつ戻りつしながら，やがては副知事になるなどして，キャリアを積み重ねていく。そうしたなかで，都道府県議員や国会議員などから知事候補者としての資質を認められ，知事選挙に出るように依頼されるのである。

　次に多いのが，国会議員経験者である（2023年3月時点では14人）。国会議員経験者は，知事選挙に出る前にすでに衆議院議員や参議院議員として高い知名度を誇り，選挙活動の経験も有している。特に，参議院議員のうち，都道府県単位の選挙区で選出されている者は，選挙区が同一の知事選挙においては選挙戦を有利に戦いやすい。近年では，国会議員としてのキャリアを何らかの理由で断念し，政治家としてのステップアップとして知事を選んだと思われる者がみられるようになった（砂原 2011）。

　国会議員経験者に続くのが，行政官や政治家以外のキャリアを持つ「その

他」の知事である。ニュースキャスターやタレント，大学教授などの文化人，企業経営者などがここに含まれる。これらの知事は，マスメディアなどを通じて知名度がもとから高かったことが共通している。1995年の統一地方選挙では，タレントで放送作家の青島幸男とコメディアンの横山ノックがそれぞれ東京都知事，大阪府知事に当選し，話題となった。

　都道府県職員としてキャリアをスタートさせ，そのまま知事にまで上りつめた者は，かつては一定数いたものの，現在ではごくわずかにとどまっている（2022年3月時点では1人）。都道府県職員出身者が少ないのは，時代とともに知事ポストの魅力が増し，政治家や中央官僚など，他のより有力なアクターがめざすものとなっており，たたき上げの現場職員が参入する余地が狭くなっているためだと考えられる。都道府県議会議員についても同様の見方が可能である。また，この他に数は比較的少ないものの，市町村長から知事となった者が一定数いることがわかる。

　都道府県知事に中央省庁出身者が多い理由として，最も初期に指摘されたのが，中央政府による意向である。具体的には，中央省庁出身者が知事となることで，地方自治体をコントロールしているという見方である。しかし，近年では，官僚出身の知事であっても，地方の権限を強化する分権改革に積極的な者がいるとの指摘がある（ヒジノ 2015：49頁）。

　中央省庁出身者が多い理由として第2に考えられるのが，都道府県の側が国とのパイプを求めていることである。中央の事情に精通し，行政経験の豊富な中央省庁出身者の知事は，補助金や予算の獲得の面で，大いに手腕を発揮すると考えられる。

　図1-3は，1975年度から2022年度までに在任したすべての市長の前職の変遷をまとめたものである。市長も知事と同じ首長であるが，両者の主な前職には大きな違いがあることが見て取れる。まず，1970年代から90年代にかけて上位を占めているのが，市職員出身者と市議出身者である（石上・河村 1999）。市職員については，助役や副市長を務めた者が，現職の市長から後継指名を受けて，立候補し，当選するという例が多くみられる。市議についても，市議としてのキャリアを重ねるなかで，現職の市長から後継指名を受けたり，時には現職市長を選挙で破ったりして，市長の座に就くケースが多い。

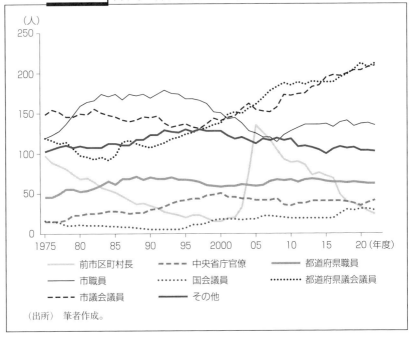

（出所） 筆者作成。

　しかし，1990 年代から 2000 年代にかけての変化をみると，市職員出身者が減少する一方で，都道府県議会議員出身者が増加していることが確認できる（田村 2003a：144-145 頁；田村 2003b：215-216 頁；平野 2012：96-97 頁）。都道府県議会議員出身者が増加している要因として，第 1 に挙げられるのが，**地方分権改革**により，権限と財源が基礎自治体である市にも下りてきたことで，市長ポストの魅力が以前よりも増していることである（砂原 2011）。市長の給与は，地方議員よりも高く，複数いる地方議員に比べて権限も大きいことから，野心的な政治家の多くが市長ポストに魅力を感じていることが考えられる。

　第 2 の要因として，衆議院の**選挙制度改革**によって，国会議員になる**キャリア・パス**が変化したことによる「余波」も考えられる。衆議院の選挙制度改革により，1 つの選挙区から複数の当選者が出る中選挙区制が廃止され，各選挙区からの当選者が原則 1 人となる小選挙区比例代表並立制が導入された。当選者が 1 人となったことで，各政党の候補者も 1 人に絞られることとなった。従来の中選挙区制下でみられた，地方議員経験者が保守系無所属として立候補し

て当選するというルートが閉ざされることとなった。これにより，地方議員を経て国会議員となる者が減り，候補者公募などを通じて最初から国会議員をめざす者が増加した。つまり，地方議員の中で国政をめざしていた者が国政進出を断念し，ステップアップの目標を市長へと変更した可能性がある。

　第3の要因として考えられるのが，2011年6月に行われた地方議員の議員年金の廃止である。これにより，地方議員を長く続けることの誘因が低下したと考えられ，地方議員のステップアップを後押ししたことが予想される。現在，地方議員たちの中には，サラリーマン経験者や有能な若者を地方議会に引き寄せるため，議員年金の復活など待遇の改善を訴える者が少なくないことも，間接的ながらこの仮説を支持している（『朝日新聞』2016年11月27日付）。

　図1-3からはこの他に，2000年代半ばに前市区町村長が急激に増加していることがわかる。これは，**平成の大合併**により新しく誕生した市において，市長選挙が行われ，合併前の旧自治体の首長が当選しているケースが多いことによるものである。だが，合併から年月が経過するにつれて，市区町村長の前職を有する市長も減少しつつある。

 ## 首長の給与・待遇

都道府県知事の給与

　首長の給与は，各地方自治体が条例によって定めることになっている（地方自治法204条3項）。そのため，自治体ごとの差が大きくなっている。

　表1-2は，都道府県知事の平均給与月額を示したものである。最も多いのが埼玉県知事の142万円であり，以下，千葉県知事，福岡県知事の順となっている。首長の給与は，都道府県の人口や税収の多さに比例しているようにみられるが，必ずしもそうではない。大都市圏を域内に含む自治体でも，首長の給与がそれほど高くない自治体も見受けられる。最下位の東京都知事については，72.8万円と，首位の埼玉県知事のおよそ半分の額にとどまっている。

　表1-2で，下位に位置している都府県には，情報公開や行財政改革を積極的に進めた「改革派」知事といわれた人々が在任していた都府県が目立つ。知事

平均給与月額	都道府県
130 万以上 150 万未満	宮城県，茨城県，群馬県，埼玉県，千葉県，神奈川県，石川県，福井県，岐阜県，静岡県，福岡県
120 万以上 130 万未満	岩手県，山形県，山梨県，長野県，滋賀県，兵庫県，広島県，香川県，佐賀県，大分県，宮崎県
110 万以上 120 万未満	福島県，栃木県，富山県，愛知県，京都府，和歌山県，鳥取県，島根県，山口県，愛媛県，長崎県
100 万以上 110 万未満	青森県，新潟県，三重県，大阪府，奈良県，岡山県，高知県
72 万以上 100 万未満	北海道，秋田県，東京都，徳島県，熊本県，鹿児島県，沖縄県

（注）　給与の改定があった一部の都道府県については，改定後の額を掲載。
（出所）　「令和 3 年地方公務員給与実態調査」（令和 3 年 4 月集計，総務省）。

の給与カットは，「身を切る」姿勢を住民にみせることで，歳出削減を伴う政策への支持を取り付けるという効果があるとの見方がある。他方で，知事給与の削減は，実際の額でみるとその効果は微々たるもので，財政再建にはほとんど貢献しないとして，その効果を疑問視する意見もある。

市長の給与

　続いて市長の給与だが，市については政令指定都市（第 7 章参照）とそれ以外の市で傾向が明確に異なるので，両者を分けたうえでみていきたい。表 1-3 は，全政令指定都市市長の平均給与月額をまとめたものである。政令指定都市についても，知事同様，市の人口規模と市長の給与が必ずしも対応していないことが確認できる。上位 5 市について，トップの横浜市と千葉市を除き，すべて首都圏以外の市が入っている。また，大阪市や名古屋市など，「改革派」と呼ばれる市長が在任もしくは過去に在任していた市において相対的に給与が低くなっている。

　次に，政令指定都市以外の一般市についてみていきたい。一般市の数は 772 ときわめて多いため，具体的な自治体名は記さず，平均給与月額の分布ごとに自治体数を示すことにしたい。表 1-4 は，市長（政令指定都市以外）の平均給与月額をまとめたものである。表 1-4 をみると，一般市の市長の給与は知事，政令指定都市の市長以上にばらつきが大きいことがわかる。全体的な特徴として，

表 1-3　政令指定都市市長の平均給与月額

市名	平均給与月額（円）
横浜市	1,599,000
千葉市	1,317,000
福岡市	1,300,000
札幌市	1,280,000
浜松市	1,277,000
静岡市	1,250,000
広島市	1,244,500
北九州市	1,230,000
さいたま市	1,210,000
川崎市	1,200,000
熊本市	1,190,000
仙台市	1,179,000
岡山市	1,160,000
相模原市	1,142,000
神戸市	1,128,000
大阪市	1,001,400
京都市	973,000
新潟市	933,600
堺市	833,000
名古屋市	500,000

（出所）「令和3年地方公務員給与実態調査」（令和3年4月集計，総務省）。

市長の給与を70万～100万円としている市が多いことがわかる。

　市長の給与についても，都道府県，政令指定都市と同じく，必ずしも自治体の規模と比例しているわけではない。同レベルの人口規模の市であっても，市長給与の額に大きな差がみられるというケースがいくつかある。こうした格差の原因だが，いわゆる「改革派」市長が在任あるいは過去に在任していた市を中心に，行財政改革で市長の給与を大幅に下げた市がある一方で，それほど下げなかった市もあり，結果的に格差が開いたということが考えられる。

　地方を中心に厳しい経済状況が続くなか，住民の間で首長を含む公務員給与が不当に高いといった批判も多くなされている。そのため，多くの自治体で行財政改革の一環として，首長や職員給与のカットが行われている。一部の自治体では，首長や地域政党が主導して首長の給与や議員報酬の削減を公約に掲げるケースも見受けられる。名古屋市では，2009年に当選した河村たかし市長が市長給与をそれまでの年2700万円から800万円へと3分の1以下に削減さ

平均給与月額（円）	自治体数	比率（%）
110万以上	15	1.9
100万以上110万未満	76	9.8
90万以上100万未満	214	27.7
80万以上90万未満	291	37.7
70万以上80万未満	123	15.9
60万以上70万未満	35	4.5
50万以上60万未満	11	1.4
50万未満	7	0.9
計	772	100

（出所）「令和3年地方公務員給与実態調査」（令和3年4月集計，総務省）をもとに筆者作成。

せた。

　こうした給与削減の流れに対して，多くの住民は肯定的であるが，注意すべき点がある。それは，他業種における優秀な人材が首長をめざすうえで，給与の低さが障害になりうることである。通常，転職を決断するうえで大きな判断材料となるのは，給与の変動である。もし，あまりにも給与が下がり，生活の維持が難しいようであれば，優秀な人材が首長となり，住民にとってメリットとなる機会が失われるかもしれない。首長1人の給与が財政支出に占める比率は多くの自治体においてそれほど大きいものではないことから，首長の給与を削減するという判断は慎重に行われるべきである。

　首長は給与の他に，1期4年の任期を終えると再選するか否かにかかわらず，退職金を受け取る。首長の退職金の額についても，給与と同様に各自治体が条例によって定めるため，自治体間の差が大きい。退職金の算出方法だが，一月の給与に在職月数と支給率を掛け合わせて算出される。具体的な額は，都道府県では4000万円台となっているところが多く，市では2000万円台が多い。

　退職金については，在任期間に比してその額が多すぎるとの批判がなされている。たしかに，在任期間が長期にわたる首長の中には，それまでの退職金の支給総額が億単位となる者もいると考えられることから，これらの批判には一定の妥当性がある。しかし，給与と同じくより優秀な人材の確保という観点からみると，首長の退職金には前職の早期退職等による金銭的損失を保障する機能もあるといえ，廃止の判断は慎重に行う必要がある。

4 首長の退任

任期満了による退任

　首長は地方自治法の定めにより，特別職と位置づけられており，任期は4年となっている。しかし，任期満了に伴う首長選挙に立候補し，再度当選すれば，首長職を続けることができる。国によっては首長の任期に制限が設けられているところもあるが，日本では首長の任期に制限はなく，選挙で勝ち続ける限り，首長職にとどまることができる。そのため，首長が任期を終えるのは，自分の意思で引退を決めるか，任期満了後の選挙で落選し，再選に失敗するかのいずれかが一般的である。

　表1-5（18頁）は，2013年4月から2023年3月までに任期満了で退任した市長について，引退か落選に区分してまとめたものである。任期途中で退任した市長については除外してある。表1-5をみると，引退を決断した市長が多数となっているが，選挙での落選で退任に追い込まれた市長も4割程度おり，不本意な形で退任を余儀なくされた市長が一定数いることが確認できる。

　表1-6（18頁）は，引退や落選によって退任した市長が，それまで何回市長選挙に当選したのかをまとめたものである。当選回数3回で引退した市長が最も多くなっているが，当選回数1〜2回で退任している市長も40%近くを占めている。当選回数が6回以上の長期在任市長もいるが，その比率は少なく，例外的な存在といえる。

任期途中での退任

　日本の自治体の首長の任期は地方自治法の定めにより，一律に4年となっているが，すべての首長が任期を全うできるわけではない。表1-7は2013年4月から2023年3月までに在任した市長のうち，任期途中に辞職した者について，その辞職理由をまとめたものである。

　まず，最も多いのが死亡によるもので，4位の「病気」も入れると任期途中の辞任理由のおよそ半数近くが市長自身の健康問題によるものであることがわ

Column❶ 若手首長

　近年，地方政治における新しい動向として注目を集めているのが，若手首長の台頭である。日本の官公庁では，伝統的に「年功序列」に基づく人事・給与システム組織が採用されてきた。基本的に年齢が上がるに連れて，昇進・昇級を重ねていく仕組みで，職員間で業績面での明確な差が生まれにくい官公庁では，一定の合理性を持つものとして受け入れられてきた。そのため，自治体のトップである首長についても年配者が就くケースが多い。また，首長として仕事を進めていくうえで，行政経験・政治経験があったほうが有利であることも間違いないことから，結果として年配の首長が選ばれやすいといえる。

　しかし，近年，徐々に増加しつつあるのが，40代以下の若手首長である。2023年4月の統一地方選挙時に行われた芦屋市長選挙では，26歳の高島崚輔氏が初当選し，歴代も含めて最年少の市長当選者となった。2019年4月から2023年3月にかけて行われた827件の市長選挙のうち，およそ18%にあたる147件の選挙で40代以下の候補者が当選している。47都道府県知事に目を転じると，2023年9月時点において，40代の知事は6名となっている。このうち，北海道の鈴木直道知事と，長崎県の大石賢吾知事は，初当選時にいずれも39歳であったことから，若年知事の誕生として話題を呼んだ。知事・市長と比べて，町村長では全体として40代以下の若手首長が占める比率は低いものの，2019年4月から2023年3月の間に実施された926件の町村長選挙において，61名（約7%）の町村長が誕生している。この中の1人で，新潟県津南町長の桑原悠氏は初当選時の年齢が31歳で，当時全国最年少の女性町長として注目を集めた。

　若手首長台頭の背景としてさまざまな要因が考えられるが，既存の地方行政・地方政治に対する不信・不満がまず考えられる。例として挙げられるのが，2020年に発覚した前年の参議院議員選挙広島県選挙区にかかわる大規模買収事件である。この事件では，選挙での特定候補の支援を目的とした，現職の国会議員による首長や地方議員への現金の授受が行われたとされる。広島県の安芸高田市では，現金を受け取ったことを認めた当時の市長が辞任した後に，出直し市長選が行われることとなった。この市長選では，「政治再建」を掲げて立候補した当時37歳の石丸伸二氏が，前副市長を破って当選を果たしている。有権者の多くは，石丸氏に市政の刷新

を望んだものと予想される。既存の行政・政治に対する不満以外にも，過疎地を中心に，少子高齢化やそれに伴う地域の衰退への危機感も影響していると考えられる。

　首長の誕生は，自治体の行政や地方政治にいかなる影響を与えるのだろうか。まず，全体でみると高齢の首長が多数であることから，若手首長の誕生は全国的なニュースとなることが多い。報道をきっかけに，その自治体の知名度が上がり，訪れる観光客が増えたり，ふるさと納税の希望者が増えたりするプラスの効果が考えられる。また，若手首長は子育てや教育といった若い世代に向けた政策により熱心に取り組む傾向にあることが，市長を対象とした研究によって明らかになっている（McClean 2020）。無論，高齢の首長の中にも若者の定住促進のためにさまざまな政策を実施している者も多くいる。だが，若年世代が直面する課題は，時代によって大きく異なると考えられ，より年齢が近い若手首長のほうが当事者意識を持ちやすいのも事実である。

　若手首長の誕生は，自治体にこれまでとは異なる政策をもたらす可能性がある一方で，さまざまな課題が伴うのも事実である。官公庁および多くの民間企業を含む日本の組織において，年齢は依然として重要な要素であり続けている。一般的に，若手の上司が年配の部下に指示を出しながら仕事を進めていくのは難しい。また，ベテラン政治家の多い議会とどう向き合うのかも若手首長にとって難題である。特に，現職を破って当選した若手首長は，議会内で選挙で現職側についた議員が多数を占めているというケースが多く，自身が提案した議案が議会で否決されることも珍しくない。

　独自政策を進めたい若手首長にとって，職員との軋轢や議会との対立は，ある程度はやむをえないといえる。だが，対立が長期間にわたり，自治体行政に大きな影響が出る事態に至れば，議会・職員だけでなく，住民の中からも首長の責任を問う声が出てくる可能性がある。政治経験が比較的浅い若手首長は，こうした局面において対応に苦慮すると考えられ，最終的に議会から不信任の議決を受けたり，リコール請求を受けるに至った者も存在する。他方で，政治家は他の職業と同様，才能や適性も重要といえる。実際に十分な政治経験を有さない若手首長が，無難に首長職を務めているケースもみられる。若手首長の自治体運営のパフォーマンスをめぐっては，まだ明らかになっていない点が多く，さらなる研究の蓄積が望まれる。

	人数	比率（%）
引退	345	58.9
落選	241	41.1
計	586	100

（出所）　筆者作成。

当選回数	人数	比率（%）
8	4	0.7
7	4	0.7
6	19	3.2
5	43	7.3
4	84	14.3
3	211	36.0
2	123	21.0
1	98	16.7
計	586	100

（出所）　筆者作成。

かる。2番目に多いのが，引責辞任である。市長自身の不祥事というよりは，市職員の不祥事や市の政策にかかわる失敗を理由とする辞任が多く含まれる。

　続いて多いのが，他の公選職への立候補である。この10年の間に16人の市長が任期途中に辞職して，衆議院選挙などの国政選挙や上位の自治体首長選挙（府知事選や県知事選）に立候補している。5位に位置しているのが，逮捕または起訴による辞職である。市の公共事業に絡む収賄などの疑いで逮捕または起訴されるケースが多いが，市長の個人的な犯罪（強制わいせつ等）によるものもごく少数含まれる。そして，これらの後に，ようやく出直し選挙への立候補，議会による不信任決議といった本来地方自治法で予定されている辞任理由が続いている。

　このように，市長の任期途中での辞任の多くは，政策をめぐる議会との対立や行き詰まりよりも，健康問題や，他の公選職へのステップアップ，逮捕・起訴といった市長の個人的な事情によるものや，市の不祥事・政策の失敗による

辞任理由	人数	比率（%）
死亡	27	31.0
引責辞任	17	19.5
他の公選職への立候補	16	18.4
病気	12	13.8
逮捕または起訴	5	5.7
出直し選挙への立候補	5	5.7
議会による不信任決議の可決	3	3.4
その他	2	2.3
計	87	100

（出所）　筆者作成。

ものが多いことがわかる。

　では，主な辞任理由の背景にはどのような事情があるのだろうか。まず，死亡や病気が多く含まれる背景として，日本において病気になった政治家が，自身の病気を公にしたがらないという傾向があるかもしれない。癌などの大きな病気が判明した場合，職務の遂行に支障が出ることを理由に関係者から辞任を求められることが多く，これを避けるために病気をひた隠しにするといったケースである。実際に，病気で満身創痍となりながらも職務を続け，職場で倒れるなどしてようやく病気であることが公になる市長も死亡例には含まれている。また，病気を理由に辞職した市長の中にも辞任後ほどなくして死去する者がいることから，病状を隠しながら職務を続けることで体調を悪化させた者が一定数いることが予想される。

　他の公選職への立候補については，衆議院の選挙制度改革の効果が大きいと考えられる。1994年に導入された小選挙区比例代表並立制により，衆議院の小選挙区の地理的範囲は以前の中選挙区制下の選挙区よりも小さくなり，市の区域と重なることが多くなった。選挙区の重なりは地盤の重なりを意味し，転出を容易にしたものと考えられる。

　以上のように，出直し選挙への立候補，議会による不信任決議といった制度的に予定されている辞任理由はそれほど多くないことが確認できる。しかし町村も含めると，近年では議会との対立により不信任決議が可決される首長が増えている。

□1 自分が住んでいる地域の都道府県・市区町村の首長について，それぞれ過去に
どのような仕事をしていたか，調べてみよう。

□2 首長の権限を明らかにしたうえで，首長の任期を制限すべきだという見解につ
いて，制限するとき，しないときのメリットとデメリットをそれぞれ考えてみよ
う。

読書案内 | Bookguide ●

　　首長がどのような仕事をしているのか，わかりやすく紹介しているもの
として，タレント出身で宮崎県知事を務めた東国原英夫の『知事の世界』
（幻冬舎，2008 年）がある。知事と県庁職員，県議会議員とのやりとり
も詳しく書かれており，知事が地方行政や地方政治においてどのような存
在であるのかもうかがえる内容になっている。大森彌『自治体の長とそれ
を支える人びと──希望の自治体行政学』（第一法規，2016 年）は，首長
の法的な位置づけから実際の職務内容や権限まで幅広く取り扱っている。
本章でも論じた首長と他のアクターとの関係や，首長の給与についても詳
細に議論されている。また，近年みられるようになった，議会との対立も
辞さない首長の事例を紹介したものとして，平井一臣『首長の暴走──あ
くね問題の政治学』（法律文化社，2011 年）や，有馬晋作『劇場型首長の戦
略と功罪──地方分権時代に問われる議会』（ミネルヴァ書房，2011 年）が
ある。この他に，政治的な意思決定が各々の地方政府レベルでなされるこ
とにより，それらの領域を超えた課題の解決が難しくなるという問題を扱
った砂原庸介『領域を超えない民主主義──地方政治における競争と民意』
（東京大学出版会，2022 年）がある。

引用・参考文献 | Reference ●

石上泰州・河村和徳（1999）「八〇年代以降における市長の経歴と党派性」『北陸法學』7
（3），33–55 頁。

片岡正昭（1994）『知事職をめぐる官僚と政治家──自民党内の候補者選考政治』木鐸社。

砂原庸介（2011）「地方への道──国会議員と地方首長の選挙政治」『年報政治学』2011-
Ⅱ，98–121 頁。

田村秀（2003a）「市長の経歴に関する実証的研究──分権時代のリーダー像」『年報行政

　研究』38，128-147 頁。

田村秀（2003b）『市長の履歴書——誰が市長に選ばれるのか』ぎょうせい。

辻陽（2015）『戦後日本地方政治史論——二元代表制の立体的分析』木鐸社。

鶴谷将彦（2008a）「小選挙区制度の導入と地方政治——代議士と市長の関係を中心に」
　『政策科学』15（2），111-122 頁。

鶴谷将彦（2008b）「小選挙区制度の導入と市長選挙——2008 年藤沢市長選挙の事例を中
　心に」『政策科学』16（1），61-74 頁。

丹羽功（2007）「都道府県知事のキャリアパスの変化」『近畿大学法学』55（1），25-45 頁。

ヒジノ ケン・ビクター・レオナード（2015）『日本のローカルデモクラシー』芦書房。

平野淳一（2012）「市長の職歴・党派性の変容」『年報行政研究』47，89-114 頁。

山田真裕（2007）「保守支配と議員間関係——町内 2 派対立の事例研究」『社會科學研究』
　58（5・6），49-66 頁。

McClean, Charles（2020）"Silver Democracy: Youfh Representation in an Aging Japan,"
　Ph. D. thesis, University of California San Diego.

第**2**章

議　会

INTRODUCTION

　地方議会は，首長と同じく住民からの直接選挙によって選ばれる地方議員によって構成される組織である。都道府県については都議会，道議会，府議会，県議会と呼ばれる組織がこれにあたり，市区町村では，それぞれ市議会（政令指定都市の中でも，五大市と呼ばれる横浜，名古屋，京都，大阪，神戸については，慣例的に「市会」と呼ばれることが多い），区議会，町議会，村議会と呼ばれることが一般的である。二元代表制の下，地方議会は首長とは別の民主的正統性を持つ代表として地方行政・地方政治における決定に関与する。地方議会は首長と対等の関係にあり，相互に権限を分担しており，首長による行政運営に問題がないかチェックすることを重要な役割の1つとしている。この他に，地方議会には，地域の住民と自治体の政治行政をつなぐパイプ役としての役割も期待されている。自治体内部のさまざまな地域から選ばれる個々の議員は，住民の不満や要望を聞いて行政に伝える，地域の「御用聞き」としての役割も果たしているのである。

　以下では，地方議会・地方議員に関する制度的側面を説明したうえで，地方議会が持つ権限についてみていきたい。また，地方議員の日常活動や兼職の状況，給与・待遇といった点についても概観し，その実像を明らかにする。最後に，首長と地方議会・地方議員の相互作用に注目し，その実態を探りたい。

1 地方議会・地方議員に関する制度

地方議会の権限

　第1章で述べたとおり，首長の権限は広範できわめて強力なものであるが，**地方議会**の権限はより限定されたものといえる。地方議会が首長に対して有する権限として第1に挙げられるのが，**議決権**である（地方自治法96条）。地方議会は，首長が提案した議案・予算案について，議決を行い，原案どおりの可決，修正を加えたうえでの可決，否決といった結論を出すことができる。条例や予算が成立するためには，議会の議決が必要なので，議決権は首長の大きな権限を制約しうるものといえる。そのため，通してほしい議案を抱えている首長やその意を受けた自治体職員は，議会での審議が始まる前に，地方議会全体やキーパーソンとなる地方議員に対して説明を行うことが一般的である。

　もっとも，議会の議決権にはいくつかの制約もある。代表的なものとして挙げられるのが，首長による**再議請求権**である（地方自治法176条）。条例・予算に関する議決への再議が首長から出された場合，これを乗り越えて再度同じ議決を出すためには議会側の特別多数決（出席議員の3分の2以上の同意）が必要となる。

　また，予算について，予算案を編成し，議会に提出する権限は首長の専権事項となっているため，議会は自ら予算を作ることができない（地方自治法97条2項）。議会ができるのは，首長が提案した予算案を審議し，議決することである。予算案の修正については認められているが，大幅な修正については首長の**予算提案権**を事実上侵すものとして，認められていない。このように，予算の面で，個々の地方議員は自分たちの要望を予算に盛り込んでもらうよう，首長に要望する立場にあり，首長のほうが強い力を持っているといえる。

　地方議会の重要な権限として第2に挙げられるのが，首長に対する**不信任議決権**である。地方議会は，総議員の3分の2以上が出席しているなかで，出席議員の4分の3以上が賛成すれば，首長の不信任を議決することができる（地方自治法178条3項）。近年，自治体の政策や行政運営をめぐって首長と議会の

対立が激化する事例が増えており，首長の**不信任の議決**がなされるケースが以前よりも多くみられるようになった。不信任の議決がなされると，首長は自身が失職するか議会を解散するかのいずれかを選ぶことになる。首長が議会の解散を選択した場合，議会選挙が行われることになる。もし，選挙によって新しく選び直された議会においても，再度首長の不信任が議決された場合，首長は失職する（この場合，不信任の議決をするためには，総議員の3分の2以上が出席し，過半数の議員が不信任に賛成する必要がある）。

　議会の解散が認められているのは，首長が自身の政策や自治体運営について問題があるとは思っておらず，議会による自らの不信任の議決に納得していない場合，住民に首長と議会のいずれが正しいかを聞く機会を設けるためである。ただし，第4章で述べるとおり，現行の地方議会の選挙制度の下では，議会の構成が変わりにくくなっており，議会を解散しても，再び不信任の議決がなされることがある。そのため，首長があえて失職を選び，直後に行われる出直し選挙での当選をめざすというケースが実際には多い。住民からの支持率が高い首長は，この出直し選挙でも当選する場合が多いことから，議会の首長に対する不信任議決権についても一定の制約があると考えられる。

　地方議会の重要な権限として，第3に挙げられるのが，副知事や副市町村長の人事案に関する同意権である。首長は副知事や副市町村長の任命権を持っているが，実際に任命するためには，議会の過半数による同意が必要となる（地方自治法162条）。これは議会による首長の行政運営のチェック機能の1つであると同時に，首長の行政運営に影響を及ぼすことができるという点で，首長権力に対する牽制になる。

　この他に，地方議会が首長に対して有する重要権限として，調査権（**百条調査権**）がある（地方自治法100条）。首長が責任者として行う自治体の事務について，何らかの問題があると思われる場合，議会が調査権を行使する。この権限により，地方議会は調査のために，関係者の出頭，証言，記録の提出を請求することができる。この調査権は，行使にあたって関係者が証言や資料の提出を拒んだ場合の罰則が定められており，非常に強い権限といえる。この調査権も，地方議会が自治体行政をチェックするための権限といえる。

　地方議会が首長に対して有する主要な権限は以上のとおりであるが，地方議

会の実質的な影響力は条例・予算・人事に関する首長の提案を否決することで発揮される。また，実際に否決しなくても，否決の可能性をみせることで，首長側の提案内容を変えさせることも考えられる。首長の提出議案は多くの場合，無修正で可決されることが多い。だが，それは議会が首長の提案すべてを自動的に通しているというよりも，否決されることが明らかな議案はそもそも提案されないとみるべきである。

　また，首長に対する影響力とは別に，地方議会の重要な機能として，**議案の提出**が挙げられる。第 5 章で述べるとおり，地方自治体における議案の大半は首長によって提出されているが，地方議会の側からも条例などの議案を提出できる。議案提出のための要件として，議会の定数の 12 分の 1 以上の議員が賛成することとされている（地方自治法 112 条 2 項）。

　上記以外の地方議会の重要な機能として，住民を代表する機能が挙げられる（ヒジノ 2015：72-73 頁）。具体的には，住民からの要望を条例や予算に反映させたり，行政に伝えたりすることが挙げられる。この機能は，個々の議員の再選という目標と密接に関係しており，地域や選挙区単位での要望の実現は，議員の再選可能性の増大につながりうる。しかし，予算配分などをめぐっては，自治体全体の利益を考える首長とは考えが異なる面もあり，自治体の財政が厳しさを増すなかで，首長と議会が対立するケースが増えてきている。

地方議会の運営

　地方議会における議案の審議は，**本会議**，**委員会**，**全員協議会**などの場で行われる。まず，本会議は全議員が出席する会議で，**定例会**と**臨時会**があり，通常は首長によって招集される。年 4 回招集されることが多く，会期は通常 3 週間程度である。近年，一部の自治体では，**通年会期制**が導入され，必要に応じて自由に議会を開くことができるようになっている。定足数は原則として定数の半数以上となっている（地方自治法 113 条）。

　委員会は，議員が政策領域ごとに分かれて審議を行う会議である。委員会は，**議会運営委員会**，**常任委員会**，**特別委員会**の 3 つに分けることができる。このうち，議会運営委員会は，議会の運営にかかわる事項を決定する委員会である。具体的には，議会の開会日程や，首長や住民などから議会に送られた議案や陳

情などを，どの委員会に送付して審議するかを決める。

　常任委員会は，部門ごとの事務を審査するために設けられる委員会で，個別の行政事務や政策領域ごとに分かれている。議案の実質的な審議は委員会で行われることが多く，委員会で採決された議案は本会議に送られることになる。特別委員会は，災害や地域独自の課題など，特に重要と考えられる問題を審議する委員会で，議会の議決によって設置される。

　全員協議会は，自治体行政上のさまざまな課題について議会の全議員が集まって話し合ったり，議会が首長や執行部から説明を受けたり，意見を調整したりする場である。ただし，上記の本会議や委員会と異なり，法律の根拠に基づくことなく開かれる合議体である。そのため，住民に対して公開する義務がなく，率直な意見交換を行うことができる一方で，意思決定過程が不透明であるとの批判も受けやすい。

　上記のような会議・委員会に加えて重要なのが**会派**と呼ばれる組織である。会派は，議会における議員グループを指すが，議会での議員の委員会所属や本会議での代表質問に関する決定は会派単位で行われることが通常である。また，議会に関するさまざまな情報は会派を通じて得られることが多く，新人議員も同じ会派の先輩から議会での仕事を学ぶことが多い。そのため，会派に所属しない議員は議会での議員活動に大きな制約を受けることになる。

　会派は，政党単位で結成されることが多いが，必ずしも国政における政党と対応しているわけではない。別々の政党に所属している議員や無所属の議員が質問時間の確保などを目的として便宜的に会派を結成することもある。また，同じ政党に入っている議員であっても，別々の会派に所属することもある。これは，首長選挙等で政党としてどの候補者を支援するかをめぐって同じ政党の地方議員同士の対立が生じたときに多くみられる。会派は，政策についてある程度共通した考えを持つ議員によって結成されることが一般的であるが，政治的利害や思惑から，所属政党の会派に入るか入らないかを決めている議員も多い。会派に入らない場合は，別の会派を作るか，会派に所属しない無所属議員として活動していくかを決める必要がある。

地方議員の実像

日 常 活 動

　議会が開会している時期は，議会での審議が地方議員の主たる活動となる。首長・議員から提案された議案について質問を行い，疑問点を明らかにするとともに，議会として賛否を明らかにする議決に参加することが主な仕事となる。また，首長の行政運営に問題がないかチェックすることも重要な活動となる。

　地方議員は議会が開会していない時期を中心に比較的自由な時間を持つことができる。だが，政策の勉強や，住民との対話を通じた地域の課題の発見など，議員の多くは日々の活動に追われている。また，日常の政治活動と選挙活動は，法制度上は別のものとされているが，議員の日常活動の多くは，次の選挙を意識したものであることが多い。そのため，議会が閉じているときでも熱心に活動を行う必要があるのが実情である。

　図2-1は，甲府市議会のとある市議の1日を示したものである。議会開会中（ここでは委員会）とそれ以外の日で議員活動の内容に違いがみられるが，さまざまな活動を行っていることがわかる。議会開会中は，本会議や委員会への出席で1日が終わることが多い。これに対し，議会が開会していない平日は市役所や地域での活動，自宅での調査・政策立案に多くが費やされている。休日も午前午後とも地域におけるさまざまな活動に参加をしており，多忙であることが確認できる。地方議会が開かれないときは，暇な時間が多いというわけではないのである。

　だが，同時に，議会への出席以外の予定に関しては，議員の裁量に委ねられているのも確かである。議会以外の活動をどの程度行うかは議員によってさまざまであり，もっと自由な時間が多い議員も存在すると考えられる。しかし，地域活動などをまったくしないことは，議員の再選にとって不利に働く可能性があることから，議員の多くは議会での活動以外にも力を入れていると考えられる。

　以上のように，議会への出席以外の地方議員の活動は，本人の裁量に委ねら

	委員会 開催日	議会のない平日 (1)	議会のない平日 (2)	休日
6:00	起床	起床	起床	起床
7:00	朝食	朝活＝勉強会	朝食	朝食
8:00		朝食	街頭市政報告会	
9:00	会派控室で 委員会の準備	市役所での調査	仕事部屋で作業 ・市政調査 ・政策立案 ・資料調査 ・レポート作成	地域活動 ・有価物回収 ・運動会 ・お祭り
10:00	委員会			
11:00				街頭市政報告会
12:00	昼食	昼食	ランチ ミーティング	
13:00				
14:00	委員会	会議に参加	地域活動 ・戸別訪問 ・要望伺い ・ポスティング	地域活動 ・育成会活動 ・消防団活動
15:00				
16:00		仕事部屋で作業		
17:00				仕事部屋で作業
18:00	仕事部屋で 翌日の準備		仕事部屋で作業	
19:00		勉強会 研究会	意見交換会	
20:00				
21:00				
22:00				

（出所） iJAMP ポータル「【地方議員の視点9】普段は何やってるの？」。

れていることが大きな特徴である。どの活動を重点的に行うのかは，議員によって変わってくる。

地方議員の社会的背景

　次に，地方議員の社会的背景についてみていきたい。兼業の状況や性別，年齢構成といった点に注目し，どのような人が地方議員になっているのかを明らかにする。

　兼業の状況　まず，都道府県議会議員の兼業の状況についてみていきたい。図2-2は，2021年7月1日時点における全国の都道府県議会議員の兼業の状

図2-2　都道府県議会議員の兼業の状況

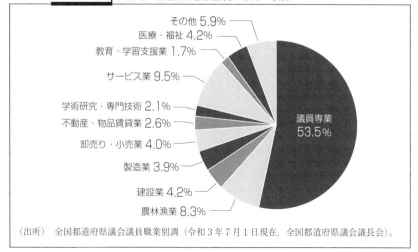

その他 5.9%
医療・福祉 4.2%
教育・学習支援業 1.7%
サービス業 9.5%
学術研究・専門技術 2.1%
不動産・物品賃貸業 2.6%
卸売り・小売業 4.0%
製造業 3.9%
建設業 4.2%
農林漁業 8.3%
議員専業 53.5%

（出所）　全国都道府県議会議員職業別調（令和3年7月1日現在，全国都道府県議会議長会）。

況を示したものである。図2-2から，およそ半数程度が議員職を専業としており，他の職業を有していないことが確認できる。後でふれる市区議会議員と比べて，議員専業の比率が高くなっているが，報酬が比較的高いことや，兼業では時間的に議員活動が困難であることがその理由として考えられる（村上2010：72頁）。兼業している議員のうち，最も多い職種が，サービス業で，農林漁業，建設業，医療・福祉，卸売り・小売業，製造業といった職種が続いている。

　続いて市区議会議員についてみていきたい。図2-3は2022年7月時点の全国の市区議会議員の兼業をめぐる状況を示したものである。特徴として，都道府県議会議員に比べて，他に従事する職業を持つ者が多いことがまず挙げられる。農林漁業を兼業している者の比率が10.5％と高くなっており，サービス業，卸売り・小売業といった職種が続いている。

　性　別　　次に，地方議員の性別についてみていきたい。図2-4は2021年12月31日時点における全国の地方議員の性別を都道府県議会，市区議会，町村議会の議員ごとにまとめたものである。全体として男性の比率が高くなっており，女性の比率が低いことが確認できる。とりわけ，都道府県議会議員と町村議会議員で女性の比率が低くなっている。

　年齢構成　　続いて，地方議員の年齢構成についてみていきたい。図2-5は，

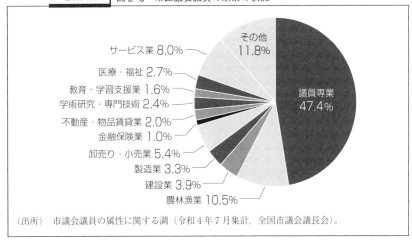

CHART | 図 2-3　市区議会議員の兼業の状況

その他
11.8%

議員専業
47.4%

サービス業 8.0%
医療・福祉 2.7%
教育・学習支援業 1.6%
学術研究・専門技術 2.4%
不動産・物品賃貸業 2.0%
金融保険業 1.0%
卸売り・小売業 5.4%
製造業 3.3%
建設業 3.9%
農林漁業 10.5%

（出所）　市議会議員の属性に関する調（令和 4 年 7 月集計，全国市議会議長会）。

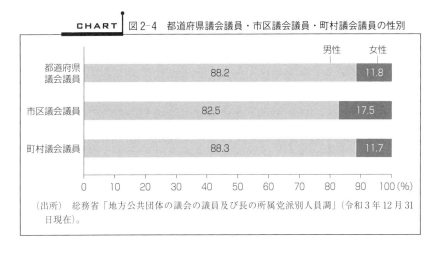

CHART | 図 2-4　都道府県議会議員・市区議会議員・町村議会議員の性別

男性　　　女性

都道府県
議会議員　　88.2　　11.8

市区議会議員　　82.5　　17.5

町村議会議員　　88.3　　11.7

　0　10　20　30　40　50　60　70　80　90　100（%）

（出所）　総務省「地方公共団体の議会の議員及び長の所属党派別人員調」（令和 3 年 12 月 31
日現在）。

　都道府県議会議員・市区議会議員・町村議会議員の年齢構成を示したものであ
る。全体として，50 歳以上の中高年の議員の占める比率が高くなっているの
が特徴である。とりわけ，市区議会議員や町村議会議員については，80% 以
上の議員が 50 歳以上となっており，年齢構成が中高年に偏っていることが確
認できる。これに対し，30〜40 代の若年層の占める比率はきわめて少なく，
比較的若年層の議員が多い都道府県議会議員についても，7.2% にとどまって
いる。

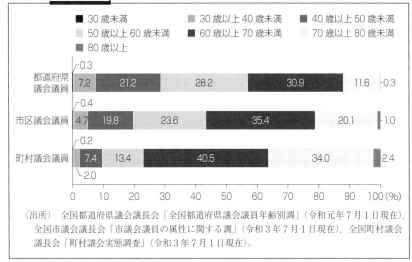

CHART 図2-5　都道府県議会議員・市区議会議員・町村議会議員の年齢構成

凡例:
- ■ 30歳未満
- □ 30歳以上40歳未満
- ■ 40歳以上50歳未満
- □ 50歳以上60歳未満
- ■ 60歳以上70歳未満
- □ 70歳以上80歳未満
- ■ 80歳以上

都道府県議会議員: 0.3 / 7.2 / 21.2 / 28.2 / 30.9 / 11.6 / 0.3

市区議会議員: 0.4 / 4.7 / 19.8 / 23.6 / 35.4 / 20.1 / 1.0

町村議会議員: 0.2 / 7.4 / 13.4 / 40.5 / 34.0 / 2.4 / 2.0

（出所）　全国都道府県議会議長会「全国都道府県議会議員年齢別調」（令和元年7月1日現在），全国市議会議長会「市議会議員の属性に関する調」（令和3年7月1日現在），全国町村議会議長会「町村議会実態調査」（令和3年7月1日現在）。

　以上，まとめると，地方議会では，農林漁業などの第一次産業や自営業に従事する人が多く，男性で中高年の議員が多数を占める一方で，サービス業などの企業で働く会社員などの第三次産業従事者や，女性・若者の議員が少ないのが特徴となっている。このように，議員の社会的背景に偏りがみられる要因として，第1に挙げられるのが，地域的・職域的な人のつながりが強いほど，地方議員を代表として送りやすいことである。農林漁業や自営業に従事する人々は，農協や漁協，商店街の活動を通じて，互いに密接なかかわりを持つことが多い。職業上の利害もともにすることが多く，自分たちの代表を議会に送ろうという気運も高まりやすい。これに対し，会社員などとして働く人々は，職場が別であることが多く，大都市部を中心に地域でのつながりも希薄である場合が多い。そのため，共通する利害も見出すことが難しく，まとまって議会に代表を送るということになりにくいのである。

　議会における議員の社会的背景は，地方における政治・行政にどういった人の声が届きやすいかを示すうえで重要である。有権者は，自分の仕事や生活にかかわる問題の解決を期待して議員に投票するが，そうした声に敏感なのは，同じ社会的背景を有する議員である場合が多い。逆に，議会での代表が少ない社会的背景を有する人については，議会でその利益が実現される可能性も低く

表2-1　都道府県議会議員の党派性

政党	議員数	割合（%）
自由民主党	1246	48.49
公明党	191	7.44
日本共産党	139	5.41
立憲民主党	58	2.26
社会民主党	27	1.06
日本維新の会	21	0.82
国民民主党	14	0.55
諸派	279	10.86
無所属	595	23.16
計	2570	100

（出所）　都道府県議会議員の所属党派別人員調（令和3年12月31日現在，総務省）。

なることから，これらの人々の声をどう議会に届けるのかが多くの自治体にとって課題となっている。

地方議員の党派性

　次に，地方議員の党派性についてみていきたい。都道府県議会議員の党派性を示したのが，表2-1である。いずれかの政党に所属している議員は全体の約80%近くを占めており，その内の半数以上を自民党の議員が占めている。続いて，諸派，公明党，共産党の順となっている。無所属の議員は約23%を占めている。

　続いて，表2-2に示した市区議会議員の党派性についてみていきたい。都道府県議会議員と異なり，無所属の議員が約70%を占め，最多となっていることが確認できる。また，都道府県議会議員と比べて，自民党の比率が少なくなり，公明党や共産党と同程度になっていることも特徴として挙げられる。

　都道府県議会議員と市区議会議員の間にみられる党派性の違いは，どのように説明できるだろうか。都道府県議会議員に政党所属を明示する者が多いのは，政党が選挙における投票選択の基準として重要であることを意味している。都道府県議会議員の場合，住民との距離は必ずしも近いものではなく，候補者がどのような人物かを知るうえで，どの政党に所属しているかは重要な手がかりとなりうるのである。

政党	議員数	割合（%）
自由民主党	2173	7.46
公明党	2682	9.20
日本共産党	2375	8.15
立憲民主党	254	0.88
社会民主党	137	0.47
日本維新の会	167	0.58
国民民主党	53	0.19
NHK党	35	0.13
参政党	12	0.05
れいわ新撰組	2	0.01
諸派	970	3.33
無所属	20295	69.62
計	29155	100

（出所）　市区議会議員の所属党派別人員調（令和3年12月31日現在，総務省）。

　これに対し，市区議会議員では無所属の議員が多くなっているが，選挙の際には政党はあまり重要ではなく，候補者個人が投票選択の基準となっていることを示すものといえる。市区議会議員選挙の場合は，候補者と住民の距離は近く，住民は候補者自身の経歴や実績，選挙区へのサービスといったことを評価して投票を行うものと考えられる。

議員の報酬・待遇

　議員報酬　　次に，議員の報酬・待遇についてみていきたい。議員の報酬は，首長の給与と同じく，条例で定められる（地方自治法203条4項）。したがって，自治体間の差が大きい。

　表2-3は，各都道府県議会における議員報酬の平均月額を示したものである。人口の多い都道府県では比較的多額の議員報酬が支払われている。これに対し，人口の少ない県議会の議員報酬は少額である。例外が大阪府で，他の同規模の府県と比べて著しく低い額となっている。

　人口規模以外に議員報酬を規定する要因として重要なのが，改革派首長の存在である。改革派首長が在任している，あるいは在任していた自治体については，議員報酬も低くなっている傾向がみられる。これは，首長が議員報酬の削

CHART | 表 2-3　都道府県議会議員の平均報酬月額

平均給与月額（円）	都道府県
90 万以上	北海道，埼玉県，神奈川県，愛知県，京都府，広島県
85 万以上，90 万未満	茨城県，岐阜県，福岡県
80 万以上，85 万未満	宮城県，福島県，栃木県，群馬県，東京都，長野県，静岡県，滋賀県，兵庫県，岡山県，山口県，香川県，愛媛県，佐賀県，長崎県
75 万以上，80 万未満	青森県，岩手県，秋田県，山形県，千葉県，富山県，石川県，福井県，山梨県，和歌山県，鳥取県，島根県，徳島県，高知県，熊本県，大分県，宮崎県，鹿児島県，沖縄県
75 万未満	新潟県，大阪府，三重県，奈良県

（出所）「令和 3 年地方公務員給与実態調査」（令和 3 年 4 月集計，総務省）。

CHART | 表 2-4　市議会議員の平均報酬月額

平均給与月額（円）	自治体数	比率（%）
50 万以上	124	16.1
45 万以上 50 万未満	78	10.1
40 万以上 45 万未満	143	18.6
35 万以上 40 万未満	215	27.9
30 万以上 35 万未満	154	20.0
30 万未満	56	7.3
計	770	100

（出所）「令和 3 年度地方公務員給与実態調査」（令和 3 年 4 月集計，総務省）。

減を提案する場合もあるが，首長が自身の給与の引き下げを行うことで，議会も自らそれに合わせる形で議員報酬の削減を行うといったことがあるためである。

　表 2-4 は市議会議員の平均報酬月額をまとめたものである。全体的に都道府県議会議員よりも少額で，自治体間の差も大きいことがわかる。日頃の政治活動等の出費の一部を議員報酬で賄うこともあるため，議員報酬が少額な自治体では，それだけで生計を立てることが困難な場合もある。

　政務活動費　議員報酬以外にも，個々の議員が政策立案に向けて行う調査研究のために，政務活動費が支給されている。支給の対象，金額は各自治体の条例で定められており，議員報酬と同じく自治体規模による差が大きい。しかし，政務活動費については，不正請求の事例が相次いでいる。

ニュースなどで大きく報じられたものとして，2014 年の兵庫県議会議員（その後辞職）による政務活動費の詐取事件がある。実際には使用していない出張費や，切手・はがき代などを含む書類を作成し，政務活動費約 900 万円を不正に受け取ったというものである。議員は詐欺罪で起訴され，有罪判決が下された。

また，2016 年 7 月にも富山県議会議員・富山市議会議員による政務活動費の不正請求事件が起きた。富山県議会議員については，書籍代の領収書を偽造し，政務活動費約 400 万円分を不正に受け取っていた。また，富山市議会でも，市議が開催されていない市政報告会の会費などを計上したことが明らかになった。一連の事件で，富山県議 3 人，富山市議 14 人が辞職し，補欠選挙が行われた。

政務活動費については，透明性を確保するため，領収書などの提出を義務づける自治体が増えていた。しかし，さらなる事件の続発を受けて，政務活動費の抜本的な見直しを求める声が強まっている。

3 二元代表制の特徴

▎二元代表制とは

日本の地方政府では，首長と議会がそれぞれ別個に住民による直接選挙によって選ばれる**二元代表制**が採用されている。これは，国政で採用されている**議院内閣制**とは大きく異なる制度である。議院内閣制では，行政府の長である首相は立法府である議会の多数派から選ばれる。首相を選んだ議会の多数派は与党として行政府を支えることから，行政府と立法府は少なくとも部分的には融合することとなる。また，首相・内閣を支持しない議会の少数派は野党として，首相・内閣の監視や政策への批判を行うことになる。

これに対し，二元代表制の下では，首長と議会は双方とも別個に住民の直接選挙によって選出される。議院内閣制と異なり，議会の議員は誰も首長の選出にかかわらないことから，本来であれば議会における与党・野党の区分けは存在しない。二元代表制の下で議会に期待されている役割は，首長の行政運営や

政策決定に問題がないかをチェックすることで，いわゆる是々非々の立場で首長に向き合うこととなる。

　二元代表制は，占領期の民主化政策の一環として，地方自治体の首長公選がGHQによって命令され，それが既存の議会と結びつくことで，始まったものである（ヒジノ 2015：102頁）。そのため，二元代表制は，アメリカなどの**大統領制**によく似た制度として論じられることも多いが，両者には異なる点もある。まず，アメリカの大統領制では，予算案の作成や立法に関する権限はすべて議会が持っており，大統領は関与できない。これに対し，二元代表制では，予算や条例などの議案提出権を首長は有している。

　また，アメリカの大統領は4年の任期を務めるのが原則である。大統領弾劾制度があり，下院の過半数，上院の出席議員の3分の2の賛成で大統領を罷免することはできるものの，想定されているのは大統領が犯罪行為にかかわったり，法令違反を犯したりしたケースであり，政策の不一致による弾劾はできないことになっている。これに対し，二元代表制下の首長は議会によって不信任の議決が行われることがありうる。不信任の議決が行われた場合，首長は失職か議会の解散を選択しなければならない。他方で，アメリカの大統領は議会の解散権を持っておらず，この点でも二元代表制とアメリカの大統領制の間には明確な違いが存在する。

　二元代表制で想定されていた首長と議会の関係は，両者が相互に監視やチェックを行いつつ，協力すべきは協力するというものであった。しかし，先に述べたとおり，首長の権限は強力かつ広範に及ぶため，議会のほとんどの議員が首長を支えるようになり，両者の関係がなれ合いになっているとの批判も根強い。だが，地方分権改革の進展により首長の権限がさらに強まるなかで，有権者の支持を背景に議会と公然と対決する首長も出てくるようになった。また，それらの首長の中には自らの手で地域政党を立ち上げ，議会での多数派獲得をめざす者も現れている。

▍首長と議会の影響力の比較 ▍

　地方議会の影響力を考えるうえで，重要となるのが，首長と議会の力関係である。まず，首長の影響力を重視する立場からは，地方政治における首長の影

響力は圧倒的で，議員や政党は野党的な立場をとることが難しいという見方が
なされた（依田 1995）。これに対し，議会の影響力を重視する立場からは，知
事が提出した議案の否決は知事に対する議会の不信任につながりうることから，
知事が議会の意向を汲んで否決される条例案をそもそも議会に送らない可能性
が指摘されている。

　その後，地方政治研究における関心は，首長と議会のいずれがより影響力を
有しているのかという点から，どのような条件で各アクターが影響力を行使し
うるのかという点に関心が移るようになる。まず，提示されたのは，首長が予
算の提出権を独占していることや，議会に対する首長の拒否権である再議請求
権に 3 分の 2 以上の同意という高いハードルが課せられていることなどから，
議会がその選好を政策に反映させることには制度的な限界があるとする見方で
ある（名取 2004）。そのうえで，副知事などの政治的任命職の同意権や知事選
挙における支援などを通じて影響力行使の機会があるとしている。

　これに対し，地方議会が地方政府の政策選択に一定の影響を及ぼしていると
の見方も提示されている。注目されたのは，首長が自治体全域を 1 つの選挙区
として選ばれているのに対して，地方議会は自治体内のさまざまな地域から選
ばれる地方議員によって構成される合議体であるという点である。こうした選
出方法の違いから，首長が地方政府全体に関係する政策課題への関心を強く有
するのに対し，地方議会は個々の議員の選挙区や支持者などに関係する政策課
題への関心を持つことになると考えられた（曽我・待鳥 2007）。そのうえで，議
会は議決権の行使により，首長が議会の望まない提案をしてきたときに，それ
を拒否し，現状を維持することができるという見方もされている（砂原 2011）。

　地方全体にかかわる利益を重視する首長と個々の選挙区や有権者の利益に重
点を置く地方議会という組み合わせは，両者の対立を予期するものであるが，
実際は必ずしもそうではない。選挙などを通じて両者が協調関係にあったり，
財政に十分な余裕があれば，首長が自治体財政全体の健全性に目を配りながら，
地方議会の個別利益に関する要望に応えることが可能であったといえる。しか
し，1990 年代以降に分権化が進むとともに，多くの自治体が財政危機にみま
われたことで，首長と地方議会の対立が増加しているとの見方がなされている
（曽我・待鳥 2007）。

Column ❷ 落選議員の憂鬱

　選挙は無投票の場合を除き，複数の候補者から限られた当選者を選ぶことになる。そのため，選挙には勝ち負けや当落がつきものであり，致し方ないことではある。しかし，多くの地方議員にとって，選挙に落選することは悪夢以外の何物でもない。選挙での落選に伴う最も大きな損失はいうまでもなく収入である。議員の身分を失えば，当然のことながら議員報酬を受け取ることはできなくなる。他の職を兼業している場合はいいが，議員専業であった場合は収入が途絶えることとなってしまう。加えて，住民税などの税金の支払いが負担となる場合が多い。通常，住民税の課税額は前年度の収入によって算定されるため，落選して収入が激減している状況で納税しなければならないこともある。状況によっては，預貯金も底をつき，生活が行き詰まってしまうことも起こりうる。家族，とりわけまだ幼い子どもがいる場合，この問題はよりいっそう深刻である。

　落選議員が受ける損失は，金銭的なものにとどまらない。選挙に落選して議員の身分を失うことで，周囲から人が離れていくといったことも起こる。それまで親しくしていた人々がよそよそしくなったり，態度を変えたりするのは想像以上に辛いものである。また，地元選出の議員ということで呼ばれていた地域の行事についても声がかからなくなり，それまでは忙しく行事を回っていたお盆や年末年始を寂しく家で過ごすことも多くなる。

　落選して，他の職を兼業していない場合は収入を得るための仕事探しをしなければならない。だが，議員と同程度の収入・待遇の職を新たにみつけることは容易ではない。弁護士などの専門職から議員になった者は，元の仕事に戻ることができるケースが多いが，公務員や民間企業の社員であった者が元の職場に同じ条件で復帰できることはまずない。日本では転職が珍しくなくなりつつあるが，中途採用の場合に一貫したキャリアや実務経験が重視されることも確かである。ある職に就いていた者が議員になることは，それまでのキャリアが中断されることを意味し，採用側からみれば，元議員という肩書があっても（そうであるがゆえに？），採用には躊躇してしまうのである。

　落選議員のこうした苦境については，「失業したら誰でも同じ」「政治を志す者は自分の生活を犠牲にしてでも頑張るべき」といった意見も成り立ちうる。しかし，筆者は別の観点から落選議員の問題点を論じたい。まず，

地方議員が落選後に生活難に追い込まれるということは，他の分野で活躍している優秀な人材が，議員をめざさなくなることを意味する。また，自分の生活を全面的に犠牲にしないとできない仕事であれば，一定の資産や多額の収入を伴う職を兼業している者しか議員になれないということになってしまう。さらに，議員の身分が不安定なものであれば，政治と金にかかわる問題も当然生じやすくなる。

　近年，多くの地方議会で政務活動費（かつては政務調査費と呼ばれていた）の不正請求が問題となり，議員の辞職が相次いでいるが，少なからぬ者が自身の生活の不安を不正の理由として挙げている。以上のような議員の落選に伴う問題については，いくつか対策が考えられる。まず挙げられるのが，立候補に伴ってそれまで就いていた職を辞するという法律のルールや慣行を変えることである。国や地方の公務員の場合，公職選挙法の規定により，在職中に公選職の候補者になることができないとされている（公職選挙法89条1項）。そのため，辞職をしてから立候補をする必要があるが，落選した場合は行き場を失うといったことが起こりうる。民間企業においても，選挙に立候補する場合は，辞職を求められることが通常であり，同様の問題が発生する。この問題については，在職中の立候補を可能にし，仮に落選した場合には元の職に戻ることができるようにするのが有効な対策となりうる。

　しかし，現在議員となっている人々からすれば，強力なライバルが多く出てくることを意味するため，反対の声が上がるのは必至と思われる。また，落選に伴う金銭的な問題を解決するために近年提起されているのが，廃止された地方議員年金の復活である。地方議員の議員年金は破綻するとの見通しから，2011年6月に廃止となったが，このことは議員の引退後の生活に大きな影響を及ぼしている。具体的にどう制度を構築するかは今後の課題であるが，議員年金の復活は，落選議員の金銭的問題の1つの解決策として注目すべき提案と思われる。

　日本全体で不安定な雇用形態の人が増えていくなかで，これらの解決策を実現することは容易ではない。しかし，優秀な議員をリクルートすることは，地方政治をより健全で活発なものにし，長期的には住民生活に資するということを忘れてはならない。

▌首長と議会の協調・対立のパターン ▌

二元代表制の下，首長と議会の関係は，制度上において抑制と均衡の関係にあるとされている。しかし，実際の首長と議会の関係は，時代により，地域によりさまざまである。また，同じ自治体，同じ首長と議会であっても，関係が変化することはしばしば起こりうる。首長を議会の大半の議員が支えるという自治体が多くみられる一方で，近年は，政策をめぐって，首長と議会が激しく対立するという事例も見受けられるようになった。

まず，最も多いと考えられるのが，首長と地方議会の議員の大半が恒常的な協調関係にあるというケースである。首長選挙のときに議会の大半の議員が首長を応援し，当選後も首長から議会へ出される議案は予算案・条例案とも原案どおりに可決される。一般的にこの状態は，「**オール与党**」と呼ばれることが多い。また，首長の類型としては，**相乗り首長**がこのケースに該当する。

たとえば，愛知県議会では，知事を県議会の主要な会派が支えるという体制が続いている。国政では与野党に分かれている自民党や立憲民主党といった政党は，愛知県政においてはともに知事を支える「与党」としての立場をとっている。具体的には，知事選挙の際に同じ現職や新人の知事候補者を支援したり，知事が提案する予算や条例などの議案に原則賛成するなどして，知事を支えている。

第 2 に挙げられるのが，議会において，首長を常に支持している議員とそうでない議員の勢力が拮抗しているケースである。首長にとっての「与党」が過半数を超えていれば，予算案や条例案を原案どおりに通すことは可能となるが，そうでなければ，議案ごとに多数派を形成したり，反対する議員に譲歩をして議案を修正したりする必要が出てくる。例を挙げると，沖縄県では，米軍の普天間基地の県内移設に反対する社民党，共産党などの支援を受けた知事が 2 代続いている。だが，沖縄県議会では，知事を支持する政党に所属する議員は定数の 48 名中，半数の 24 名となっている。知事を支持しなかったり中立の立場をとる議員が残りの 24 議席を占めており，知事提出の議案が僅差で可決される事態が相次いでいる。

最後に，近年注目を集めているケースとして，首長を支持しない議員が議会

の大半を占めている自治体が挙げられる。首長選挙において，議会の大半の議員が支援する現職を破って当選した首長などが，このケースに該当する。選挙での経緯から，首長と議会多数派の関係は良好でなく，首長提出の議案の否決がしばしばみられる。首長の類型としては，当選直後の**改革派首長**が当てはまることが多い。

　典型的な例として挙げられるのが，2011年から2023年にかけて兵庫県の明石市長を務めた泉房穂である。弁護士で，衆議院議員としても活動経験のあった泉は，2011年4月に行われた明石市長選挙に立候補した。選挙では，民主党・自民党から推薦を受け，市議の大半からも支援を受けていた前副市長を破って当選した。泉は，明石市独自の子育て政策を展開したことで，全国的な注目を集めた。特に，各家庭の子育てにかかる費用の負担減を重視し，高校生までの医療費の無料化や，中学校での給食無償化，第二子以降の保育料無料化といった施策を段階的に実現していった。泉は，市議会において与党的立場をとる議員がほとんどいないなかで，子育て政策を実現していった。だが，任期途中から子育て支援をはじめとする市の政策をめぐり，市議会の主要会派との対立を深めていくようになった。そして，市議への暴言を理由として市議会で問責決議が可決されたことで，引退に追い込まれた。

　このように，議会に支持基盤を持たない首長は自分の思う政策を実現できないことが多く，選挙で勝ち続けることも難しい。そのため，近年では新たな戦略をとる首長も出てきている。大阪府知事と大阪市長を歴任した橋下徹は，当初は自民党・公明党の支援を受けていた。しかし，橋下は，行財政改革や大阪府と大阪市の再編をめぐって，自民・公明両党と対立するようになり，自民党内で橋下を支持する議員を糾合する形で地域政党の大阪維新の会を設立した（砂原 2012）。このように，首長が主導して新党を作り，議会での多数派を形成しようとする例は他にもあり，名古屋市議会では河村たかし名古屋市長によって減税日本という地域政党が結成された。

　首長と議会の関係はこのように地域や時代によってさまざまである。しかし，そもそも二元代表制の基本的な考え方からみると，首長が議会の大半の議員と恒常的な協力関係にあったり，逆に首長と議会との対立関係が長期化したりすることは，制度上，予定されていないという点に留意する必要がある。

① 自分の家，または居住地の自治体の議員（都道府県議会議員でも市区町村議会議員でもいずれでもよい）を１人選んで，ホームページやX（旧Twitter）からどのような１日を過ごしているのか調べてみよう。

② 地方議員の報酬については，生活できるレベルにまで額を上げて，より優秀な人に議員として活動してもらうべきだという立場と，可能な限り下げて，一般の人が働きながらできるようにするべきだという立場がありうる。どちらがより適切だと思うか，皆で議論してみよう。

読書案内　　　　　　　　　　　　　　　　　　　　　　　　　Bookguide ●

　　地方議会の基本的な仕組みや議員の仕事について詳しく知ることができるものとして，辻陽『日本の地方議会――都市のジレンマ，消滅危機の町村』（中央公論新社，2019年）がある。地方議会の権限や議員の活動といった本書でも論じたテーマの他に，地方議会選挙の実態や議会改革の方向性についても論じている。また，近年の地方議会改革の方向性や論点について幅広く扱ったものとして，江藤俊昭『地方議会改革――自治を進化させる新たな動き』（学陽書房，2011年）がある。地方議会が直面する課題や，住民と議会のかかわりについても紹介されている。地方議会や地方議員については，二元代表制の下での首長との関係について多くの研究業績が出されている。曽我謙悟・待鳥聡史『日本の地方政治――二元代表制政府の政策選択』（名古屋大学出版会，2007年）と，砂原庸介『地方政府の民主主義――財政資源の制約と地方政府の政策選択』（有斐閣，2011年）は，都道府県を分析単位として，二元代表制に基づく知事と都道府県議会の相互作用と，それが都道府県の政策選択に与える影響について分析を行ったものである。

引用・参考文献　　　　　　　　　　　　　　　　　　　　　　Reference ●

有馬晋作（2011）『劇場型首長の戦略と功罪――地方分権時代に問われる議会』ミネルヴァ書房。

稲継裕昭（2011）『地方自治入門』有斐閣。

砂原庸介（2011）『地方政府の民主主義――財政資源の制約と地方政府の政策選択』有斐閣。

砂原庸介（2012）『大阪――大都市は国家を超えるか』中央公論新社。

曽我謙悟・待鳥聡史（2007）『日本の地方政治――二元代表制政府の政策選択』名古屋大学出版会。

名取良太（2004）「府県レベルの利益配分構造」『大都市圏における選挙・政党・政策――大阪都市圏を中心に』（研究叢書 第 27 冊）関西大学法学研究所。

ヒジノ ケン・ビクター・レオナード（2015）『日本のローカルデモクラシー』芦書房。

村上祐介（2010）「自治体の統治システム」村松岐夫編『テキストブック地方自治（第 2 版）』東洋経済新報社。

依田博（1995）「地方政治家と政党」『年報行政研究』30, 1-13 頁。

第3章

地方公務員

INTRODUCTION

　本章では，首長，議員と並んで地方自治を担っている地方公務員の実像を明らかにする。都道府県や市区町村で働く地方公務員とは，そもそもどのような人たちなのか，そして，どのように採用され，昇進していくのか，ということを理解することが目的である。

　また，地方公務員とともに地方自治体で勤務する「出向官僚」についてもふれておく。中央省庁の中でも，特に総務省の「自治行政局」「自治財政局」「自治税務局」で職責を担う官僚たちが地方自治体に管理職として出向している。第9章でも取り上げるが，本章でも，彼らの出向人事について説明する。

1　多様な地方公務員

公務員の種類

　地方公務員を考える前に，そもそも**公務員**にはどのような種類があり，どのぐらいの規模なのかについてのイメージを持つことが必要である。日本全体で公務員数は約329万人である（図3-1）。内訳をみると，中央省庁などで勤務

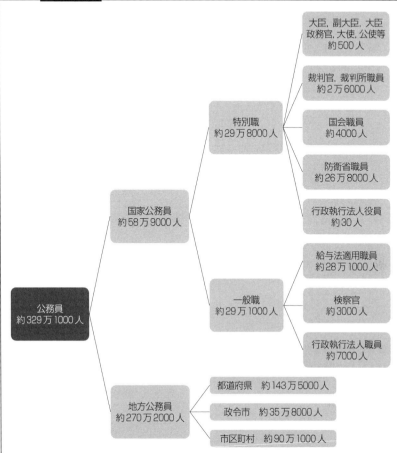

（注）　特別職とは，国家公務員法2条で定められている内閣総理大臣や国務大臣，副大臣，大臣政務官などの職で，就任について選挙や国会の両院又は一院の議決又は同意によることを必要とする職員や人事院規則にて指定されたものを指す。それ以外の国家公務員を「一般職」と呼ぶ。後述の採用での総合職と一般職の区分とは別である。

（出所）　人事院および総務省のホームページより筆者作成。国家公務員については2022（令和4）年度末の予算定員を参照としているが，行政執行法人については，役員数が2021年10月1日の人数，職員数が2022年1月1日の人数となっている。都道府県，政令市，市区町村（東京23区含む）の人数は，2022年4月1日のものである。なお，端数処理の関係で，職員数の総和と合計数とは一致しない。

する国家公務員が約59万人，都道府県や市区町村（東京23区を含む）に勤務する地方公務員が約270万人となっている。ここで注目すべき点は，公務員の中でも地方公務員が圧倒的な比重を占めているということである。大まかにいって，公共部門で勤務する人々の5分の4が地方公務員なのである。

　地方公務員の中でも，47都道府県に勤務する職員は約143万人，都道府県の8割の権能を有する20政令指定都市（政令市あるいは指定都市ともいう）に勤務する職員は約36万人，そして，市区町村に勤務する職員は約90万人となっている。一見すると地方公務員数は肥大しているように感じるかもしれないが，地方自治体の活動量を踏まえて人数を考える必要がある。国と地方の重複分を除いた財政支出を比較すると，国が約97.3兆円であるのに対して，地方自治体全体の最終的な支出額は122.6兆円にも達する（2021年度決算）。国と地方の財政支出合計の5分の3を地方自治体で担っていることを考えると，簡単に地方公務員数が多いとはいえない。むしろ，複雑化した課題に対応するために，高度な専門性を有した行政を展開していく必要があり，職員数の削減には慎重に対応しなければならない。

地方公務員の種類

　では，実際に地方公務員が，地方自治体のどの部門で勤務しているのかをデータで確認しておく（図3-2）。都道府県に特徴的なことは，**教育職**および**警察職**の職員数が圧倒的な数を占めていることである。これは，義務教育の教職員の人事や警察行政に関する権能は都道府県にあるからである。いずれも人件費の占める割合が大きい部門である。政令指定都市を含む市区町村には，警察に関する権能はなく，義務教育に関しても施設整備や運営に関する権能しかないので小さくなる。また，市区町村をみると，**一般行政職**の中でも福祉関係に所属する職員数が大きくなる。これは住民への社会福祉の給付に関する権能は市区町村にあることを反映している。また，同じく住民に水道やガスなどの行政サービスを直接供給する場合も少なくなく，公営企業に勤務する職員も多い。

　また，地方自治体は，医師，看護師，獣医師，薬剤師，臨床心理士などの専門職も多く抱えている。特に都道府県や政令指定都市などでは，専門的な医療施設や公設市場，美術館，高度な専門施設を抱えていることが多いため，専門

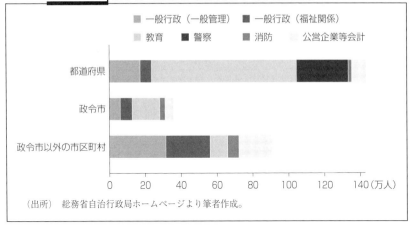

CHART | 図 3-2　都道府県と市区町村での部門別職員数

凡例：
- ■ 一般行政（一般管理）
- ■ 一般行政（福祉関係）
- ■ 教育
- ■ 警察
- ■ 消防
- □ 公営企業等会計

（縦軸）都道府県／政令市／政令市以外の市区町村

（横軸）0　20　40　60　80　100　120　140（万人）

（出所）　総務省自治行政局ホームページより筆者作成。

職の公務員も少なくない。さらに，都道府県や政令指定都市，中核市などが所管する保健所の所長は，医師でなければならないといった法令上の要請も満たさなければならない。彼らは，一般行政職とは別の選考によって採用され，給与体系も別立てになっている。

 採用と昇進管理，給料表

採　用

　国家公務員の採用試験の場合は，事務次官や局長などの幹部職員候補を選抜するための**総合職試験**，本省課長級などの中堅幹部職員を選抜する**一般職試験**のように，採用試験の区分で昇進とリンクさせる**入口選抜方式**を採用している。総合職も一般職も，大学院修了者や学部卒業者という区分はあるが，受験者が昇進のスピードと到達ポストを試験区分で選ぶことになっている。

　しかし，地方公務員の採用試験は，個々の地方自治体によって差はあるが，最終学歴を目安にした緩やかな区分が設けられているにすぎない。俗に，大学卒業程度を受験資格とした**地方上級試験**や，短期大学などの卒業程度を受験資格とした**地方中級試験**，高校卒業程度を受験資格とした**地方初級試験**とまとめて呼ばれている。特に，市町村の場合，かつては論文試験や択一試験のような

筆記試験などの能力試験を課していないところもあったが，いまは何らかの形で能力採用試験を実施している。

　結果として，地方上級職合格者だからといって国家公務員総合職試験合格者と同じように幹部候補として最短の昇進コースを歩むとは限らないだけでなく，技術系の職種で採用された職員が課長などの幹部として昇進していく例も少なくない。そのため，「脱衣所に入るまでは男女の別があるが，湯場に入ると混浴になっている温泉のようなもの」である（北村 2013：134頁）。ただ，地方上級試験での採用者が一般行政部門の多数となっている現状では，地方上級試験の採用者の中から管理職に登用されていくことが多い。

　一般行政職の地方上級職試験は，通常，択一形式の教養試験，論文試験の専門科目，面接試験などを経て最終合格となる。ただ，民間企業などでの勤務経験を有する者を対象とした採用試験も別途用意されている。地方都市や農山漁村の地方自治体の採用試験は，そもそも雇用状況が厳しいために，大学の新規卒業者用であっても勤務経験者用であっても競争倍率が高くなることが多い（表3-1）。また，道府県や政令指定都市のように同じ日に試験を実施することもあるので，試験日程にも十分に注意しなければならない。

　特に最近の傾向として，公務員試験のための特別な対策が不要な採用試験を行う地方自治体が増えてきている。憲法や行政法，民法，財政学などの専門試験科目ではなく，エントリーシートや小論文，面接や集団討議などのように民間企業の就職活動と同様の採用試験の導入が増加している。

　民間企業の就職活動と共通の採用方式を導入した地方自治体の嚆矢が，大阪府（大学卒業程度の行政区分）といわれている。1次試験の内容は，言語的理解力や数的処理能力，論理的思考力を問う総合適性検査（SPI3）と，意欲や行動力を問うエントリーシートの作成である。続く2次試験では，「見識又は法律経済分野」と「情報分野」のいずれかから選択したうえで，前者を選んだ場合，憲法，行政法，民法，経済原論，財政学，経済政策，経営学に，社会事象に対する基礎的知識や論理的思考力，企画提案力，文章作成力などを問う「見識」を加えた科目群の中から1科目を試験当日に選択することになっている。3次試験は，個別面接やグループワークからなる。このように，極論すれば，大阪府の職員採用試験では，公務員試験の定番の法律科目も経済科目も不要であ

区分	自治体名	試験区分	受験者数	最終試験合格者数	倍率
都道府県	北海道	一般行政A	952	312	3.05
都道府県	宮城県	行政 (大学卒業程度)	365	51	7.16
都道府県	東京都	行政 (一般方式)	1677	540	3.11
都道府県	神奈川県	1種試験	704	178	3.96
都道府県	愛知県	行政I	1189	170	6.99
都道府県	三重県	A行政I	256	82	3.12
都道府県	京都府	行政A	436	144	3.02
都道府県	大阪府	行政 (大学卒程度)	1158	147	7.88
都道府県	兵庫県	行政A (大卒程度)	459	106	4.33
都道府県	広島県	行政 (一般事務A)	450	166	2.71
都道府県	愛媛県	上級行政事務A	315	85	3.70
都道府県	福岡県	I類行政	419	64	6.54
都道府県	大分県	上級行政	294	118	2.49
政令市	札幌市	一般事務行政コース	822	212	3.88
政令市	仙台市	大学卒程度 (事務)	618	125	4.94
政令市	横浜市	事務	1792	293	6.12
政令市	名古屋市	行政A	577	121	4.77
政令市	京都市	上級I (行政一般方式)	331	92	3.60
政令市	大阪市	事務行政	1179	361	3.27
政令市	神戸市	一般枠 (総合事務)	451	51	8.84
政令市	広島市	I種 (行政事務)	401	113	3.55
政令市	福岡市	上級 (行政事務一般)	464	56	8.29
中核市	柏市	一般事務A上級	98	29	3.38
中核市	吹田市	事務 (22-25)	835	39	21.41
中核市	鹿児島市	一般事務 (上級職)	459	77	5.96
施行時特例市	四日市市	事務職 (6月実施)	502	39	12.87
施行時特例市	茨木市	事務系 (大学)	723	60	12.05
一般市	草津市	上級一般行政職	168	11	15.27
一般市	箕面市	前期行政職A-1 (事務)	137	24	5.71
一般市	浜田市	一般事務員A (22-26歳)	15	4	3.75

(注) 受験者数については, 第1次試験がある場合はその受験者数である。なお, 千葉県柏市の受験者数は応募者数, 三重県四日市市の受験者数は申込者数であり, 滋賀県草津市の受験者数は教養区分69名とSPI区分99名の合算した数である。また, 大阪府茨木市の合格者数は補欠合格10名を除いている。

る。

　東京都でも一般行政職の採用職員のための1類B採用試験行政区分 (大学卒業程度, 22〜29歳対象) に, 択一形式の教養試験や都政に関するプレゼンテーション・シート作成を中心とした1次試験, プレゼンテーションおよび個別面接

を中心とした2次試験，グループワークおよび個別面接を中心とした3次試験からなる「新方式」が導入されている。

このように，公務員試験のための特別な対策が不要とされる採用方式の評価は難しい。すでに少子化のために受験者数が減少していることを考えると，実質的に選抜できるようにしておくためにも民間企業をめざす優秀な人材を採用対象の母集団に取り込むことは重要である。また，大学在学中から予備校で対策を練ってきたため，面接での受け答えが受験生全員同じ模範解答をそらんじる試験秀才が採用されるという弊害を排除することも重要であろう。本当に地域社会のために努力したいという人材を登用したいという地方自治体の意図は評価すべきである。

しかし，行政の仕事の多くは，じつは地味で定型的な事務の繰り返しである。地方自治体の場合，現状を大きく改革するときにも，あくまで既存の法律の枠内で最大の効果をめざして行われなければならない。行政実務の現場では，公平性，安定性と長期的視点を重視する法律と，効率性と短期的視点を重視する経済の考え方はともに重要である。法律的知識を採用試験で問わなくなった自治体では，法律と条例の違い（そして両者の上下関係）もわからない若い職員に幹部職員が閉口することがあると聞く。さらにいえば，行政の世界は収益さえ上がればスタンドプレーも比較的許されることの多い民間企業とは異なる。全員がスタンドプレーをした場合，細部まで定められた法令に従って粛々と実施するという「地味だが正確さが求められる日常業務」がおろそかにされる恐れもある。市民生活にとって重要なことは，確実で，予見可能性の高く，専門知識に裏打ちされた行政サービスの安定的供給である。

本来，イノベーションや改革を打ち出すのは政治家であり，公務員は法令の枠内で粛々と政治家の指示を遂行することが期待される。法律家や元官僚などのように法律や経済に精通した専門家が知事や市町村長に選出されている場合は，彼らが地方公務員の行動をチェックすることが可能なのかもしれない。しかし，どのような経歴の知事あるいは市町村長が選出されるのかはわからない以上，しっかりと法律や経済の専門知識を具備した公務員が，知事や市町村長をサポートする必要がある。

専門試験免除型の試験で採用された地方公務員については，採用後に法律や

経済などの専門知識を採用後の研修で順次補っていくことになっている。職場の人員配置が逼迫しているなかで，十分に成果の上がる形で研修を行いうるのかどうかが，専門試験免除型の採用方式の成功を左右することになる。20年後に，人事評価だけを意識したスタンドプレーで職員が管理職に昇任してしまうことがあってはならない。

▌昇進管理▐

「地方公務員はどのような誘因で行動しているのか」ということを考える際に，最も重要な動機づけとなるのは**昇進管理**である。ただ，人事研究の専門家が指摘するように，組織規模も置かれた社会経済環境もすべて異なる1700以上ある地方自治体の昇進管理についても採用管理などと同様に「統一した描写をするのは困難な作業」である（稲継 1996：117頁）。

首長や地方議員といった政治家は，選挙での当選（再選）をめざすと仮定して差し支えないが，公務員の場合は何を行動原理としているのかについてコンセンサスがあるわけではない。しばしば，地方公務員は昇進することで大きな責任を与えられることよりも，失点を防ぎ，定年まで安泰に過ごすという**責任回避**（blame-avoidance）を志向するといわれる。知事や市町村長が交代するなかで，御身大事の保身主義になるというのである（大森 1987：149-150頁）。この点については，民間の大企業でも同じような傾向がないわけではなく，地方公務員特有の選好とはいえないとの指摘もされている（稲継 1996：132頁）。また，基準が不明確な人事評価制度が導入された場合，新たな施策を打ち上げたり，スタンドプレーに走ったりすることで，積極的な**功績顕示**（credit-claiming）を行う公務員も少なくないという。

ただ，いずれにしても，多くの公務員は昇進をめざしていると考えて大きな間違いはないだろう。昇進のためにはどのような戦略的対応をとるのかという点でそれぞれの公務員の行動が異なると考えられよう。どのように昇進していくのか，そして，どのような人が管理職に昇進していくのかということは，どの組織においても大きな関心事である。

地方自治体の昇進管理システムは多様であるが，じつのところ，そもそも，地方公務員の異動に関する実証研究が不足しており，昇進管理の実態は十分明

らかにされていない。例外的に岡山県の 1996〜2012 年の間の部長級の職員人事データから地方公務員の異動の実態に迫った分析がある（前田 2016）。これを手がかりにして，地方公務員の昇進について説明する。

　これまでの通説的な理解では，地方公務員は，日本の他の組織と同様，**ジェネラリスト**として幅広く異動することで幹部に選抜されると見なされてきた。つまり，民間大企業と同様に組織特有の文脈的技能を習得することが昇進につながると考えられてきた。地方自治体によって部局の名称は異なるが，機能的な観点から各部局を，総務，企画，住民，保健福祉，産業労働，農林水産，土木の 7 部門に大括りして考えると，部門を越えてできるだけ配属されたことのない部門へと異動して幹部に昇進していくということになる。

　他方で，もう 1 つの理解として，実際には，地方公務員は特定の専門領域の中でしか異動せず，あくまで一定の専門知識をあらゆる側面から理解できるような異動しかしていないと見なされてきた。専門性を涵養するために特定の専門領域の中での異動を通じて，組織内での一定分野での**スペシャリスト**として幹部が育成されているというのである。つまり，一定の部門だけでの閉じた人事をしているということになる。

　この 2 つの理解に対して，岡山県の人事データでは，地方公務員の昇進に関して別の見方を提示している。第 1 に，同一部門内の異動数が最も多く，部門間異動は少ないという。特に，総務部門内部での異動が，組織の中の異動のうち最も多いのに対して，企画部門から事業部門への異動は少なく，特に保健福祉部門への異動は最も少ないという。第 2 に，大学卒業者程度の職員の異動回数の平均は 18 回となるが，そのうち異動経験を持つ部門は約 5 部門であるといい，さらにそのうちで在職期間が最も大きな割合となるのは 3 部門程度であるという。つまり，部長級まで昇進していく場合，5 部門程度の異動を経験するが，実際にキャリアの核となっていくのは 3 部門程度であるということである。第 3 に，もう少し細かくみていくと，入庁からの年数で異動のパターンが異なり，最終的にはパターンが消えてしまうという。入庁 10 年目までの初期段階では同部門内異動が相対的に高く，その後の入庁 11 年目から 30 年目までの中期段階では同部門内異動を基本としながらも，短期間だけ他の部門に異動することがあるという。ところが入庁 31 年目以降になると，管理職としての

空きポストがあれば，専門性の蓄積は脇に置かれ，上位のポストへの異動が最優先となる。

　つまり，少なくとも岡山県の例からは，地方公務員の昇進管理は，幅広く部門間異動を前提としたジェネラリスト養成でもなく，特定の部門内異動を通じて専門知識を有するスペシャリスト養成でもないということである。採用以降，3部門程度の一定の異動の中で徐々に昇進していくが，最終段階では幹部ポストの空き状況で昇進させることが目的になっているともいえる。それまで蓄積された専門知識や職務経験よりも，昇進が優先されているのである。

　総務部門や企画部門が重要な府県と，福祉などの大きな現業部門を有する市町村ではもちろん昇進のための異動パターンは異なる可能性が高い。しかし，総じていえそうなことは，地方自治体では，公務員に専門性がないわけではないが，だからといって最後の昇進の判断では，専門性はあまり重視されないということなのであろう。

　近年，組織改革の中で，旧来の巨大なピラミッド型組織では上下の意思疎通が遅れて迅速な決定ができないという批判が高まり，中間管理職をできるだけ取り除くという**組織階層のフラット化**が散見される。グループ・リーダーやプロジェクト・リーダーといったカタカナの肩書が多くなっているのは，その表れである。たしかに，フラット化によって，上司の決裁を順にとっていくという手間が省け，課題に応じて柔軟に人員配置の再編ができるというメリットもある。管理職の手当も，少しは削減できたかもしれない。

　しかし，フラット化のデメリットも指摘されている。何の訓練もなくいきなり管理職に昇進することで，業務管理などの負担が大きく管理職にのしかかり，降格を求める管理職すら発生している。組織階層を細かく区切る旧来の階層構造は，少しでも職員に昇進したいと思わせる気持ちを掻き立てていた。しかし，業務への責任や人事査定での責任でいえば，課長などの管理職の責任の大きさは，グループ・リーダーの比ではない。地方公務員の昇進インセンティブを適切に刺激することも組織運営にとっては重要である。

▌給 料 表 ▌

　ところで，昇進と密接に関連するのが**給料**である。公務員や民間大企業では，

職位によって給料表のどこに位置づけられるのかで給料の支給額が変わっていく（給料表を俸給表と呼ぶ場合もある）。

　地方自治体でも，給与に関する条例に基づき，一般行政職，警察職，小中学校教育職，医療職など職種ごとに給料表が公開されている。地方公務員の給料月額は，自らの職種の給料表で決まる（給料月額に諸手当などを合わせて「給与」と呼ぶ）。

　給料表は，**級**と**号給**の組み合わせで給料月額を一義的に定めている。「級」は，職務の困難さや複雑さ，責任の大きさなどを勘案して定められている区分である。地方自治体ごとに定められた級別職務分類表によって1級から順次昇格にあわせて上がっていくことになる。他方，「号給」は，各級内部で職務経験年数に応じて細分化された区分である。習熟度が上がっていくにつれて順次上がっていくことになる。表の中では，級の昇格は，左から右への移動となり，号給での昇給は上から下への移動となる。

　具体的な例として，名古屋市の「職員の給与に関する条例」をみてみよう。同条例には，別表第1として一般行政職の給料表が定められている（表3-2）。附則別表第3では，一般行政職の1級は「定型的な業務に従事する職員の職務」が基準となることが定められており，徐々に「相当高度の知識又は経験を必要とする業務に従事する職員の職務（2級）」「高度の知識又は経験を必要とする業務に従事する職員の職務（3級）」が基準となる職務とされて，4級の「主任の職務」，5級の「係長又は主査の職務」とされていく。さらに，6級は「重要，複雑かつ困難な業務を処理する係長の職務」，7級は「課長又は主幹の職務」が基準の職務とされ，8級は「部長又は参事の職務」，9級は「市長の事務部局の局長，区長，会計管理者，行政委員会（教育委員会を除く）の事務局長又は教育次長の職務」とされている。

　給料表からも明らかなように，じつは，地方公務員の給料の世界では，上から下への移動は経験あるいは在職年数といった年功序列的な要素が強く出るが，左から右への移動は職位の上昇が伴うという意味で能力主義的な要素が強く反映することになる。日々の定型的な業務をこなすことでも号給での昇給はするが，地方自治体で要求されている基準職務を満たさないと級の昇格はしない。

号給	職務の級								
	1級	2級	3級	4級	5級	6級	7級	8級	9級
1	145,400	160,400	216,100	230,400	245,000	272,100	324,500	394,300	413,500
2	146,500	161,600	217,700	231,800	247,000	274,200	327,300	397,500	417,100
3	147,600	162,800	219,300	233,200	249,000	276,300	330,100	400,700	420,700
⋮	⋮	⋮	⋮	⋮	⋮	⋮	⋮	⋮	⋮
11	156,100	176,800	232,300	247,800	265,100	293,400	351,100	425,400	449,800
12	157,200	179,500	234,200	249,700	267,200	295,600	353,500	428,400	453,400
⋮	⋮	⋮	⋮	⋮	⋮	⋮	⋮	⋮	⋮
60	216,200	255,300	322,600	341,800	359,100	381,600	419,800	511,500	593,000
61	217,000	256,800	324,000	342,800	360,000	382,300	420,400	512,500	595,500
62	217,800	258,400	325,400	343,800	360,900	383,000	421,100		
63	218,600	259,900	326,800	344,800	361,800	383,600	421,700		
⋮	⋮	⋮	⋮	⋮	⋮	⋮	⋮		
95	239,300	288,200	352,600	364,900	383,300	403,600	441,700		
96	239,700	288,900	353,100	365,500	383,900	404,200	442,300		
97	240,100	289,500	353,600	366,000	384,500	404,800	442,900		
98		290,200	354,200	366,600	385,200	405,500			
⋮		⋮	⋮	⋮	⋮	⋮			
112		296,800	361,400	374,400	394,200	413,900			
113		297,200	361,900	374,900	394,800	414,400			
114		297,600	362,400	375,500	395,500				
⋮		⋮	⋮	⋮	⋮				
120		300,000	365,400	378,800	399,200				
121		300,300	365,900	379,300	399,800				
122		300,700		379,900	400,500				
⋮		⋮		⋮	⋮				
133		304,700		385,900	407,200				
134		305,100		386,500					
⋮		⋮		⋮					
144		308,400		392,000					
145		308,700		392,500					
146				393,100					
⋮				⋮					
157				399,100					

（注）　この給料表の6級の1号級から89号級および7級の1号級から81号級までには，それぞれの級にある職員で市長が特に必要と認めて指定する職にあるものに適用される金額が括弧で設定されているが，省略している。

（出所）　名古屋市「職員の給与に関する条例」昭和26年2月13日条例第5号の別表第1行政職給料表（令4条例53・全改，令4条例40・一部改正）の一部を省略したものである。

３ 出向官僚

▌地方自治体で勤務する国家公務員

　地方公務員と呼ぶときに，じつは中央省庁から一定期間出向してきている官僚たちも含まれている。特に，国家公務員総合職（旧Ⅰ種）採用試験で採用された中央省庁の職員（キャリア組）で，再び中央省庁に戻ることを原則として地方自治体の管理職として一定期間勤務している職員のことを**出向官僚**と呼ぶ。日本の地方自治を考えるときに，彼らを無視して議論をすることはできない。

　国から都道府県や市町村への出向総数は，例年 1700 から 1800 名で推移しており，2021 年 10 月 1 日時点では 1766 名（本省や地方支分部局を含む）となっている（内閣人事局「国と地方公共団体との間の人事交流の実施状況」2023 年 3 月 24 日）。国から地方自治体への出向は，人事交流の一環と位置づけられており，地方自治体からも近年では例年 3000 名近くの地方公務員が中央省庁へ出向している（2021 年 10 月 1 日時点では 3172 名）。ただ，中央省庁から地方への出向者は地方自治体での課長以上の管理職に就くのが多いのに対して，地方自治体から中央への出向者は課長補佐級に就任するのも珍しいという意味で，「非対称な人事交流」である。ただし，事務次官などを除いて原則として定年まで在職しない慣習となっている国家公務員のキャリア組の人事制度と，原則として定年まで勤務する地方公務員の人事制度を比較した場合，どの年齢でどのポストに当てはめるのが適切なのかという問題があり，地方公務員が不公平な扱いを受けていると早急に結論づけることはできない。

　国から地方への出向者総数を省庁別でみたとき，都道府県警察を指揮監督している警察庁（467 名）を除くと，国土交通省（461 名），総務省（285 名），農林水産省（152 名），厚生労働省（122 名）の 4 省の突出ぶりが明らかである。国土交通省や農林水産省，厚生労働省は，基本的には地方自治体の都市計画，土木，農林水産，福祉の部門の管理職として出向することが多い。他方，地方自治全般や地方税財政を所管する総務省からは，地方自治体の副知事や副市長などの特別職，財政や企画などの総務部門の管理職への出向者が多い。

旧自治省からの出向官僚

　かつて地方税財政や地方自治制度全般を所管していた自治省は，2001年の省庁再編の中で，郵政省，総務庁などとの大合併によって総務省に再編されている。総務省が発足してからは，旧自治省の業務は自治行政局，自治財政局，自治税務局によって所掌され，旧自治省系の官僚が勤務している。

　多くの場合，総務省の旧自治省系の官僚たちは，採用後，半年もすると一斉に都道府県や政令指定都市に「見習い」としての出向を2年程度経験する。2度目の出向は，30歳を過ぎたあたりとなり，都道府県の課長級あるいは市の部局長級といった管理職での出向となる。3度目の出向は，40歳前後となり，都道府県の部長級あるいは市の副市長などの管理職での出向となる。この後も，副知事や政令指定都市の副市長といった特別職での出向もありうるが，多くは，総務省内で昇進していくなかで3度の地方出向経験を積むことになる。いずれの場合も，いったんは所属先に辞表を提出するが退職金の算定では不利にならないようにする「割愛」という仕組みを用いて出向したり帰任したりする。

　総務省の旧自治省系の官僚は，都道府県・政令指定都市を中心とした地方自治体の行財政運営との関係が深いため，彼らを受け入れた地方自治体は，帰任した後も出向先だった地方自治体のために応援団として振る舞ってくれることを期待している。地方自治体にとって重要なのは，総務省の事務次官級や局長級（官房長含む）に昇進するような官僚たちを受け入れることである。1955年から76年までに入省した364人の官僚を対象に，2010年時点で「出向者の中で何名（および％）が局長級以上に昇進したか」を明らかにしたデータ分析によると，昇進した人数の上位は，静岡県（8名），北海道（7名），京都府（7名），鹿児島県（6名），岡山県（5名），香川県（5名）となっており，比率では，北海道（41％），静岡県（35％），京都府（33％），鹿児島県（33％），宮城県（27％），岡山県（26％）となっている（大谷 2015）。特定の都道府県が出世可能性の高い官僚をうまく受け入れているのか，それとも総務省が出世可能性の高い官僚を特定の都道府県に送りつけているのか，そのいずれであるのかまでは判然としないが，パターンはたしかに存在している。

　総務省としては，管理職での出向経験に特定の大きな期待をしていないとい

　　ここでは，一般行政職以外の職員について概観しておく。まず，警察官は，基本的に都道府県に勤務する地方公務員（地方警察職員）である。東京都の警視庁やその他の道府県警察本部に総計28万9074人が勤務している（総務省「令和4年地方公共団体定員管理調査結果」）。原則として都道府県警察官採用試験で採用された後，都道府県警察学校を経て各部署に配属される。巡査（警察学校入学）以降，巡査部長，警部補，警部，警視，警視正，警視長，警視監，そして最上位の階級である警視総監（東京都警察のトップ）に至るまで厳格な階級制度が採用されており，職位と階級が連動して昇進していく。興味深いことに，都道府県警察で採用された場合であっても，警視より上（つまり警視正以上）になると，地方公務員の身分を離れ，一般職の国家公務員（特定地方警務官）となる。

　　他方，消防吏員（一般には消防士と呼ばれる）は，消火・救急・救助・査察などの消防業務が国や都道府県も管理権限を持たない「市町村の責務」であることからも明らかなように，市町村の職員である。市町村が消防事務を共同で行うために設立した一部事務組合（消防組合）の場合も，同組合は特別地方公共団体であるが，職員の身分は地方公務員であることに変わりはない。警察官と同様に，消防士（これは階級）から消防副士長，消防士長，消防司令補と上がっていき，最終的には消防司令長（人口10万未満の市町村の消防長），消防監（人口10万以上の市町村などの消防長），消防正監（人口30万以上の市町村などの消防長），消防司監（政令指定都市

うが，現実的に考えて，入省初期段階での出向経験は地方行政での実務を学ぶうえで大きな意味がある。総務省から出て，地方交付税や国庫補助負担金を要求する側の立場で考えて地方税財政制度をみることは，帰任後の地方自治制度の企画立案にとって大きな財産となるだろう。省庁としては，管理職としての出向に対して，特に地方での業務で何かを学んでもらうというような大きな期待はしていないという（大谷，2015）。それは，しばしば民間企業などが文系学部出身者の採用にあたって「特に期待はしていないが，大学時代にひろく学び，経験を積んでいればいい」といっていることに似ている。文系学部出身者が入学から卒業までの間，講義に出席してレポートや答案を書く中で，じつは大き

の消防長や東京消防庁の次長），そして消防総監（東京消防庁の消防長）に昇任する。階級と役職が連動する人事制度が採用されており，団結権，団体交渉権，団体行動権といった労働三権がすべて認められていない点など警察官との共通点も多い。

　消防吏員は，市町村全体で 14 万 4559 人が勤務している（都道府県にも 1 万 9053 名が勤務）。ただ，東京都に関しては，23 特別区の消防業務を所管する消防機関として東京消防庁が設置されている。都庁の内部組織である東京消防庁には，消防吏員 1 万 8655 人が都職員として勤務している（2022 年 4 月 1 日）。なお，全国には，消防吏員とは別に，特別職の地方公務員として手当や費用などが支給される「消防団員」も消防活動に従事している。

　医師・歯科医師，看護師，保健師・助産師などの医療従事者も都道府県や市町村に勤務している。特に看護師，保健師や助産師，保育所保育士，ケースワーカー，調理員は市町村勤務者が圧倒的に多く，栄養士も市町村のほうが多い。保健所を所管する都道府県や政令指定都市，中核市では，獣医師の雇用も重要となる（本書第 7 章参照）。

　農業普及指導員は完全に都道府県職員であり，農林水産技師も都道府県が中心となる。建築技師は市町村勤務が圧倒的に多いが，土木技師は都道府県より少し多い程度である。義務教育などの教育公務員は都道府県が圧倒的に多い（本書第 10 章参照）。珍しいところでは船員である。都道府県では 1530 人，市町村では 224 人の船員を雇用している。

く成長していることを本人も周囲もあまり気づいていないが，出向官僚も地方自治体で自然と学んで成長しているはずである。

　つまり，中央省庁からの出向官僚にとって，早い段階での地方自治体での経験は重要な意味を持つ。どのように政策が実施されているのか，また，どのような課題に地方が直面しているのかを早い段階で理解することは，彼らのその後の政策立案能力の向上に資するはずである。

　出向官僚を受け入れる知事や市町村長たちには，中央省庁からの「押し付け」を渋々受け入れているというよりも，むしろ「閉鎖的な組織での硬直性の打破」のための方策を理由に，積極的に受け入れる姿勢があるという（稲継

2000：102-107 頁）。ただ，そうであれば，民間企業や他の行政機関などからの中途採用でも十分であろう。いまや学歴的にも中央省庁と地方自治体の公務員に大きな差はない。

　つまるところ，地方自治体側は，中央省庁から補助金獲得のノウハウを得ることや，地方での課題や実情をダイレクトに中央省庁に伝える際の中央省庁とのパイプ役を出向官僚に期待していると考えるのが妥当であろう。地元出身者で地縁や血縁などのしがらみが多いなかで，大胆な職員改革のときには期待されるともいう。端的にいえば，賃下げや職員削減を行う場合，切る側も切られる側もご近所様ということではやりにくいわけである。海外や他の自治体で成果を上げている新しい事務処理方法を導入するときにも，出向官僚の存在は重要である。

EXERCISE ●演習問題

　① 自分の住んでいる都道府県や市区町村の採用試験の日程や出題科目，募集定員，競争倍率を調べてみよう。

　② 伝統的なピラミッド型の組織とフラット化した組織と，どちらが行政としてうまくいくのでしょうか。それぞれのメリットとデメリットを整理して議論してみよう。

読書案内 ｜ Bookguide ●

　人事管理に関する論文はたくさん発表されている。著作としては稲継裕昭『日本の官僚人事システム』（東洋経済新報社，1996 年）や稲継裕昭『人事・給与と地方自治』（東洋経済新報社，2000 年）がある。公務員人事行政研究に大きな影響を与えてきた稲継裕昭の研究は，理論的な裏づけと証拠に基づく提言を含み，行政学における人事研究を代表する成果だと思われる。稲継裕昭『プロ公務員を育てる人事戦略──職員採用・人事異動・職員研修・人事評価』（ぎょうせい，2008 年）や，稲継裕昭『プロ公務員を育てる人事戦略 PART2──昇進制度・OJT・給与・非常勤職員』（ぎょうせい，2011 年）には公務員の読者が多いという。地方公務員として働いている姿をイメージして読んでほしい。また，早川征一郎・盛永雅則・松尾孝一

編著『公務員の賃金──現状と問題点』（旬報社，2015 年）や，上林陽治『非正規公務員の現在──深化する格差』（日本評論社，2015 年）そして，林嶺那『学歴・試験・平等──自治体人事行政の 3 モデル』（東京大学出版会，2020 年）も参照してほしい。

引用・参考文献 | Reference ●

稲継裕昭（1996）『日本の官僚人事システム』東洋経済新報社。

稲継裕昭（2000）『人事・給与と地方自治』東洋経済新報社。

大谷基道（2015）「自治官僚の昇進と地方出向──出世コースと出向先との関係」NUCB Journal of Economics and Information Science（名古屋商科大学）60（1），21-38 頁。

大森彌（1987）『自治体行政学入門』良書普及会。

北村亘（2013）『政令指定都市──百万都市から都構想へ』中央公論新社。

前田貴洋（2016）「自治体における人事異動の実証分析──岡山県幹部職員を事例として」『法学会雑誌（首都大学東京都市教養学部法学系）』56（2），343-391 頁。

第 **2** 部

自律性Ⅰ：
地域社会に対する
地方政府の自律性

PART

CHAPTER
- **4** 住民による統制
- **5** 条例制定
- **6** 地方自治体の組織編成

　第 2 部では，地域社会に対して地方政府がどの程度の自律性を有しているの
かを考察する（「はしがき」図 0-1 参照）。地方民主主義は，住民の民意が地方
政府にどの程度反映されているのか，また，地方政府が住民にどの程度応答的な
のかという観点から評価されなければならない。行政法学では，地方政府にどの
程度民意が反映されているのかという「住民自治」として議論されてきた領域で
ある。極論すれば，自律性Ⅰは首長，議員，公務員といった地方政府の主人公
（政策決定者）たちがどの程度「住民の御用聞き」になっているのかということ
を考える軸である。

　そこで，まず，住民が自らの意向を地方政府に反映させるための最も重要な手
段である選挙に焦点を当て，住民による統制手段である住民投票などについて取
り上げる（第 4 章）。次いで，地方政府での具体的な政策決定過程を明らかにす
るため，いくつかの条例に着目して，その制定過程と制定を左右する要因につい
て考察する（第 5 章）。最後に，地方政府内部で首長の指揮命令系統の下に置か
れている首長部局や，首長からの一定の政治的独立性を担保されている行政委員
会について，比較しながら考察を深めていく（第 6 章）。

第**4**章

住民による統制

選挙と住民投票

INTRODUCTION

　第 1 部で地方政府の主人公としてみてきた首長，議員，公務員は，自治体の政治・行政に大きな影響力を持っている。しかし，自治体の政治・行政を最終的に決定するとされているのは住民である。現行の日本国憲法の 92 条に定められている「地方自治の本旨」の 1 つが，「住民自治」であり，自治体内における行政は住民の意思に従って行われることを意味している。

　この住民自治を具体的に保障しているのが，選挙や，住民投票，解職請求（リコール）などの直接請求制度である。特に選挙は，首長や議員としてふさわしい人を選び，また現職の首長や議員がきちんと住民のために働くようにする方法として，欠かせない手段である。先の章で述べたとおり，首長，議員は首長・議員であり続けることを望んでおり，そのためには選挙で当選し続ける必要がある。したがって，住民の意向を完全に無視し，私利私欲のためだけに政治を行えば，住民の支持を失って，落選してしまうことが考えられる。選挙には，首長や地方議員が，その人格や野心といったものとは関係なく，住民のために働くことを保障する機能がある。

　他方で，自治体において実施される政策の中には，歳出の削減や新税の導入など，少なくとも短期的には住民に対して負担を強いるものも含まれる。特に，少子高齢化やそれに伴う過疎化が進む地域では，行財政改革が喫緊の課題となっている。首長や議員の中には長期的な視野に立って，住民への負担を伴う政策を実施しようとする者がいるが，必ずしも住民の理解を得られるとは限らない。

以上の点を踏まえ，本章では，首長選挙や地方議員選挙の制度について説明するとともに，それぞれの選挙に関する近年の特徴についてみていきたい。また，住民投票や直接請求制度についても取り上げ，それらの概要や実際の事例をみていきたい。

1　首長選挙

▌首長選挙の制度▐

　首長選挙は，都道府県であれば知事，市区町村であれば市長，区長，町長，村長を選ぶ選挙である。選挙制度は，自治体全域を1つの選挙区として，最も多くの票を得た候補者が当選する**小選挙区制**が採用されている。首長の任期は4年と定められており，現職の首長が任期満了を迎える前に選挙が行われることになる。この選挙で現職の首長が当選して，もう1期首長職を務めることもあれば，新人候補が当選することもある。国によっては首長の多選に制限が設けられていることもあるが，日本ではこうした多選制限はなく，選挙で勝ち続ける限り，首長の座にとどまることも可能である。そのため，同じ人が数十年にわたって首長の座にあるという自治体も見受けられるが，こうした首長は「多選首長」として問題視されることもある。

　首長の被選挙権・選挙権に注目すると，被選挙権については知事と市区町村長で差がみられる。公職選挙法によると，知事は被選挙権が「日本国民で満30歳以上の者」とされているのに対し，市区町村長は「日本国民で満25歳以上の者」とされている。居住地についての要件がないため，国籍と年齢要件を満たせば，居住地以外の首長選挙に立候補することも可能である。選挙権については，国政選挙と同様に，知事・市区町村長とも「日本国民で満18歳以上の者」とされている。加えて，知事選については「引き続き3か月以上その都道府県内の同一の市町村に住所のある者」，市長選については「引き続き3か月以上その市町村に住所のある者」といった条件がついており，選挙前に投票

目的で住民票を移動することがないように定められている。

　首長選挙では，自治体全域が選挙区となり，当選のためには，得票数で1位になる必要がある。そのためには，自治体全域から幅広く票を得る必要がある。したがって，特定の地域の利益を図るのではなく，当該自治体の利益全体を考慮した行動を取りやすいとされる（曽我・待鳥 2007）。具体的には，一部の地域の要望を重点的に取り上げて予算措置をすることよりも，行財政改革など自治体全体の利益となりうる政策を訴えて当選をめざすことなどが考えられる。

▌首長選挙の特徴 ▌

　都道府県知事選挙において，重要な役割を果たしうるのが，政党である。政党は，首長選挙の候補者を発掘し，選挙での支援を行う。また，候補者は，政党から公認や推薦，支持といった支援を受けることで，有権者に対して，自分がどのような候補者であるかを伝える役割を果たす（砂原 2012：46頁）。

　図4-1は，全国47都道府県において，1975年度から2022年度にかけて在任した知事を，直近の知事選挙における政党からの支援の類型に基づいて分類したものである。分類にあたっては，政党の本部や都道府県支部の正式な支援（公認・推薦・支持）の有無に注目した。

　まず，ほとんどの時期で多いのが，自民党と野党第一党（自民党が野党のときは与党第一党）との**相乗り**の知事である。「相乗り」とは，国政レベルで与野党に分かれている政党が，地方レベルの首長選挙において同じ候補者を支援する現象を指す。国政においては激しく対立している与野党であるが，知事選挙においては同じ候補者を支援しているケースが多いことが確認できる。

　続いてみられるのが，自民党と野党第一党以外の政党の支援を受けて当選している知事である。55年体制期は，与党である自民党と中道政党の公明党や民社党から支援を受けて当選する知事が多かった。近年では，国政において連立政権を組むなど密接な協力関係にある自民党・公明党がともに支援する知事がこの類型の多くを占めている。

　この場合，国政において野党第一党の立場にある政党（2023年現在は立憲民主党）の動向はさまざまである。野党第一党が，自民・公明両党とは別の候補者を推薦し，国政と同じ与野党対決となっている場合もあるが，候補者の擁立や

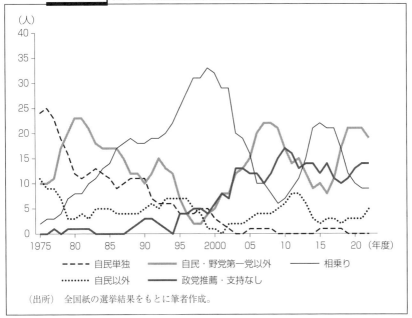

CHART 図4-1 都道府県知事の党派性の変遷（1975-2022年度）

（出所） 全国紙の選挙結果をもとに筆者作成。

支援を見送り，自主投票を決定することもある。

　次に，近年増加しつつあるのが，「政党推薦・支持なし」の知事である。こ
れらの知事は政党からの正式な支援をまったく受けず，**無党派**を標榜すること
が多いが，その内実はさまざまである。政党からの支援をいっさい受けずに選
挙を戦い，政党からの支援を受けた他の候補者を破って当選している知事はこ
の類型に含まれる。この他に，政党からの正式な推薦は受けていないものの，
選挙において特定の政党の国会議員や地方議員から実質的な支援を受けている
ケースもある。支援する政党の支持率が低かったりすると，推薦や支持を明示
することで，かえって得票数が減ってしまうこともある。この場合，政党から
の実質的な支援を受けながらも，無党派を掲げて選挙を戦ったほうが，得票の
増大という点では有利といえる。近年では，前者のような純粋無党派の知事は
少なくなっており，後者のように何らかの形で特定の政党から実質的な支援を
受けている知事が多くなっている。

　最後に注目すべき類型として，自民党以外の政党から支援を受けて当選した
知事が挙げられる。自民党以外の複数の政党から支援を受けて当選している知

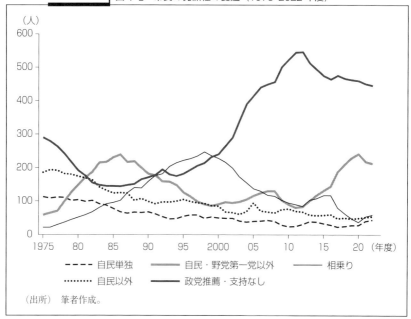

（人）

- - - - 自民単独　　　　　自民・野党第一党以外　　　　相乗り
・・・・・・ 自民以外　　　　　政党推薦・支持なし

（出所）　筆者作成。

事が目立つ一方で，特定地域で根強い人気・勢力を誇る地域政党が単独で擁立
し，当選した知事も存在する。これらの知事は，自民党の人気・勢力が比較的
弱く，それ以外の政党が一定の勢力を有してきた地域においてみられるのが特
徴である。

　以上のとおり，政党は知事選挙において積極的な役割を果たしている。しか
し，国政選挙や地方議会選挙と異なり，首長選挙では特定の政党に所属したま
ま選挙に出る候補者が少ない。また，政党からの支援を受けても，公認ではな
く推薦や支持といった弱いつながりにとどめるケースが多い。この他に，無所
属・無党派を標榜して立候補する者が相当数存在する。

　市長の党派性についても同様にみていきたい。図4-2は，1975年度から
2022年度までの各年度における市長の党派性を，直近の選挙時の政党からの
支援の組み合わせに基づいて分類したものである。分類の方法は知事選挙と同
じである。図4-2をみると，2010年代以降ではおよそ6割超の市長が「政党
推薦・支持なし」となっており，市長の脱政党化の傾向が明確になっているこ
とが確認できる。

自民党と野党第一党（自民党が野党のときは与党第一党）の支援を受けた「相乗り」市長の割合は，90 年代前半から半ばにかけて増加しているが，90 年代末頃になると減少に転じている。この点から，当初は相乗り志向が強かった当時の野党第一党の民主党（後に民進党）が自民党との相乗りを減少させていることが確認できる。しかし，近年では，国政レベルにおける野党の勢力退潮に応じる形で自民党と野党第一党の相乗りによって当選する市長が増加しつつあるとの指摘もなされている（牛山 2016）。図 4-2 からもその傾向がうかがえる。

▋ 無党派首長の増加理由 ▋

　政党に所属したまま立候補する首長が少ないことは先に述べたが，近年ではより積極的に政党と距離を置き，「無党派」を標榜する首長が増えている。無党派首長が増えた要因として，さまざまな説明がなされているが，有権者と候補者の側のそれぞれに分けて考える必要がある。

　まず，有権者サイドに注目すると，いわゆる**無党派層**が増えたことが挙げられる。有権者にとって情報の少ない新人候補者を選ぶうえで，政党はたしかに有力な判断基準となりうる。しかし，都市化が進み，地域のつながりや人間関係が希薄になるなかで，政治に関心を持たなかったり，政治に対する関心はあるが政党とは一定の距離を置いたりする有権者が増えてきた。

　また，後述の相乗り候補に対する反発から，無党派首長が支持されやすいことも要因として挙げられる（河村 2008）。有力な政党が互いに候補者を出して選挙戦を戦わず，同じ候補者を支援することは，有権者からみれば選択肢が奪われることを意味する。相乗りに対する反発・拒否感は都市部の有権者を中心に強く，有力な候補者が無党派を標榜して立候補すると，多くの支持を集めて，当選するといったケースが近年相次いでいる。

　候補者サイドに注目すると，政党からの支援を受けるメリットが少なくなったことが第 1 に挙げられる。無党派層の増加により，首長選挙において政党の支援を明示することが，必ずしも得票の増大につながらなくなった。そうであれば，むしろ候補者の側にも「無党派」を掲げて首長選挙を戦うことに利点を見出す者が出てくることが考えられる。また，失政やスキャンダルなどによって，国政政党のイメージが悪くなれば，選挙時にその政党からの支援を明示す

ることはマイナスとなることから,「地域の代表」として立候補し,幅広い住民から支持を得たほうが有利という計算が働くことになる。

第2の要因としては,一連の地方分権改革によって首長の権力が強化されていることが挙げられる。具体的には,地方分権改革によって自治体自立の傾向が強くなったことで,中央政界とのパイプがなくても財政運営が行えるようになり,政党に依存しない首長が存在できるようになった可能性が指摘されている(牛山 2004)。また,地方分権改革が始まった2000年代に入ってから首長候補の意向に政党の地方支部が従うようになったことを指摘し,地方分権改革が政党の凝集性を低下させ,首長の力を相対的に強めているとの見方もある(辻 2010:49–50頁)。

┃ 相乗り首長の存在理由 ┃

首長選挙と政党のかかわりに関する特徴として,無党派首長の対極に位置づけられるのが,相乗り首長である。相乗り首長は,政策論争や政党間の緊張感のなさの表れとして批判的に取り上げられることが多いが,なぜこのような現象が起こるのだろうか。

これまでの研究によると,相乗りが起こる要因として第1に挙げられるのが,首長の制度的権力の強さである(河村 2008:52頁)。首長は首長部局と呼ばれる自治体の行政機関の最高責任者であり,行政運営の面で大きな責任と権限を有している。また,予算の編成権と提案権は首長の専権とされており,予算配分にも大きな影響力を持っている。そのため,政党や政党に所属する議員にとって,首長選挙で自分たちが支援する候補者が負けて,自治体の行政や予算配分へのアクセスを失うことは,ぜひとも避けなければならない。予算配分などで首長に要望を聞いてもらえなければ,地元選挙区での要望の実現ができなくなり,自身の議員として再選が危うくなることも考えられる。そこで,選挙前に調整を行い,政党間で候補者を一本化したうえで選挙での当選を確実にするということが選択肢となってくる。

第2に,自治体間で行われる国からの補助金の獲得競争に勝つため,国政では対立している政党が自治体レベルでは協力する場合があることも,相乗りの原因として指摘されている(村松 1988;河村 2008;砂原 2017)。日本において,

中央から地方に配分される補助金の額はきわめて大きいが，自治体はその配分をめぐって競合関係にある。国との交渉を有利に進め，少しでも多くの補助金を獲得するために，官僚・地方公務員出身の首長を異なる政党が支援して当選させるというケースが多くみられた。

　第3に挙げられるのが，地方議会における選挙制度である。本来，地方議員は，地方政治における主要なアクターとして，首長選挙に積極的にかかわる存在である。とりわけ，政党化が進んでいる都道府県議会では，国政と同じ形で政党・会派が分かれている場合が多く，自民党系の首長に対して，野党系の議員が別の候補者を立てて選挙戦を戦うといった構図が予想される。

　しかし，地方議会の選挙制度は，**中選挙区制・大選挙区制**が採用されている。これらの選挙制度が，政党が所属する地方議員をまとめて首長選挙に対応することを難しくしていると考えられる。これらの制度では，1つの選挙区から同一政党の候補者が複数立候補するため，有権者は政党ではなく，候補者に基づいて投票する傾向にある。地方議員の側も，政党の力ではなく，自分自身や後援会の力で当選したと考えるため，所属する政党からの指示に従って現職の首長に敵対しようというインセンティブは非常に弱い。逆に，政党の方針に逆らってでも，現職首長に相乗りして，勝ち馬に乗ったほうが，自身の選挙にとっても有利と考えるのである。近年の地方分権改革により，こうした傾向がより強まっているとの見方もある（辻 2010）。

　第4に挙げられるのが，地方レベルにおける政党間の勢力差である。ある政党が地方レベルで支配的であれば単独与党を志向するが，政党間の勢力差が拮抗していれば，同じ候補者を推して連合を組み，相乗り選挙となるという見方である（名取 2009）。特に，予算規模が大きい自治体であれば，野党に回ることで受ける不利益も大きくなる。対抗しうる政党の力が強ければ，相乗りを選択して，確実に与党となる道を選ぶというわけである。

　だが，首長選挙における相乗りは，有権者にとっては地方政治における候補者や政策の選択肢が示されないことを意味する。こうした状況に対する有権者の不満は強く，特に政党支持が流動的な無党派層が多い都市部を中心に，相乗りの首長候補者が，いわゆる「無党派」の候補者に敗れるといった事例が相次いでいる。「無党派」の首長候補者には，国会議員出身者なども多く，必ずし

も既存の政党と関係がないわけではない。しかし，有権者の相乗りに対する批判を見越して，あえて「無党派」を名乗り，支持を集めるのである。

 地方議会選挙

地方議員の選出に関するルール

　地方議員は首長と同様に住民からの直接選挙によって選ばれるが，首長が自治体内で1人だけ選ばれるのに対して，自治体内のさまざまな地域から複数選ばれるというのが特徴である。

　選挙制度は，自治体の種類や規模によって異なっている。都道府県議会の選挙区は，市区や郡といった区分に対応して選挙区が設定されている場合が多い。各選挙区で選ばれる議員の定数は，各自治体の条例によって決められているが，人口の大小と関係している。人口の少ない郡部の選挙区は定数が1となり，小選挙区制となる場合もある。定数が1であるため，1位の候補者以外は全員落選となる。これに対し，人口の多い都市部の選挙区では複数名が当選する中選挙区制となっている。中選挙区制での定数は選挙区によってさまざまだが，2以上であることは共通しており，得票順に上から定数番目の候補者までが当選となる。政令指定都市についても，行政区単位で選挙区が分割されており，人口の大小に応じて定数が決められているが，中選挙区制が採用されている自治体が多い。

　これに対して，政令指定都市以外の市区町村については，自治体全域を1つの選挙区としながらも，複数の候補者を選ぶ大選挙区制となっている。大選挙区制は，定数が複数で，得票順に上から定数番目までの候補者が当選するという点では中選挙区制と同じだが，自治体全域が1つの選挙区となっているという点で異なる。そのため，大選挙区制の場合は定数がきわめて大きくなることが一般的である。だが，中選挙区制，大選挙区制とも有権者が投じられる票は1票であることから，場合によってはかなり少ない票数で当選することもあることから批判の声もある（砂原 2015）。

　地方議員の任期は，都道府県議会議員，市区町村議会議員とも4年である。

多選の制限がないのは首長と同じで，再選を繰り返し，長期にわたって議員を続ける者も存在する。また，任期満了後や任期途中に辞職して，国政選挙や首長選挙に立候補し，転身を図る議員も見受けられる。

　地方議員の被選挙権については，都道府県議会議員，市区町村議会議員とも「日本国民で満25歳以上の者」であることに加えて，立候補する自治体の選挙権を有していることが要件となっている。他方，選挙権については，「日本国民で満18歳以上の者」とされており，都道府県議会議員については「引き続き3か月以上その都道府県内の同一の市町村に住所のある者」，市区町村議会議員については「引き続き3か月以上その市町村に住所のある者」という居住期間の要件がある。

▌地方議会選挙の特徴 ▌

　地方議会の特徴について考えるうえで重要なのが，その選挙制度である。前述のとおり，地方議会の選挙制度は自治体の種類や規模により，さまざまであるが，中選挙区制や大選挙区制など，選挙区定数が多い選挙制度が部分的に採用されているという点で共通している。しかし，選挙区定数がいかに大きくなろうと，有権者が投じることのできる票数は1票のみである。選挙区定数の大きさと有権者が1票しか投票できないという特性は，地方議会選挙の結果や選出される議員の特徴に，さまざまな影響を与えている。

　それらの影響として，第1に挙げられるのが，無所属議員の多さである。選挙区定数が大きいと，同じ政党から複数の候補者が立候補するケースが増えて，政党は投票選択の基準として意味をなさなくなる。むしろ，政党の名前を前面に出すことで得票が減る可能性もあることから，無所属の候補として自分自身の経歴や実績をアピールして，候補者個人の特徴を重視した得票を増やすことが当選のためには重要となる。

　もっとも，無所属議員の数には自治体の種類や規模によって違いがみられる。都道府県では政党に所属する議員が多くなっているものの，町村では9割以上が無所属議員となっている。市や区は自治体規模によって異なるが，小規模な自治体ほど無所属議員が多くなっている。これは，小規模な自治体ほど議員と住民の関係が近く，人柄や実績に基づく投票が起きやすいからとされている

（村松・伊藤 1986）。逆に，自治体の規模が大きくなるにつれて，個々の住民と議員の関係は遠くなりがちで，住民が選挙で候補者を選ぶときに政党が重要な判断材料となる傾向にある。

　第2に挙げられるのが，議員の当選のためには個別利益が重要となることである。議会選挙の選挙区定数は数名から数十名に及ぶが，有権者が投じる票は1票である。当選に必要な得票数は少なく，議員や候補者は一部の地域や団体の支持を受けて選挙を戦うことが多くなる。そのため，当選した議員は，地域全体の利益よりも，地盤の地域や支持母体の個別的利益を重視しやすい。これに対し，地方自治体全体でただ1人選出される首長は先ほども述べたように，個別の地域の利害よりも自治体全体の利害を重視しやすいことから，首長と議員の選好は潜在的には対立している。もっとも，自治体の財政に余裕がある状況では，首長が追求する全体的利益と議員が追求する個別的利益の棲み分けが成立することが多かったが，地方財政の悪化は，この棲み分けを難しくしており（待鳥 2009），実際に首長と議会が自治体の財政運営をめぐって対立するケースも増えている。

　第3に，同一政党の候補者同士での争いが必然的に多くなる点が挙げられる。中選挙区制・大選挙区制を多く含む地方議会選挙では，ある政党が議会で過半数を得るためには，同一選挙区に複数の候補者を擁立することが必要となる。しかし，有権者が投じることのできる票は1票しかないため，同じ選挙区に立候補する同一政党の候補者は，同じ政党の仲間であると同時に，互いの当落をかけたライバルでもある。

　政党によっては，居住地域や職業などで支持者の票割りを入念に行い，共倒れを防ぎながら候補者全員の当選をめざすこともある。しかし，全体としては個々の候補者が独自に戦って当選をめざすというケースのほうが多い。そのため，同じ政党からの候補者が多すぎて，次点で共倒れとなったり，逆に少なすぎて過大得票となり，議席を逃したりすることがしばしばみられる。

　また，同一政党から複数の候補者が出るということは，政党に所属している候補者であっても，政党に頼った選挙は難しくなることを意味する。そのため，候補者は自身の当選をめざして選挙活動を行う**後援会**と呼ばれる組織を自前で作らなければならない。後援会は，高校の同窓生や地区の住民などを組織して

作るが，メンバーは候補者個人との人間関係で後援会に入っており，政党とは無関係であることが多い。これは，国政選挙や首長選挙など他の選挙を地方議員が応援する際に，政党単位でまとまってやるのではなく，個々の地方議員の後援会が別々に応援していることからもうかがえる。

　以上のような地方議会選挙の特徴は，政党の地方レベルにおける一体性を弱める方向に作用している（砂原 2015）。個々の議員は政党の力ではなく，自分自身の力によって当選しているという意識が強いため，政党のいうことを聞かずに，独自の行動を選択しやすい。また，同じ政党の中でも当落をかけたライバルがいるため，政党として一致した行動をとることが難しく，分裂も頻繁に起こることになる。

　政党の地方レベルでの一体性が弱いことは，国政レベルにも大きな影響を与える。たとえば，国会議員が地方議員をまとめて，国政選挙や首長選挙に政党が一丸となってあたろうとしても，そこからこぼれ落ちる議員が出てくる可能性がある。具体的には，首長選挙において，党の方針に反して現職首長の応援に走ったり，国政選挙の応援を熱心に行わなかったりする議員が出てくるといった形で表面化する。

　また，有権者の側に目を転じると，選挙区定数が多くなり，立候補者の数も多くなると，有権者の投票選択も難しいものとなる。兵庫県の西宮市議会を例に挙げると，2023 年に行われた市議会議員選挙では定数 41 に対し 66 人が立候補した。有権者は 66 人の中から 1 人を選ばなくてはならず，真面目に投票しようとすれば，膨大な時間や労力をかけて全員の経歴や公約，実績をチェックすることになる。多くの有権者が日々の生活や仕事に追われていることを考えると，実質的な投票選択は困難であり，改善が必要との見方もなされている（砂原 2015）。

　このように，現行の地方議会選挙制度，とりわけ中選挙区制や大選挙区制は，政党の一体性や投票選択の容易さという点でマイナスに働いている可能性がある。しかし，比較的少ない得票数で当選できるという特徴から，少数派に有利に働くことも指摘されている（三宅 1989）。個別の地域の利害が地方議会に代表されることは，地方自治の実現に不可欠ともいえる。また，政党本部の意向が政党の地方支部の意向よりも常に重視されることは，必ずしも望ましいわけ

ではない。既存の中選挙区制・大選挙区制の問題点を克服しながらも，個々の地域の住民の声をいかに地方政治に反映させていくかが，今後の課題となりうる。

3 直接請求と住民投票

直接請求制度の種類

　直接請求とは，選挙権を有する住民が一定数以上の署名を集め，自治体に対して特定の措置をとるように求めることをいう。地方政治における住民の政治参加は，首長や地方議員の選出といった間接民主主義的な制度に基づいて行われることが一般的である。直接請求は，それを補完する直接民主主義的な制度として位置づけられる。具体的には，**議会解散請求**，**首長・議会議員の解職請求**，**条例制定改廃請求**，**事務監査請求**の4つがある（表4-1参照；地方自法法74〜85条）。

　まず，議会解散請求は，選挙管理委員会に対し，自治体の議会の解散を求める請求である。議会が住民の意思を反映していないと考えられるとき，次の選挙を待たずに議員を新たに選び直すための制度である。有権者の3分の1以上の署名が集まると，議会の解散を行うか否かの**住民投票**が実施される。住民投票で，解散について過半数の同意があれば，議会は解散される。

　近年の例では，合併後の市議会での定数に関する特例が問題になった吉野川市議会（2005年）や，減税条例をめぐる市長と議会の対立が激化した名古屋市議会（2011年）がある。名古屋市議会の事例では，減税条例をめぐる河村たかし市長と議会の対立が激化したことで，市長は議会の解散請求を市民の力を借りて行うことを表明した。政令指定都市における議会解散請求は，必要とする有権者の署名がきわめて多いことから，実現が難しいと思われたが，署名活動が行われた結果，住民投票の実施に必要な人数分の署名を上回ることとなり，住民投票が行われ，議会の解散が実現している。

　首長・議会議員の解職請求は，選挙管理委員会に対し，首長や個々の議会議員の解職を求める請求である。首長や議員がその職にあることが望ましくないと思われるときに，当該首長や議員をその意思に関係なく解職することができ

直接請求制度の種類	請求先	請求に必要な署名数
①議会解散請求	自治体の選挙管理委員会	有権者の 1／3 以上
②首長・議会議員の解職請求	自治体の選挙管理委員会	有権者の 1／3 以上
③条例制定改廃請求	首長	有権者の 1／50 以上
④事務監査請求	自治体の監査委員	有権者の 1／50 以上

（注）　①，②については，自治体内の有権者の数が 40 万以上 80 万未満の場合は，40 万を超える数に 6 分の 1 を掛けた数と，40 万に 3 分の 1 を掛けた数を合計した数以上の署名が必要となる。有権者数が 80 万以上の場合には，80 万を超える数に 8 分の 1 を掛けた数と 40 万に 6 分の 1 を掛けた数と 40 万に 3 分の 1 を掛けた数を合計した数以上の署名が必要となる。

る。有権者の 3 分の 1 以上の署名が集まると，首長・議員の解職の是非について住民投票が実施される。その住民投票で，首長・議員の解職について過半数の同意があれば，首長・議員は解職される。議員については，選挙区がある場合は，選挙区単位で手続きが進むことになる。近年の事例としては，銚子市長（2009 年），阿久根市長（2011 年），広島県議会議員（2013 年）が挙げられる。銚子市長については，市立総合病院の診療休止が公約違反だとして解職請求がなされ，住民投票が行われた結果，市長の解職に至っている。解職された市長は，その後の出直し市長選挙にも立候補したが，落選している。

　条例制定改廃請求は，首長に対し，新たな条例の制定を求めたり，既存の条例の改正や廃止を求めたりする制度である。住民が首長や議会に対して条例の制定や改廃を直接求めるための制度と位置づけられる。有権者の 50 分の 1 以上の署名が集まると，首長は 20 日以内に議会を招集し，首長自身の意見を付して議会での審議を求めることになる。議会は条例の制定・改廃について審議を行い，その可否について議決を行う。

　近年の事例としては，東京都（2012 年）が挙げられる。これは，東日本大震災による原発事故の発生を受けて，市民団体が東京電力管内の原発稼働の是非を問うための住民投票条例の制定を求めたものである。請求はなされたが，知事が反対意見を付して都議会に送り，議会でも否決された。

　事務監査請求は，自治体の財務に関係する諸活動の適法性についてチェックを行う監査委員に対し，自治体が行う事務の監査を求める制度である。自治体が執行した事務に何らかの問題があると考えられるときに，住民が監査を請求

するための制度として位置づけられる。有権者の50分の1以上の署名が集まると、自治体の監査委員は監査を行い、監査結果を監査を請求した住民の代表者、首長、議会に報告する。

　近年の事例として、角田市（2008年）、あきる野市（2007年）がある。角田市については、中学校の統廃合に関する監査請求で、ある中学校を廃校にするために、条例を改正する議案が提案されたが、住民の意向を無視していて、手続きに問題があるとして監査請求が行われた。あきる野市では、市が建設した温浴施設に関する監査請求が行われた。市の財政が悪化していることや、施設の建設が地域の活性化につながるというあきる野市の主張について、十分な検討がなされたのかというのが監査請求の中身であった。角田市、あきる野市とも、監査が行われた結果、手続きに問題がないとの判断が監査委員から出されている。

憲法や法律で現行法上制度化されている住民投票

　住民投票とは、地方自治体において、特定事項に関する意思決定について住民による投票を行い、その結果に基づいて決定することである。地方における住民の政治参加は、首長選挙と地方議会選挙における投票が基本だが、住民投票という形で住民が直接決定にかかわることもある。

　住民投票は、憲法や法律に規定があって制度化されているものと、地方公共団体が定める条例によるものの2つに分けることができる。まずは憲法や法律で現行法上制度化されている住民投票についてみていこう。これには、憲法95条の規定に基づく住民投票、地方自治法の直接請求の手続きに基づく住民投票、市町村の合併の特例に関する法律に基づく住民投票、大都市地域における特別区の設置に関する法律に基づく住民投票の4つがある。

　憲法95条の規定に基づく住民投票は、特定の地方自治体に限って適用される特別法を制定しようとする際に行われる住民投票である。特定の地方自治体のみに適用される法律を制定するためには、政府は国会による議決の他に、当該自治体で住民投票を行い、その過半数の賛成を得る必要がある。

　事例としては、1949年に実施された、広島平和記念都市建設法の制定に伴う住民投票が挙げられる。この法律は、原子爆弾の投下で大きな被害を受けた

広島市の復興を促進するために制定されたもので，広島市にのみ国有財産の無償譲渡などを認めるという特別法であった。国会での法案の議決の後に行われた住民投票の結果，9割以上の賛成を得て，公布・施行された。

　地方自治法の直接請求の手続きに基づく住民投票は，先に述べた直接請求のうち，議会解散請求と首長や議員に対する解職請求に伴うものである。請求に必要な署名（詳しくは表4-1を参照）が集まり，代表者による請求がなされると，実際に解散するかどうかを決定するために，住民投票が行われる。ここで過半数の同意があった場合，議会の解散や首長・議員の解職が実現する。

　近年の例として，2010年に行われた阿久根市の竹原信一市長に対する解職請求に伴う住民投票が挙げられる。竹原市長は，自身の発言や市政運営などをめぐって議会との対立を深めていたが，これに批判的な住民の一部が竹原市長の解職をめざして署名活動を行った。その結果，有権者の3分の1以上の署名が集まり，住民投票が行われた。この住民投票では，市長の辞職についての賛否が二択で問われたが，賛成が過半数に上り，竹原市長は解職された。

　市町村の合併の特例に関する法律（合併特例法）に基づく住民投票は，市町村合併について話し合う合併協議会設置の直接請求に伴う住民投票である。合併特例法の4条・5条により，選挙権を有する住民は，50分の1以上の署名により，首長に対して合併協議会の設置を請求できる。この制度は，首長や議会が市町村合併に対して消極的であっても，住民が主体となって，合併協議会の設置に関する直接請求を行うことを可能にするものである。議会がこの直接請求を否決しても，首長の請求か，有権者である住民の6分の1以上の署名による請求があれば，合併協議会設置の是非を問う住民投票を行うことができる。ただし，この住民投票で決められるのは，合併協議会設置の是非であり，合併そのものの是非については，関係する自治体の議会による議決によって決定される。

　大都市地域における特別区の設置に関する法律（大都市地域特別区設置法）に基づく住民投票は，政令指定都市を中心とする大都市地域において，地域内の関係市町村を廃止し，特別区を設置することを決める住民投票である。特別区の設置にあたっては，特別区の名称や区域，特別区の議会の議員の定数，特別区と道府県の間での事務の分担や税源の配分などの事項を定めた「特別区設置

　地方選挙における深刻な課題の 1 つとして，無投票の多さが挙げられる。選挙において立候補者数が定数以下となった場合，公職選挙法の規定により立候補者全員が当選となる（公職選挙法 100 条 4 項）。そのため，選挙が行われず無投票で首長・議員が選ばれることとなる。2023 年 4 月に行われた統一地方選挙では，改選定数に占める無投票当選者の割合が，都道府県議会，町村議会でそれぞれ 25%，30.3% となった。また，同時期の首長選挙についても，市長選挙の 24.8%，町村長選挙の 56% が無投票で当選者が決まった。相当数の首長・地方議員が，選挙を経ることなく，その任についていることがうかがえる。

　競争的な選挙は，民主主義にとって極めて重要である。政治学では，政治家は一般的に選挙での当選・再選をめざして行動すると仮定することがある。政治家の多くは実際には，政策の実現といった，当選・再選とは別の目標を掲げて選挙に臨む。また，地方議員から国会議員・首長をめざす政治家が多くみられることから，より権限が大きい公選職へのステップアップも重要な目標の 1 つといえる。自分の政策を実現したり，政治家としてキャリアを重ねていくことはもちろん重要であるが，首長や議員としての地位を保持していなければこれらの目標を実現できない。選挙での当選・再選は，他の重要な目標を実現するうえで，大前提となるものである。

　政治家が選挙における当選・再選を重視するからこそ，有権者は選挙を通じて政治家をコントロールできる。政治家であり続けたいと考える政治家は，選挙での落選を防ぐために，その本来の人柄に関係なく，有権者の意向に可能な限り沿うよう行動すると予想される。だが，無投票によって選挙が行われたり，対立候補が出ても圧勝が予想されたりする場合，有権者は政治家をコントロールする手段を失うこととなる。有力な対立候補が出なければ，首長・議員としての仕事に熱心でない政治家や，素行に問題のある政治家を選挙で落とすことができないためである。無投票選挙の問題点はここにあるといえよう。

　選挙が無投票になるのは，さまざまな理由が考えられるが，ここでは現職優位と待遇に注目したい。現職優位についてだが，選挙では一般に新人の候補者と比べて現職の候補者のほうが当選しやすい。現職は新聞・テレビ等でもその動静が報じられることが多く，地域の行事等に首長や議員として顔を出す機会が頻繁にある。現職は，こうした機会を通じて，自身の

知名度を高めたり，支持の輪を広げていくのである。これに対し，知名度が低く，組織作りも最初から始めねばならない新人候補は圧倒的に不利といえる。この傾向は，1人しか当選しない首長選挙と，都道府県議会議員選挙の1人区でより強まると考えられる。新人候補者は，当選を果たすために，強いとされる現職候補を必ず破る必要があるからである。そのため，これらの自治体・選挙区については，現職が引退したときに限って激しい選挙戦が行われ，それ以外は無投票を含む無風選挙となることが多い。

　待遇についてだが，町村を中心とする小規模自治体の議員報酬は低額で，それのみで生計を立てていくことが難しい場合が多い。また，都道府県や大都市の議員報酬は高額であるものの，政治活動には多額の資金を要することや，落選のリスクが常につきまとうことを考えると，決して十分なものとはいえない。政治家は，普通にお金を稼ぐという点ではそれほど魅力は無い職業ともいえる。このように地方議員の待遇は決してよいとはいえず，必然的に「なり手不足」の問題が生じることとなる。その結果として起きるのが地方議会選挙における無投票選や定員割れといった事態なのである。

　過剰な現職優位の状況および待遇についての問題を改善するために，すでに総務省の有識者会議等で検討がなされている。現職優位については，公務員等で立候補をした者が落選した場合に復職できる制度や，選挙活動のための有給休暇取得の制度について論じられている。いずれも諸外国で導入されている事例だが，制度導入のためには，影響を受ける納税者や企業の幅広い理解が必要となる。また，新規候補者の参入機会を増やすことは，現職の政治家にとって不利に働くことから，強い反対も予想される。待遇の改善についても地域経済の状況が厳しさを増すなかで，議員報酬のアップにはなかなか踏み切れないという自治体が多い。だが，一部の自治体ではなり手不足解消のため，若年層の議員については議員報酬をアップするという試みがなされている。

　政治家に対して高い倫理観と奉仕精神を求める声は強く，職務の重大性からしてそれは当然といえる。だが，自分の生活をすべて犠牲にしてまで政治に取り組むことを求めるのは，明らかに行き過ぎであろう。政治家にも日々の生活や守るべき家族がいるという観点から，より多くの人が政治家をめざせる制度の設計を行っていく必要がある。

協定書」が作成される。特別区の設置に関係するすべての市町村・道府県の議会が特別区設置協定書を承認した場合，関係する市町村において，特別区の設置についての住民投票が行われる。関係するすべての市町村の住民投票において，過半数の賛成が得られれば，関係する市町村と道府県は総務大臣に対し，特別区の設置を申請することができる。2015年5月と2020年11月に，いわゆる「大阪都」構想に関する住民投票が行われ，大阪市の解体と特別区の設置が争点となったが，いずれも僅差で反対が上回り，大阪市は存続することとなった。

地方公共団体が定める条例による住民投票

次に，条例によって定められる住民投票についてみていこう。これは政策や争点に応じて行われる個別型住民投票と，政策や争点に関係なく一定数の住民からの請求があれば，住民投票を行うことができる常設型住民投票とに分けることができる。個別型住民投票は，政策や争点が明確であるという利点がある一方で，政策や争点ごとに条例を制定しなければならないという欠点もある。常設型住民投票は，住民投票が行われる要件が条例によってあらかじめ定められているため，要件を満たせば，政策争点にかかわらず，住民投票が必ず実施される。ただし，政策や争点が明確にされていないため，あまり重要でない問題で住民投票が乱発される可能性がある。

前者の個別型住民投票条例の例として，高知県窪川町（現四万十町）における住民投票条例（窪川町原子力発電所設置についての町民投票に関する条例）が挙げられる。窪川町では，原発誘致の是非をめぐって町民の議論が分かれていたが，原発誘致慎重派の町長が当選し，本条例が制定された。

後者の常設型住民投票条例については，愛知県の日進市における住民投票条例が挙げられる。日進市では，自治基本条例26条に住民投票についての規定があり，市長は，「日進市に関わる重要な事項について，住民の意思を確認するために，住民投票を実施することができ」るとされている。発議の要件は日進市住民投票条例に定められており，市長が単独で議会が定数の12分の1以上の賛成で，住民は6分の1以上の署名を集めることで，市長に住民投票の実施を請求できるとされている。この要件は全国的にみても緩やかであり，注目

を集めている。また、この条例の 19 条では、市議会および市長に住民投票の結果を尊重する義務があることも定められており、先進的な内容となっている。

EXERCISE ●演習問題

⑴　自分が住んでいる地域で行われている首長選挙・地方議会選挙について、どのような政党が候補者を出したり、支援したりしているか調べてみよう。

⑵　地方の首長選挙において「相乗り」が起きる原因を説明してみよう。

読 書 案 内　　　　　　　　　　　　　　　　　　　Bookguide ●

　地方首長選挙について幅広く論じたものとしては、河村和徳『現代日本の地方選挙と住民意識』(慶應義塾大学出版会、2008 年) がある。本章でも論じた首長の党派性や、いわゆる「相乗り」首長の発生理由についてもふれられている。地方議会選挙については、現行の中選挙区制や大選挙区制の問題点について論じた、加藤秀治郎『日本の選挙──何を変えれば政治が変わるのか』(中央公論新社、2003 年)、砂原庸介『民主主義の条件』(東洋経済新報社、2015 年) がある。この他に、選挙をめぐる中央の政党執行部と地方の政党組織との関係について論じたものとして、建林正彦編著『政党組織の政治学』(東洋経済新報社、2013 年) や、辻陽『戦後日本地方政治史論──二元代表制の立体的分析』(木鐸社、2015 年) がある。また、近年多くの自治体でみられるようになった保守分裂選挙は、砂原庸介『分裂と統合の日本政治──統治機構改革と政党システムの変容』(千倉書房、2017 年) で扱われている。住民投票については、石田徹・伊藤恭彦・上田道明編著『ローカル・ガバナンスとデモクラシー──地方自治の新たなかたち』(法律文化社、2016 年) の第 8 章が詳しい。

引用・参考文献　　　　　　　　　　　　　　　　　Reference ●

牛山久仁彦 (2004)「自治体選挙における『政党離れ』と地域政治の行方──2002〜2003 年における自治体選挙の概要」『自治総研』305, 1-20 頁。

牛山久仁彦 (2016)「『相乗り』指向の自治体政治と問われる分権化──2015 年版首長名簿のデータから」『自治総研』452, 1-30 頁。

河村和徳 (2008)『現代日本の地方選挙と住民意識』慶應義塾大学出版会。

砂原庸介（2012）「選挙と代表」柴田直子・松井望編著『地方自治論入門』ミネルヴァ書房。

砂原庸介（2015）『民主主義の条件』東洋経済新報社。

砂原庸介（2017）『分裂と統合の日本政治——統治機構改革と政党システムの変容』千倉書房。

曽我謙悟・待鳥聡史（2007）『日本の地方政治——二元代表制政府の政策選択』名古屋大学出版会。

辻陽（2010）「日本の知事選挙に見る政党の中央地方関係」『選挙研究』26（1），38-52頁。

名取良太（2009）「『相乗り』の発生メカニズム」『情報研究』31，67-86頁。

ヒジノ ケン・ビクター・レオナード（2015）『日本のローカルデモクラシー』芦書房。

待鳥聡史（2009）『〈代表〉と〈統治〉のアメリカ政治』講談社。

三宅一郎（1989）『投票行動』東京大学出版会。

村松岐夫（1988）『地方自治』東京大学出版会。

村松岐夫・伊藤光利（1986）『地方議員の研究——［日本的政治風土］の主役たち』日本経済新聞社。

依田博（1995）「地方政治家と政党」『年報行政研究』30，1-13頁。

第 5 章

条例制定

INTRODUCTION

　本章では条例の制定過程について取り上げ，具体的な事例に注目しながらその特徴を明らかにしていく。自治体の政策は，総合計画の策定や，予算の配分などを通じて行われることが多い。だが，地方分権の進展とともに，自治体内の課題解決のために条例制定という手段がとられることも増えつつある。地方政府が課題解決を目的として条例制定に動く一方で，条例の規制によって権利が制限されたり，不利益を被る住民が出てくることもある。条例をめぐる政治過程は，本書が主題としている2つの自律性のうち，自律性Ⅰ（地方政府の地域社会からの自律性）に他ならない。本章では，この点を踏まえ，条例に関する基本的な知識をまず押さえたうえで，具体的な事例をみながら条例制定過程の特徴を明らかにする。そのうえで，条例が制定されるために必要な条件を探っていきたい。

1　条例とは

　条例は，地方自治体が独自に制定できる法規である。条例は日本国憲法94条にその法的根拠があり，地方自治体は国が定める法令の範囲内で，地域の実

情に応じて条例を制定することができる。条例は，法令との関係で**横出し条例**と**上乗せ条例**の2種類に大別できる。まず，横出し条例とは，法令で規制されていない範囲についても規制を広げるための条例である。汚染物質などの規制で，対象とする汚染物質を法令で定めているもの以外にも広げる条例などはこれにあたる。これに対し，上乗せ条例は，法令と同じ規制対象について，規制の基準を厳しくするための条例である。先の例に当てはめると，法令で定められている汚染物質の濃度を，条例によってより低いものとすることが上乗せ条例にあたる。

条例は当該自治体に限って適用されるが，ある自治体で制定された条例が他の自治体でも採用されて全国的に波及したり，国レベルでの法律の制定につながったりすることもある。たとえば，1968年に金沢市で初めて制定された景観条例は，観光資源である町並みを保存するために，建物の高さに制限を加えるなどの内容を有するものである。この景観条例は，町並みの保護に一定の効果があると示されたことに加えて，条例制定のためにどのような準備や作業が必要なのかが明らかになったことで，他の自治体でも導入されていくことになる（伊藤 2002a）。新しい条例を制定する際には，その効果の影響についてネガティブな見方が広がることもある。だが，金沢市における取り組みは，そうした懸念を打ち消し，関係者を説得する根拠となったのである。

また，国レベルまで波及した例としては，情報公開条例が挙げられる。情報公開条例は，自治体で作成された行政文書を住民からの請求に基づいて公開する手続きについて定めたもので，行政の透明性を高めることを目的として制定された。情報公開条例は，神奈川県，埼玉県，大阪府，長野県，東京都といった自治体でまず導入され，その他の地方自治体へと波及していった（伊藤 2002a）。その後，1999年には国においても情報公開法が制定されることとなった。情報公開法の制定過程では，地方自治体における情報公開条例の運用経験に基づく改善点の検討がなされた。

このように，条例の制定は，その地方自治体だけでなく，国や他の地方自治体による法律や条例の制定にも影響を与える可能性がある。そのため，条例は，新しい政策が生まれ，広がっていくきっかけの1つとして考えることができる。

条例制定の主体

　条例は議会での議決を経て成立するが，条例案の提出にかかわることのできる主体は首長，議会，住民の3者である。表5-1は，2021年1月1日から同年12月31日までの間の町村議会における条例案の提出状況と審議結果をまとめたものである。まず，条例案全体の9割以上が町村長によって提出されており，町村長が主要な提案者であることがわかる。都道府県議会，市区議会においても，提案される条例のほとんどが知事，市区長によるものである。首長は，選挙での公約などを通じて，条例による対応が必要な課題を設定することが一般的である。もっとも，首長によって提出される条例案のすべてが首長の強い意志によるものというわけではない。自治体内の問題について条例による対応の必要性を現場の職員が認識し，首長もそれに同意することで，条例案が作成されることもある。この場合，条例案は首長の名前で出されるものの，実質的には現場の職員が条例制定を主導していることになる。

　議会も条例案を提出することができるが，その数は全体として少ない。このため，議会は主として首長が提出した条例案への議決という形で影響力を行使していると考えられる。首長が提出した条例案が成立するためには議会の過半数の議員の賛成が必要であり，反対が多い条例案については，首長が議会の内外でさまざまな働きかけを行う必要が出てくる。

　このように，議会は首長から提出された条例案を審議・議決するというパターンが多い。しかし，三重県議会で2001年3月に制定された「三重県リサイクル製品利用推進条例」のように，議会の一部の議員が首長に働きかけ，条例の制定に至った例も見受けられる（桶本 2012：96頁）。

　住民は，条例案に対する積極的な意思表示を行うことで，条例制定過程に影響を与えうる。たとえば，景観保護条例で建物の高さに制限が加えられることは，土地を所有する住民には不利益となることがある。自分が所有する土地に高層マンションを建てて入居者を募集したいと思っても，条例による高さ制限により建設できないことがあるためである。条例案に対する住民の反対が強い

		提出件数	原案可決	修正可決	否決	継続審査	撤回	審議未了廃案
町村	長	19253	19149	15	49	17	15	8
		97.4%	97.4%	100.0%	74.2%	94.4%	93.8%	100.0%
	議員	345	326	0	17	1	1	0
		1.7%	1.7%	0.0%	25.8%	5.6%	6.3%	0.0%
	委員会	178	178	0	0	0	0	0
		0.9%	0.9%	0.0%	0.0%	0.0%	0.0%	0.0%
	計	19776	19653	15	66	18	16	8

（注）　2021 年 1 月 1 日から同年 12 月 31 日までの状況である。各欄下段の括弧内の係数は，総提出件数に占める長・議員・委員会の提出件数の割合を示したものである。
（出所）　全国町村議長会「第 68 回　町村議会実態調査結果の概要」

場合，首長や行政が住民と直接話し合う必要も出てくる。

　また，第 4 章でも述べたとおり，住民は地方自治法 74 条の規定に基づき首長に対して条例の制定や改廃の直接請求を行うことができる。条例の制定または改廃に関する直接請求は，2018 年 4 月 1 日から 2021 年 3 月 31 日までの間に，全国の自治体で 60 件出されたが，議会で可決・修正可決されたものは 3 件にすぎず，多くの請求が否決ないし議会に付議されずに終わっている。

条例制定の過程

　条例案は，議員や委員会によって提案されることもあるが，すでにみたように条例案の大部分は首長によって提案されている。よって，ここでは首長・行政が条例案を作成するケースに注目する。**条例の制定過程**は，図 5-1 にあるとおり，基本的に①政策課題の発生・発見，②情報収集と議論，③条例案の作成，④他の部局・自治体・国との調整，⑤議会への説明，⑥条例案の決定，⑦議会での審議・議決，⑧条例の公布・施行といった流れをたどる。

　まず，①の政策課題の発生・発見は，地域レベルで発生しているさまざまな問題のうち，条例で対応するものを選択する段階である。地域社会や個々の住民は日々多くの問題に直面しているが，地方自治体が持つ予算や人員は限られており，そのすべてに対処するのは難しい。そのため，地方自治体は，どの問

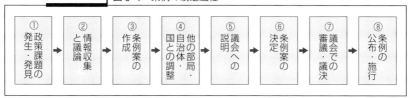

題を優先的に解決すべきかを選択しなくてはならない。

　その際の選択の基準は自治体を取り巻く状況によって異なるが，首長や議員が選挙で解決を約束した問題については，優先的に選ばれやすい。第1章や第2章で述べたとおり，政治家は選挙での再選を意識して日々の政治活動を行っている。選挙で公約したことが実行できないとなれば，政治家は有権者の信頼を失い，再選が危うくなってしまう。ゆえに，首長・議員の選挙公約に含まれていた問題は，条例で対処すべきものとして選ばれやすくなる。また，地域の課題に対処しえない＝住民のために働かないと判断された首長，議員も再選が難しくなることから，住民の多くが関心を寄せる問題についても，条例で対応すべきものとして選ばれやすくなる。

　条例で対応する政策課題が選択されると，条例制定に向けて検討が進められることになる。現場の職員が中心となって②情報収集とそれに基づく議論が行われる。ここでは条例の目的の設定，条例制定にあたっての検討項目および必要な作業の確認，他の自治体における同様の条例の導入状況に関する情報収集が中心的な作業となる。

　また，同時期に審議会も設置される。審議会では政策提起について豊富な知識を持つ専門家と，条例の影響を受けるさまざまな専門家からの意見聴取が行われる。審議会での議論により，条例案の作成で検討すべき課題が明らかになることがある。この他に，首長や行政の側が，条例案の作成手続きが正当なものであることを議会などに示すうえでも審議会は重要である。審議会での議論を通じて専門家や市民の声を条例案に反映させていると主張できるからである。

　条例制定に向けた環境が整うと，③条例案の作成が始まる。通常，条例案の作成は，政策領域に対応した課（担当課）で行われる。ここでは，②情報収集と議論で得られた知見をもとに，原案が作成される。

　条例原案の作成と同時並行で行われるのが，④他の部局・自治体・国との調

整である。その中でも，最も重要となるのが，他の部局との調整，つまり自治体内での調整である。条例をスムーズに運用するためには，条例の位置づけや役割について関連する部局間で意思統一を図る必要がある。関係する部局が多くなるほど，調整には多くの時間と手間を要する。

　条例を制定するうえで，行政内部での調整と並んで重要なのが，既存の法令との整合性である。そのために，庁内の総務部や総務課などで審査が行われ，条例案が，既存の法令に違反していないか，それらと矛盾点がないかがチェックされる。

　この他に，条例によっては国や他の自治体との調整も必要となる。まず，罰則規定を伴う条例の場合は，実際に罰則の適用を行う検察庁との協議が必要となる場合が多い（山本 2010：138 頁）。ここでは，罰則が適用される条件の検討や刑罰の重さなどについて議論されるが，刑法など既存の法律との整合性などの点で問題がみつかり，罰則規定を設けることが断念されたりすることもある。また，都道府県が制定する条例については，運用にあたって域内の市区町村の協力が必要となるケースが多いことから，市区町村との調整も必要となる。

　⑤議会への説明は，条例案の議会での可決を確実にするために行われるものである。説明は，首長と議会との意見交換会といったややフォーマルなものから，職員による個別の議員への根回しといったインフォーマルなものまでさまざまである。しかし，最も重要なのは首長を恒常的に支持する議員やその会派が議会で多数を占めているか否かということである。首長を支持する議員が多数を占めている場合は，それらの議員の理解を得られれば議案の可決はほぼ確実になるため，説明はそれらの議員を対象として集中的に行われる。

　これに対し，議会で首長を支持する議員が少数である場合，条例成立のためには他の議員の賛成も必要となる。このため，首長は条例案に反対の立場をとる議員を説得していく必要がある。

　しかし，首長選挙で激しく対立した後や国政選挙が近いときなどは感情的なしこりや政治的な思惑が重なり，うまくいかないことも多い。そのため，首長が政党・会派に所属する一部の議員に条例案に賛成するよう働きかけて議会の分断を図るケースもある。だが，議会と全面的に対立している首長の中には，有権者に直接アピールすることで条例の実現を図る者もいる。そのための有力

な手段となるのが，議会解散請求や自らの辞職による出直し首長選である。

　⑥条例案の決定は，行政内部での条例案の作成作業の最後に行われる。担当する部局の幹部職員や首長による決裁が済むと，条例案は首長・行政の正式な案となる。

　決定された条例案は議会へ提出され，⑦議会での審議・議決の段階に入る。議会での審議は，首長を支持する議員が議会の過半数を占め，⑤の議会への説明も完了している場合は，条例案の可決が確実視されることから，形式的なものとなる可能性が高い。しかし，二元代表制をとる地方自治体の議会では，首長に対して与党的立場をとる議員の数は必ずしも明確でない場合も多く，可決される見通しが立たないまま条例案が議会に提出されることもある。特に，首長と議会多数派との対立が続いている状態で条例案が出されると，否決される可能性が高くなる。

　議会での審議の結果，賛成多数で可決されると条例は成立し，⑧条例の公布・施行がされることになる。地方自治法 16 条 2 項の規定により，成立した条例は 20 日以内に公布（条例の内容を住民へ周知すること）する必要がある。施行については，地方自治法 16 条 3 項の規定により，公布から 10 日を経過した後とされているが，条例に特別の定めがある場合はそれに従うことになっている。

条例制定の実例

▎**所沢市における空き家条例の制定過程**▎

　自治体が直面する政策課題の中には，個人の権利との関係で対応が難しいものが存在する。所有権・財産権といった個人の権利は，いずれも価値あるものであり，地方行政・地方政治においても最大限尊重されるべきとされている。だが，それらの権利を重視すると，他者の権利や地域全体の利益と競合するようなことも実際には起こりうる。憲法学等の分野でいうところの「公共の福祉」のために，個人の権利が制限されることがありうるのである。

　たとえば，自宅で楽器を演奏することは個人の自由であると考えられるが，

時には騒音として周囲に迷惑を及ぼすこともある。このような場合，当事者同士の話し合いによる問題解決が難しいようであれば，裁判所による司法判断が求められることもある。また，同様の事態を防ぐために，国会による立法という形で規制がなされるケースもあるだろう。地方自治体が定める法規の1つである条例の制定は，国による法律と同様，有力な解決策の1つとして考えられる。以下では，具体的な政策課題として「空き家問題」を取り上げ，2010年10月に埼玉県所沢市において施行された「所沢市空き家等の適正管理に関する条例」の制定過程についてみていきたい。

空き家問題は，近年，多くの自治体が直面する深刻な政策課題の1つといえる。それまで人が住んでいた家が，何らかの理由で無人となることで空き家が生まれる。長期間手入れがなされずに放置された空き家は，地域の景観を損ねるだけでなく，老朽化による倒壊といった危険性も有している。また，居住者がいないことから，不審者が出入りしたり，放火の対象となったりする可能性もあり，治安の面でも対策が必要と考えられてきた。

空き家がなぜ生じるのかだが，配偶者の死去に伴う子どもとの同居や，病院・施設への入所などさまざまである（前田 2012）。そして，空き家が放置される要因として，空き家の解体自体に多額の費用がかかることに加え，取り壊して更地にした場合，固定資産税の負担が増えること等が指摘されている（北村 2012）。地方税法によって，人が住むための家屋については，固定資産税額の軽減が規定されている。人が住まなくなった空き家についても，この軽減措置は継続されるため，所有者の側に空き家を放置し続ける誘因となっていた。

空き家条例の制定前から，所沢市には，空き家となった家屋の近くに住む住民から相談や苦情が寄せられていた。だが，相談案件に応じて別々の部署が対応していたため，市議会での要望を受けて，空き家対策を担当する窓口の一本化が図られた。2009年度に行われた市の組織再編によって設置された総合政策部危機管理課防犯対策室（以下，防犯対策室）が空き家対策の総合窓口となり，関係する部署・機関と連携して対処することとなった（前田 2012）。

このように，空き家問題は所沢市が解決すべき政策課題の中でも，比較的優先順位が高いものとして認識されていたといえる。空き家に関する問題は，防犯対策室が主導して対応することとなったが，すべての空き家に関する問題が

解決したわけではない。空き家の処分について法的な根拠がなかったことから所有者の理解が得られないケースもあったのである。また，空き家の所有者が不明な場合が多く，まず誰が所有者であるのかを明らかにする必要があることも多かった。そうした場合，個人情報の問題から所有者の特定に必要な資料が入手できなかったり，特定できた場合でも個人情報入手の経緯について所有者から厳しく問われることも生じた（所沢市総合政策部危機管理課防犯対策室 2011）。このような事情から，結果的に放置され続ける空き家も少なくなかったのである。

　こうした状況を打開するために，「空き家条例」の制定が検討されることとなった。検討の中心となったのは，空き家についての総合窓口として指定された市の防犯対策室である。この他に，市の生活環境課や建築指導課といった関連部署や，教育委員会，所沢警察署といった市役所内外の関係機関が協議に加わった（所沢市総合政策部危機管理課防犯対策室 2011）。協議では，空き家の定義をどのようにするか，空き家の実態調査をどの程度まで行うのか，連携の対象となる関係機関の範囲をどの程度にするかといった点が話し合われた（所沢市総合政策部危機管理課防犯対策室 2011）。

　だが，当初から空き家条例の制定がめざされたわけではない。別途策定が進められていた「防犯のまちづくり推進条例」の検討過程において，空き家についても条項を設ける必要があるとの意見が出されたことが，空き家条例制定のきっかけとなった。「防犯のまちづくり推進条例」についての検討が進められるなかで，理念的な性格が強い「防犯のまちづくり推進条例」に，空き家問題について規定する条項がそぐわないといった意見が出され，「空き家条例」を単独で制定することとなった（所沢市総合政策部危機管理課防犯対策室 2011）。

　その後，作成された条例案についてのパブリックコメントが実施され，1名から空き家の所有者の情報を現地でも示すべきといった3件の意見が寄せられた。また，市の重要政策を話し合う市役所内部の組織である政策会議や，法律や他の条例との整合性について検討を行う例規審査委員会で意見聴取が行われた。

　確定した条例案は，2010年6月10日に当時の当摩好子市長によって，議案第53号「所沢市空き家等の適正管理に関する条例制定について」として所沢

市議会に提出された。本会議および委員会では，複数の市議から条例の実効性や，借りている土地の上にある家が空き家となった場合の対応，所有者の氏名を実際に公表した場合のリスク等について質問が行われた。市議会へ条例案が提出され，審議が行われた（所沢市総合政策部危機管理課防犯対策室 2011）。条例案は 6 月 10 日の本会議において全会一致で可決された。

　最終的に成立した条例では，空き家の定義を「市内に所在する建物その他の工作物で常時無人の状態にあるもの」としたうえで，条例による対処が必要な「管理不全な状態」についても具体的に定められた。また，空き家について市民から情報提供があった場合に市長が実態調査を行う権限があること，調査の結果，空き家が管理不全な状態となる恐れがある場合は空き家の所有者に必要な措置をとるよう助言・勧告・命令する権限があることや，所有者が命令に従わない場合は，弁明の機会を与えたうえで氏名等の公表ができること等も定められた。

　空き家の管理状態について改善の指示に従わない所有者への対応は，条例案の作成にあたって重要な論点であった。罰則を設けることも検討されたが，最終的には氏名の公表にとどめることとなった。これにより，所有者がわからない空き家について，条例に基づく形で法務局で所有者を調べるといったことができるようになったのである。この他に，緊急を要する場合の警察その他の関係機関との連携についても規定された。ただし，空き家の発生にはさまざまな要因があることを踏まえて，氏名の公表は慎重に行うものとされた（所沢市総合政策部危機管理課防犯対策室 2011）。

　条例制定後の効果として，市から空き家の所有者への通知に対し，連絡が返ってくる割合が増えた他，連絡が返ってこない場合でも改善がなされるようになった（前田 2012）。

　所沢市で初めて制定された空き家条例は，その後，全国の自治体に広がっていくこととなる。空き家の所有者の措置についても，解体のための補助金を出したり，行政代執行を条例に組み込んで運用する等，バリエーションがみられるようになっている（前田 2012）。

寝屋川市における子どもたちをいじめから守るための条例の制定過程

　地方自治体が主要な担い手となる公共サービスの１つに，公立学校の運営をはじめとする学校教育がある（第10章）。中立性の観点から首長部局とは離れた教育委員会が主な役割を果たすが，首長も地域の子どもたちにとって適切な教育環境を整える責任を有している。だが，学校教育の現場で生じる問題の中には，対処が困難で時として自治体全体を巻き込む大きな問題に発展するものがある。学校におけるいじめがそれにあたる。

　いじめに対しては，これまで学校教育の現場ではさまざまな取り組みがなされているが，未だ根絶には至っていない。時として被害児童生徒の自死といった極めて重大な事態に至り，ニュース等で報じられることもある。2011年に大津市で起きた，当時中学２年生の男子生徒がいじめを苦に自殺をした事件では，教育委員会や学校の対応が不十分であると強く批判された。これを受けて，議員立法によって2013年に「いじめ防止対策推進法」が制定された。この法律により，いじめが生じた場合に学校や行政がどのように対応し，防止を図っていくかが規定された。具体的には，いじめを防止するための組織の設置が学校に義務づけられたほか，地方自治体はいじめ防止対策の策定を求められることとなった。また，重大ないじめがあったと認定された場合の文科省や自治体への報告義務が学校に課され，加害者の生徒児童に対して出席停止や等の措置をとることもできるとされた。だが，いじめの初期対応を学校側が主導することに変わりはなく，問題解決が長引くにつれていじめが深刻化・長期化するとの指摘もなされていた。

　大阪府の寝屋川市は，こうしたいじめに関する問題解決のために，市長が主導する形で独自の対策・条例を制定したことで知られている。寝屋川市では，廣瀬慶輔市長を中心として，全国でいじめ問題がなぜ深刻化・長期化するのかについて検討が行われた。その結果，従来の学校主導の問題解決（教育的アプローチ）に限界があり，新たな手段をとる必要があるとの結論に至った。教育的アプローチでは，いじめの加害者・被害者の人間関係の再構築が目的となり，それに沿って教育的指導が行われる。実際のいじめの事例のほとんどが教育的アプローチで解決されているとしつつ，この教育的アプローチで解決が難しい

| 教育的アプローチ
（学校・教育委員会）
・いじめ予防の取り組み
・いじめ防止のための見
　守り | → | 行政的アプローチ（市監察課）
・関係者への聞き取り調査
・いじめ防止に向けての取り
　組み
・教育委員会・学校への勧告 | → | 法的アプローチ（市監察課）
・刑事告訴・民事訴訟の支
　援
・訴訟費用の補助
　（上限 30 万円） |

〈根拠条例〉

（出所） 地域 NEWS 号外 NET 寝屋川市「【寝屋川市】新型コロナ「いじめ」ダメ！全児童生徒にチラシ配布〜小学校低学年・高学年・中学生向けに 3 種類〜」をもとに筆者作成。

事案が重大化すると考えられたのである。

　教育的アプローチでは，被害者の児童生徒だけでなく，加害者の児童生徒も教育的な指導で導かれる対象となるため，厳しい対応をとることが難しく，問題解決にも時間がかかるのが一般的である。事案によっては被害者の児童生徒が深刻な状況に置かれることがあり，被害者の児童生徒およびその保護者の早期解決の希望が叶えられないばかりか，いじめが深刻化してしまうケースがあると考えられた。

　市は問題解決のためには，教育的アプローチだけでは不十分であり，市長部局が教育委員会とは別にいじめ問題の解決にあたる行政的アプローチが必要であるとの結論に至った。この行政的アプローチを具体化するために，行われたのが「監察課」の設置と，「寝屋川市子どもたちをいじめから守るための条例」の制定である。

　2019 年 10 月，市長部局に監察課が設置され，いじめ問題に直接対応することとなった。監察課は学校や市の教育委員会とは独立した立場でいじめ問題への対応にあたる。教育的アプローチと異なり，行政的アプローチでは，児童生徒を被害者と加害者に明確に区分したうえで問題解決が図られる。いじめを人権問題として捉え，いじめの即時停止をめざして対処がなされるのである。そのために，2 週間，1 カ月といった期限を設定したうえで，被害児童生徒や保護者からの相談を直接受け，必要に応じて被害児童生徒，加害者側の児童生徒を含む関係者への聞き取りが行われる。聞き取りの結果，いじめが認定された場合，被害者の児童生徒が日常生活を取り戻せるよう加害者側の児童生徒やその保護者，教員等に対する関与が行われる。そして，いじめが継続したり，加

害者が聞き取りに応じないなどの場合，監察課は，加害者の出席停止やクラス替えなどを教育委員会・学校に勧告することができる。

　寝屋川市では，行政的アプローチでもいじめが解決しなかった場合を想定し，「法的アプローチ」も別途用意されている。これは，被害児童生徒の警察への刑事告訴や民事での訴訟手続きを市が助言を行うなどして支援するというものである。訴訟費用についても市が一定限度額まで負担することとなっており，被害児童・生徒と保護者が市を訴えた場合でも補助がなされるという手厚い内容になっている。

　2020年1月に制定された「寝屋川市子どもたちをいじめから守るための条例」は，すでに立ち上げられていた監察課の活動を法的に根拠づけるために制定された（寝屋川市危機管理部監察課 2020）。いじめについて申し出があった場合，市長が必要な調査を行うことができることに加え，加害児童生徒への出席停止やクラス替え等の勧告する権限を持つことが明記された。これにより，監察課の活動が，法的に根拠づけられることとなった。この他に，保護者や学校に市が実施するいじめ防止のための施策に協力する責務があることも定められた。

　条例案は，2019年11月に公表され，寝屋川市議会の12月定例会で提案された。12月2日の本会議で提案理由の説明が行われ，同月5日の総務都市創造常任委員会で審議が行われた。質疑では，これまでのいじめ防止基本方針に基づく対応にどのような限界があるのか（新しく条例を制定することの必要性），条例で定められている学校や保護者等の責務についてどのように周知を図るのかといった点について質問があった。これに対し，担当部局の責任者から，これまでのいじめ防止基本方針ではできなかった被害児童生徒と加害児童生徒の定義が，条例の制定によって明確にできるようになるとの答弁がなされた。また，学校・保護者等の責務については，リーフレットや広報誌，チラシによる周知を図っていくとの答弁がなされた。

　審議の後，条例案は全会一致で可決され，本会議に送付された。12月17日に行われた本会議でも，2名の市議が賛成討論を行った後，採決がなされ，同じく全会一致で可決された。これにより，「寝屋川市子どもたちをいじめから守るための条例」が制定されることとなった。

条例の制定により，すでに活動を始めていた監察課は，法的な裏付けを得ることとなった。市によると，監察課は2020年から22年にかけて，それぞれ169件，183件，337件のいじめに対応し，問題解決を図っている。市が教育委員会・学校を介さない形で直接いじめの解決にあたるというアイデアは，全国的に大きな注目を集めている。いじめによる自死といった深刻な事態が生じた自治体を中心に，同様の条例や態勢の導入を検討する動きがみられる。

　学校にかかわる問題を市が教育委員会を介することなく，直接対応にあたることについては，教育問題の専門家を中心に公教育の独立や中立性の確保といった原則から懸念の声も聞かれたが，市議会をはじめとする政策過程においてそうした声は広がることはなかった。

▎武蔵野市における住民投票条例の導入過程 ▎

　法律・条例には人々の行動を規制するというイメージが持たれることが多いが，新たな権利を付与・保障するために制定されるものでもある。2015年に公職選挙法が改正され，選挙権年齢がそれまでの20歳から18歳に引き下げられた。これは，それまで選挙権を有していなかった18歳，19歳の人々に新たに選挙権を与える効果をもたらした。条例における同様の例として，武蔵野市において試みられた住民投票条例案の事例が挙げられる。

　武蔵野市では，まちづくりへの住民参加を促進するために，市政運営の基本原則や市長・市議会・市民の役割を具体的に定めた自治基本条例が，2019年度に制定されていた。本条例案の内容について検討を行ってきた「武蔵野市自治基本条例（仮称）に関する懇談会」の議論において，住民投票は，武蔵野市の自治を推進する仕組みの1つと位置づけられた。地方自治法に基づく住民投票は有権者の50分の1以上の署名があれば首長に条例制定を請求できるが，議会が請求を否決した場合は，住民投票は行われない。これに対し，懇談会では，市長・議会の意向と住民の意向に食い違いが生じた場合でも，住民投票実施に関する住民の意思が尊重されるようにすべきとの方向性が示された。そして，議会の議決が不要な常設型の住民投票制度を設けるべきという結論に至り，自治基本条例の19条で住民投票について規定されることとなった。

　自治基本条例の19条では，市の合併や境界変更の際の住民投票の実施が市

長に義務づけられたほか，市は住民投票の結果を尊重すること等が定められた。しかし，合併や境界変更以外で住民投票の対象となる「市政に関する重要な事項」は本条例において具体的に示されず，別に定められる住民投票条例によって定められることとされた。また，住民投票の参加資格についても，「武蔵野市に住所を有する18歳以上の者のうち，別に条例で定める一定数以上の請求があった場合は住民投票を実施せねばならない」と規定されており，同じく住民投票で定められることとなっていた。

　これらの論点は，懇談会における議論でも意見が分かれ，結論が先送りされた形となっていた。特に，投票資格については，日本国籍を有している者に限るのか，それとも外国籍の住民も含めるのかをめぐり，意見が分かれた。外国籍住民を含めることに反対の立場からは，住民投票に参加する権利も参政権の一種であるとの見方がなされた。これに対し，外国籍の住民の投票資格に賛成の立場からは，地方自治法において国籍による住民の区分がないことを理由として，外国籍の住民を区別することなく投票資格を認めるべきとの主張がなされた。委員は賛成・反対の半数ずつに分かれたことから，座長からは，出た意見をもとに慎重に検討するよう市に対して提言がなされた。

　2020年12月に副市長を委員長とする「武蔵野市住民投票条例（仮称）検討委員会」が市役所内部に設置され，住民投票条例案についての検討が本格化した。条例案の原案作成は，市の総合政策部企画調整課内に置かれた検討チームが担当し，他の自治体での先行事例の調査を行ったうえで，市の自治法務課や選挙管理委員会事務局との合同協議を経て骨子案の原案がまとめられた。骨子案の原案は，「武蔵野市住民投票条例（仮称）検討委員会」においてさまざまな角度から検討が行われた。委員会での議論を踏まえ，翌2021年2月に住民投票条例（仮称）骨子案が公表されるとともに，パブリックコメントの募集や市議会議員等からの意見聴取も始まった。

　同年3月には，市民意見交換会や，無作為抽出の市民アンケートが実施されるなど，条例案に対する住民の意見聴取の試みが続けられた。8月には，住民投票条例の素案が公表され，条例案の基本的な方向性が示された。素案では，合併や境界変更以外で住民投票の対象となる「市政に関する重要な事項」について，「武蔵野市及び市民全体に影響を及ぼす事項で，住民に直接その意思を

確認する必要があると認められるもの」とされた。同時に，市政に関する重要事項であっても「市の権限に属さない事項」については住民投票の対象外とされたが，「ただし，住民全体の意思として明確に表明しようとする場合は，これを妨げるものではありません」とされ，実施に含みを残した形となった。また，投票資格者には外国籍住民が含まれることが明示された。この素案に基づくパブリックコメント，市民意見交換会，市議会各会派および市職員からの意見調査が引き続き行われた。

　最終的な住民投票条例案は，11月19日から始まった市議会に提出され，審議が始まった。24日に行われた代表質問では，外国籍住民への投票権の拡大に慎重な立場をとる自民党の市議から，入国して間がなく，市のことを理解していない住民もおり，慎重な議論が求められるとの指摘がなされた。

　条例案は，市議会の総務委員会で審議されることとなり，審議が12月13日から始まった。委員会では，条例案に賛成の議員と反対の議員とで，意見が明確に分かれた。条例案に賛成の議員からは，外国籍市民はコミュニティの一員であるとの指摘がなされた。また，別の議員からは，市の執行部に対して，同様に外国籍住民の投票資格を認めた他の自治体の住民投票条例の制定過程やその後の運用状況について質問が行われた。市の担当者からは，市民や議員から強い反対はなく，外国籍住民の急増といった事態もみられなかったという答弁がなされた。これに対し，条例案に反対ないし慎重な立場をとる市議らからは，市民への説明の機会が不十分ではないかといった指摘や，住民投票条例で扱われる争点次第で住民投票への参加資格が参政権になる可能性があるといった指摘がなされた。

　総務委員会で審議の後に行われた採決では，条例案に賛成の議員と反対の議員が3対3の可否同数で拮抗し，委員長の採決により賛成多数で可決された。委員会では，条例案に慎重な立場をとる住民団体から出された住民投票条例の廃案か継続審議を求める陳情も審議された。署名数は5277筆（代表者によると署名者の7割が武蔵野市内在住）にのぼったが，不採択となった。これにより，条例案は本会議で採決されることとなる。

　12月21日に行われた市議会本会議での採決では，直前まで態度を明らかにしていない市議がおり，条例案が可決されるかどうかは予断を許さなかった。

採決では，中立的な立場をとっていた会派に所属する市議たちの動向が注目されたが，最終的にこれらの会派に所属する市議らが反対に回ったことで，条例案は賛成11票，反対14票で否決された。

　武蔵野市における住民投票条例案をめぐっては，外国籍の住民への投票参加資格が市内に3か月以上居住というように広く認められたことで，全国的な注目を集めた。だが，それと同時にイデオロギー的な対立が市の外部のアクターも巻き込む形で生じることとなった。住民である以上，日本国籍と外国籍で区別を設けるのはおかしいという立場と，日本国籍の住民に限った住民投票が望ましいという立場が正面からぶつかった形となったのである。市議だけでなく，国会議員による反対の立場からの街頭演説がみられたほか，市役所前に街宣車が来るといった事態も生じた。外国籍住民の投票資格の有無に多くの注目が集まり，他の点が十分議論できなかったことについて，賛成・反対の双方の立場から不本意であったとの声が聞かれた。

⑤　条例案の制定過程からみる自治体の政策過程の特徴

　これまで，条例案の制定過程を具体的な事例に即してみてきたが，自治体における制定過程の特徴はどのようにまとめることができるだろうか。まず，第1に挙げられるのが，首長の重要性である。条例案の多くは首長によって議会に提出されており，首長が条例の制定にあたって大きな役割を果たしているのは間違いない。首長は条例案作成の進行を管理するとともに，定期的に行われる記者会見等を通じて条例の必要性を訴える。また，議会においても条例に関する議員からの質問に直接答える等しており，条例案の可決成立に不可欠な存在といえる。

　第2に挙げられるのが，議会の影響力の大きさである。首長と議会の権限を比較した際に，首長のほうが強い権限を有しているのは明らかである。だが，条例制定のためには議会での議決が必要となる。したがって，首長は，議会における議員の過半数が条例案に賛成するよう努めなければならない。

　そこで重要となってくるのが，首長と議会多数派の関係である。首長が選挙

で支援を受けた政党と議会多数派の政党が同じで両者の党派性が一致している
場合，政策面での違いはそれほど大きくないと考えられ，条例案をはじめとす
る首長提出の議案は通りやすくなることが予想される。これに対し，首長が議
会多数派の支援を受けた候補者を首長選挙で破って当選を果たした場合等は，
首長と議会多数派の党派性が違うことになる。この場合，議会多数派は首長が
提出する条例案をはじめとする議案に対していわゆる是々非々の立場で臨むこ
とが多くなると予想される。

　これに加えて重要と考えられるのが，議決の対象となる条例の性質である。
本章で取り上げた所沢市の空き家条例や，寝屋川市の「子どもたちをいじめか
ら守るための条例」のように，政治的な立場によって意見が異なるということ
があまりなく，多くの住民が重要と考える問題に関しては，条例案についても

そのうえで大切なことは，そうした対立や条例をめぐる意見の違いから目を背けたり，「なかったもの」として扱ったりするのではなく，地方議会などでの議論を通じて対立点を明らかにするとともに，妥協点を探り，可能な限り少数派も納得できるような一定の結論を導くことである。地方政治における対立を否定することは，反対意見・少数意見が出た場合に，「反対するなんてどうかしている」「何か悪意があって反対しているに違いない」といった態度に容易につながりうる。

　もっとも，特定の政策をめぐって住民同士が直接対立する状態が長く続くのは，地域社会での共同生活を送るうえで，いろいろと問題が生じる可能性があるのも確かである。2015 年と 2020 年に行われた「大阪都構想」をめぐる住民投票は，「大阪都」の設置の是非をめぐるものであったが，一部の賛成派，反対派の住民同士の対立が感情的なものにまで発展し問題となった。また，自分の生活がかかっている問題について，相手の立場を理解することには限界がある。

　そこで重要となるのが，政党や地方議員の存在である。政党や地方議員は，住民に政策をめぐる対立軸を示すとともに，対立を引き受けて議会で住民の代わりに議論することにより，一定の結論を出すことができる。誰もが満足できる結論というのは望むべくもないが，政党や地方議員が果たすべき役割は大きいといえる。

幅広い合意が形成されやすくなる。所沢市，寝屋川市とも市長は最大会派の市議から恒常的に支持を得ているわけではなく，その後に行われた市長選挙ではいずれも最大会派の政党から対抗馬を立てられている（結果は，所沢市長は落選，寝屋川市長は再選）。だが，条例はいずれも全会一致で可決しており，選挙を離れた純粋な政策判断が行われたことを示している。

　逆に，武蔵野市の事例のように，政治的な立場によって意見が大きく分かれる条例案については，党派を超えた合意形成が困難となる。首長が合意形成に努めたとしても，根本的な考え方の違いを埋めることは難しく，条例案の可否は首長と同じ政治的立場をとる議員がどれだけいるのかにかかってくる。武蔵野市の松下市長の場合，結果的に市長選挙で支援を受けた政党の市議が条例案に賛成の立場をとり，対立候補を支援した政党の市議は反対に回ることとなっ

た。第4章でもふれたとおり，一部の首長が相乗りを志向する理由の1つとして，条例案をはじめとする議案の成立を確実なものとすることが挙げられる。

　この他に，本書のテーマである2つの自律性の観点からみると，住民をはじめとする首長・議会以外のアクターも条例制定過程に大きな影響を与える可能性がある点に注意が必要である。条例が扱う問題や，争点により多くの関心が集まった場合，それが条例制定を後押しすることは十分考えられる。特に，いじめ問題を市が直接解決する態勢を構築しようとした寝屋川市の試みはこれまでにない大胆なものであり，実際に教育関係者から教育の中立性の観点から懸念の声が上がっていた。しかし，市議・住民レベルではこうした意見への同調は広がることはなく，市の取り組みや条例に対する期待や肯定的な意見が広くみられた。

　他方で，条例案の性質や，関心が集まるタイミングによっては，武蔵野市の事例のように結果的に条例案の否決に繋がることもある。市長をはじめとする条例を推進する立場からすると，パブリックコメント，市民アンケートといった住民からの意見聴取のプロセスを丁寧にやってきたという意識が強かっただけに，「条例案についての周知が十分でない」という批判は意外であったように思われる。だが，市民を対象として行われたアンケートの回収率は25％と低く，全国的なニュースとなったことで初めて住民投票条例について知ったという市民も多かったと考えられる。争点の性質や住民らの関心の程度によっては，条例制定過程における首長・議員の自律性が低下する可能性があることを，武蔵野市の事例は示唆している。

　中央政府に対する地方政府の自律性の観点からもいくつか留意すべき点がある。条例は法律の枠内でしか制定できないことから，中央政府からの一定の制約を受けていると考えられる。これまでの各自治体による条例制定の試みは，国が定める法律の枠内でいかに問題解決に有効な条例を作るかがめざされてきたといえる。

　他方で，情報公開条例や空き家条例のように，一度できた先進的な条例が，他の自治体にも波及していくという現象もみられる。先進的な条例が広く多くの自治体で採用されることで，それが国レベルでの新たな法律の制定に繋がることもある。条例は自治体レベルの政策革新という意味で重要なだけでなく，

時として本来条例が制約を受ける国レベルの法律に逆に影響を及ぼすこともある。

EXERCISE ●演習問題

① 条例の一般的な制定過程について説明してみよう。
② 自分が住んでいる地域の都道府県・市区町村で制定されている条例を1つ取り上げて，どのような経緯でその条例が制定されたのかを調べてみよう。その際には，その条例が誰の権利を守る効果があるのか，その条例によって権利が制限される人はいないのかに気をつけよう。

読書案内　　　　　　　　　　　　　　　　　　　　Bookguide ●

　条例は，公的な問題を解決するための「公共政策」の1つとして考えられるが，その「公共政策」についてわかりやすく論じたのが，**秋吉貴雄『入門 公共政策学——社会問題を解決する「新しい知」』(中央公論新社，2017年)** である。本書の内容には国レベルで制定される法律も含まれるが，問題の発見から解決策の模索や決定，実施に至るまで，初学者にもわかりやすく書かれている。条例の制定過程について焦点を当てて説明したものとして，**岩﨑忠『自治体の公共政策』(学陽書房，2013年)** がある。複数の事例に即して，地域における課題の発見から条例の制定，執行までの過程が詳細に論じられている。**伊藤修一郎『自治体政策過程の動態——政策イノベーションと波及』(慶應義塾大学出版会，2002年)** は，他の自治体の動向に注目するという「相互参照」という観点から，自治体における新しい条例や政策の導入過程を分析したものである。首長をはじめとする行政トップが主導する条例の制定過程について，詳しく論じられているのも本書の特徴である。

引用・参考文献　　　　　　　　　　　　　　　　　Reference ●

礒崎初仁・金井利之・伊藤正次（2020）『ホーンブック地方自治（新版）』北樹出版。
伊藤修一郎（2002a）『自治体政策過程の動態——政策イノベーションと波及』慶應義塾大学出版会。

伊藤修一郎 (2002b)「行政統制―情報公開・行政手続規制の対比」樋渡展洋・三浦まり編『流動期の日本政治――「失われた十年」の政治学的検証』東京大学出版会。

伊藤修一郎 (2006)「景観条例の展開と景観法の活用」『ジュリスト』1314, 15-20 頁。

桶本秀和 (2012)「京都府地球温暖化対策条例の制定過程分析」『国際公共政策論集』30, 83-100 頁。

加藤幸雄 (1989)「条例制定過程における地方議員と自治体職員」『都市問題』80 (9), 47-58 頁。

北村喜宣 (2012)「空き家対策の自治体政策法務 (1)」『自治研究』88 (7), 21-47 頁。

北村亘 (2002)「地方税導入の政治過程」『甲南法学』42 (3・4), 335-388 頁。

佐々木信夫 (2011)『都知事――権力と都政』中央公論新社。

砂原庸介 (2011)『地方政府の民主主義――財政資源の制約と地方政府の政策選択』有斐閣。

曽我謙悟・待鳥聡史 (2007)『日本の地方政治――二元代表制政府の政策選択』名古屋大学出版会。

竹原信也 (2009)「地方自治体の立法過程――新居浜市の条例制定過程と条例・規則の分析」『新居浜工業高等専門学校紀要』45, 63-70 頁。

辻陽 (2015)『戦後日本地方政治史論――二元代表制の立体的分析』木鐸社。

辻陽 (2016)「地方政治」森本哲郎編『現代日本の政治――持続と変化』法律文化社。

所沢市総合政策部危機管理課防犯対策室 (2011)「所沢市空き家等の適正管理に関する条例について――環境の保全と防犯のまちづくりの推進のために」『自治体法務研究 2011・秋』。

寝屋川市監察課 (2020)「寝屋川市子どもたちをいじめから守るための条例」『自治体法務研究 2020・秋』。

ヒジノ ケン・ビクター・レオナード (2015)『日本のローカルデモクラシー』芦書房。

前田広子 (2012)「空き家等の適正管理に関する条例――制定プロセス, 運用と効果」北村喜宣 (監修) 前田広子・吉原治幸・進藤久・塚本竜太郎『空き家等の適正管理条例』地球科学研究会。

柳至 (2014)「政策の存在理由が地方政治家の行動に与える影響――地方自治体における政策・組織廃止を事例にして」『年報行政研究』49, 160-181 頁。

山本博史 (2010)「条例制定過程の現状と課題――すぐれた条例を創出する条例制定過程とは」『ジュリスト』1399, 133-140 頁。

第**6**章

地方自治体の組織編成

INTRODUCTION

　本章は地方自治体の組織編成を扱う。地方自治体と一口にいっても，じつはきわめて多様な組織が存在する。一般にイメージするのは，市役所や県庁と呼ばれる建物ではないだろうか。すでにここまでの章で述べたように，地方自治体は大きく分けて議決機関たる議会と，執行機関に分かれる。執行機関の代表は首長であり，その補助機関として首長の指揮監督下に置かれている首長部局（知事部局あるいは市区町村長部局）が一般には地方自治体の組織だと見なされている。加えて，執行機関には教育委員会などの行政委員会もある。本章は主として首長部局とその他の執行機関（の事務局）の実態や特徴をみていく。まず，一般的な組織図を示すので読者はイメージを持ってほしい。

1 どのような原理で地方自治体の組織は編成されているか

地方自治体組織に対する規制

　戦後長らく地方自治体組織には法令による強い規制が存在していた。その典型は，2003 年まで存在していた都道府県の局・部数の法定制度である。地方

自治体という名称とは裏腹に，自らの内部組織編成の自由には法律の規制がかけられていた（地方自治法旧158条）。この制度では，都道府県の知事部局の名称は**局**か**部**，市町村長部局の名称は**部**か**課**であることとされていた。さらに都道府県については，人口規模などによって局・部の数の上限が定められていた。

　さらに，稲垣の研究によると，地方自治体組織の名称も地方自治法の例示に沿ったものが多くの地方自治体で採用されており，その傾向は特に1980年代まで顕著であるが，1990年代以降それが多様化してきたことがわかっている（稲垣 2015）。たとえば，地方自治法には，**総務部**，**民生労働部**，**衛生部**，**商工部**，**農林部**，**土木部**の6部の名称が示されていた。実際にこの6部が適用された人口100万以上250万以下の28府県については，1953年から1960年の期間でそれぞれ例示された名称の採用率は，総務部が100%，民生労働部が34%，衛生部が74%，商工部が28%，農林部が42%，土木部が92%であった。これに対して，1998年から2006年の期間では，総務部が87%，土木部が67%であるものの，他の部門では府県独自の名称が多く採用されている。たとえば，民生労働部に対応するのは，保健福祉部（31%），健康福祉部（27%）である。衛生部に対応するのは，保健福祉部（27%），健康福祉部（27%）である。これは民生部門と衛生部門が福祉という名称で括られるようになったことを示すデータであろう。農林部に対応するのは，農林水産部（48%），農政部（19%）である。

　これら例示された名称が意味するのは，その名称が象徴する施策（事務）部門を所管する中央省庁のカウンターパートとしての役割が期待されていたということである。総務部は自治省，民生労働部は厚生省と労働省，衛生部は厚生省，商工部は通産省，農林部は農林水産省，土木部は建設省にそれぞれ対応していたのである。さらにいえば，教育委員会事務局は文部省と対応していた（荻原 1996）。これらはいわゆる縦割り行政の原因として批判もされてきた。

　このように，かつては地方自治体の組織編成は画一性をその特徴としており，どの地方自治体でも似通った組織編成となっていた（大杉 2009：8頁）。現在では多様性を増しているが，道府県では〈部・課・係〉，東京都や政令指定都市では〈局・部・課（室）・係〉，市町村では〈部・課（室）・係あるいは課・係〉のように階層的な構造が採用され，かつそれぞれの階層の名称も定型化してい

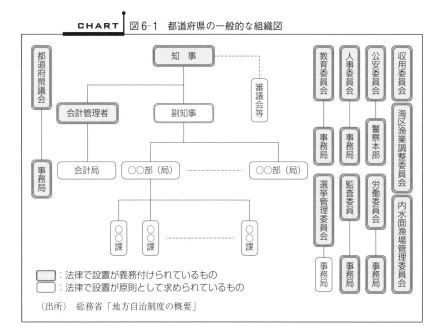

CHART 図6-1 都道府県の一般的な組織図

（凡例）

□ ：法律で設置が義務付けられているもの
□ ：法律で設置が原則として求められているもの

（出所） 総務省「地方自治制度の概要」

CHART 表6-1 地方自治体組織の階層構造

職	職務
部長	知事の命を受け，部の事務を掌理し，所属職員を指揮監督する。
部次長	部長を補佐する。ただし，特に必要がある場合は，知事が定める。
課長	上司の命を受け，当該分課の事務を掌理し，所属職員を指揮監督する。
室長	上司の命を受け，当該分課又は課内室の事務を掌理し，所属職員を指揮監督する。
課長補佐	課長を補佐し，又は上司の命を受け，特定の事務を処理する。
係長	上司の命を受け，当該係の事務を処理する。

（出所） 石川県組織規則13条（抜粋）。

た（図6-1）。

　地方自治体の行政組織は地方自治法158条1項で首長に編成権限を与えているが，首長の独断で編成できるわけではない。議会や行政委員会は憲法や法律で設置が定められているし，知事や市町村長の補助機関である首長部局内部の組織編成についても，地方自治体の組織規則によって定められている。そして，先にみた階層構造についても，上位と下位の階層の関係が明確に定められてい

る。たとえば，石川県組織規則（表6-1）には，主たる職として，部長，部次長，課長，室長，課長補佐，係長がある。それぞれの職務は次のように規定されている。知事から部長，部長から課長，課長から係長という指揮命令系統の流れ（ラインという）が確認できる（課に室がある場合には，課長から室長への「命」の流れがある）。他方，部次長や課長補佐は補佐機能が期待されるとともに，場合によっては特命事項を扱う。

▌地方自治体の組織は首長部局ばかりではない──執行機関多元主義 ▌

INTRODUCTION で指摘したとおり，地方自治体の執行機関には大きく分けて，首長と首長を補佐する**首長部局**，首長から一定の独立性を認められている**行政委員会**および**行政委員会事務局**がある。どうして地方自治体には執行機関が複数存在するのだろうか。なぜなら，日本の地方自治体には公平性，専門性，政治的中立性の観点から，政治的代表である首長が関与しないほうがよいとされる領域が含まれているからである。そのため，首長が一元的に執行機関を管理するのを避ける制度的な工夫が施されている。特に，教育，人事，警察，選挙といった分野については，それぞれ**教育委員会**，**人事委員会**，**公安委員会**，**選挙管理委員会**といった行政委員会が置かれている。

行政委員会は委員による**合議制**を基本とし，その事務を担う事務局もしくは職員を置く（合議制とは意思決定に複数がかかわる仕組みである。これに対して**独任制**は首長のように単一で意思決定を行う仕組みである）。独立性や専門性を基本とする執行機関であるから，行政委員会は，本来は，事務局を置き，専任の事務局長や職員を置くことが必要とされる。ただし，法令の規定がそこまで求めているとは限らない。

たとえば，選挙管理委員会については，地方自治法で都道府県と市には書記長，書記その他の職員を，町村には書記その他の職員を置くことになっている（必置）が，事務局の規程はない。**監査委員**については，都道府県には事務局を置く（必置）規程があり，市町村には事務局を置くことができる（任意設置）規程がある。事務局には事務局長，書記その他の職員を置く（必置）規定があり，事務局を置かない場合にも，書記その他の職員を置く（必置）規定がある。また，教育委員会については，「地方教育行政の組織及び運営に関する法律」に

よって，事務局を置く（必置）ことが規定され，都道府県の事務局には，指導主事，事務職員および技術職員を置くほか，所要の職員を置くと規定されている。市町村の事務局には，指導主事その他の職員を置くと規定されている。

　地方自治体では，都道府県・市町村両方に置かれるものとして教育委員会（1948年設置，以下同じ），選挙管理委員会（1947年），人事委員会・公平委員会（1950年），監査委員（1947年）がある。監査委員については，委員各人が自らの判断に基づいて職務を行う（独任制）ため，監査委員会という名称ではない。ただ，監査の結果に関する報告の決定などの重要事項を委員の合議によって決定することはある。都道府県のみに置かれるものに公安委員会（1948年），労働委員会（1946年），収用委員会（1951年），海区漁業調整委員会（1950年），内水面漁業管理委員会（1950年）がある。市町村のみに置かれるものに農業委員会（1951年），固定資産評価審査委員会（1950年）がある。地方自治体のほうが中央政府よりも行政委員会が長期間存置される傾向がある。

　中央政府では行政委員会の多くが終戦直後に設置されたものの，その後廃止されていった（伊藤 2003）。現在は，人事院（1947年），公正取引委員会（1947年），国家公安委員会（1948年），公害等調整委員会（1972年），公安審査委員会（1952年），中央労働委員会（1946年），運輸安全委員会（2008年），原子力規制委員会（2012年），特定個人情報保護委員会（2014年。2016年から個人情報保護委員会），カジノ管理委員会（2020年）が設置されている。2000年代以降行政委員会の新設がみられる。

　なお，執行機関ではないが，議会については，都道府県では事務局を置く（必置）となっている一方で，市町村については条例で事務局を置くことができる（任意設置）となっている。事務局には事務局長，書記その他の職員を置く（必置）となっており，事務局を置かない場合にも，書記その他の職員を置く（必置）となっている。

　このように，行政委員会の中でも教育委員会については，事務局が必置であることなど，事務局組織の充実が法令上図られているが，見方を変えればそれだけ制約が強いともいえる。公安委員会については，その事務局機能は警視庁（東京都），道府県警察本部が担う。警視庁や警察本部は必置である（警察法）。教育委員会と公安委員会以外の行政委員会や議会については，その事務局機能

について，行政委員会制度の本来の目的に立てば，それを強化するべきであるという考えが導かれる。これに対して，現状はきわめて心許ないという指摘がある。たとえば，市選挙管理委員会に関する研究（桑原 2010）によると，事務局が置かれているとはいえ，常勤職員数は非常に少なく，事務局自体，総務部などの首長部局や監査委員事務局，公平委員会事務局との兼務体制となっている。長野県飯田下伊那地域を例にみると，選挙管理委員会事務局の職員は，飯田市は専任の3人となっているが，その他の町村はすべて兼務である（1～3人）。議会事務局兼務が5町村，総務課兼務が8町村である（総務省「地方公共団体における事務の共同処理の改革に関する研究会提出資料」2009年9月17日）。このような体制で選挙を乗り切るため，首長部局から選挙の時期にだけ職員を出向させるのが一般的である（分権型政策制度研究センター 2010）。

　行政委員会事務局の課題からみえてくるのは，独立性や専門性を確保しようとすると，今度は逆に効率性（能率）の問題が生じてくるというジレンマである。選挙管理のように一時的に業務が集中する行政領域に日常的に多数の職員を置くことが非効率であるのは確かである。しかし，選挙管理委員会は選挙の公正を確保するために置かれるのであり，組織編成の面で独立性を確保する必要を一概に否定することもできない。このような問題は議会事務局についても同様である。議会事務局の職員の人事権は，本来，議長に属している。これは，議決機関と執行機関が明確に区別され，ある意味では対立的，競争的に存在することから自然に導かれる。しかし，現実には首長部局の職員が人事異動（出向）で配置されることが多い。

　先に述べたとおり，行政委員会は行政委員による合議制を基本とする。これは首長が独任制と呼ばれる一個の主体であるのと対照的である。合議制は意思決定の透明性を高め，手続きの中立性を確保するといったことを目的とする。さらに，行政委員の特徴の1つは独立性である。首長の影響力から離れたところで意思決定ならびに行政運営を行うことが期待されている。

2 図でみる地方自治体組織

庁舎の配置

　ところで，行政委員会の独立性に限らず，地方自治体の組織編成の特徴はあらゆる側面から可視化されている。**図 6-2** の島根県庁舎の配置を例にしてみよう。

　本庁舎には知事部局の各局部（政策企画局，総務部，防災部，地域振興部，環境生活部，農林水産部，商工労働部，出納局など）が置かれている。他方，行政委員会（教育委員会，人事委員会事務局，監査委員事務局）は分庁舎に置かれており，物理的に知事部局から離れている。そのため，知事部局から行政委員会事務局へ出向する職員は「島流し」意識を持つこともあるようである。議決機関である議会は議事堂として本庁舎とは区分されており，議会事務局も議事堂内に置かれている。県警本部に至っては分庁舎といった表現ではなく，議会並みの独立性が配置図上でも感じ取れる。

フロア構成と座席表

　県庁舎のフロア構成は，島根県の場合，3 階に知事室が置かれ，同じフロアに副知事室，政策企画局長，総務部長，秘書課，財政課，人事課が置かれている。これは，中央省庁でいえば大臣室の近くに大臣官房が配置されているのと似ている。知事は自らを補佐する部門を手元に置くのである。他のフロアについては，2 階に商工労働部長，4 階に地域振興部長，5 階に農林水産部長，6 階に防災部長が置かれている。

　ここでは掲げないが詳細なフロア図では，各部署の場所や部屋の大きさがわかるようになっている。部長や副部長には個室が与えられている。幹部職員ともなると，来客に対する接遇上の必要も高く，部下との打ち合わせが主要業務となることからも，個室が必要とされる。他方，課長にも来客対応や部下との打ち合わせがあるが，課共有の打ち合わせスペースを使ったり，課長席の隣にパイプ椅子を置いて数名程度の来客対応を行うのが一般的である。このように，

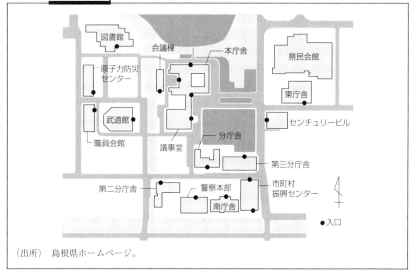

（出所）　島根県ホームページ。

課長以下の職員は個室で執務をしない。これを我が国の行政学では「**大部屋主義**」という（伊藤・出雲・手塚 2022：114-116 頁）。

　次に，県庁舎内の座席表をみてみよう。座席表とは各課のデスクの配置図のことである。これについても，中央省庁でも地方自治体でも作成されている。ここでは茨城県の土木部都市局都市計画課を例にしてみる（図6-3）。都市局長には個室が与えられる。都市計画課長，総括課長補佐をはじめとする上位の職位の職員のデスクは入り口から遠い窓際に置かれ，机は隣と接することはない。課長の机がそれらの中央に置かれ，それを取り巻くように総括課長補佐らが配置されている。さらにいわゆる「島」といわれるデスクの集合体の「上座」（つまり課長に一番近い位置）に課長補佐，主査，係長が配置され，その下の職位である主任，主事らが「下座」に座っている。それぞれの島はおおむね5人程度（島としては6つぐらいの机）から構成されている。技佐は准課長級である。課長＞技佐＞課長補佐（総括・技術総括）＞課長補佐＞主査＞係長＞主任＞主事・技師の順に職位が高い。このような座席表から大部屋主義の実際の姿がわかる。

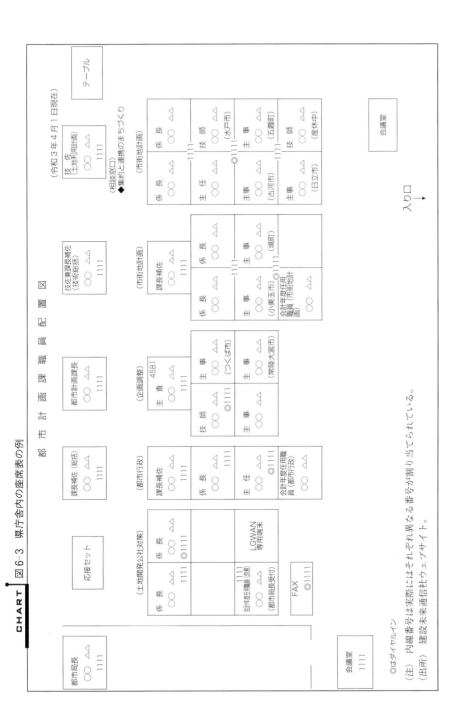

都 市 計 画 課 職 員 配 置 図
（令和3年4月1日現在）

◎はダイヤルイン

（注）内線番号は実際にはそれぞれ異なる番号が割り当てられている。
（出所）建設未来通信社ウェブサイト。

3 地方自治体組織の新たな姿

| 地方自治体組織の見直し──フラット化 |

　地方自治体の組織編成の自由度が高まったことで，2000 年代以降その多様化が進んでいる。その典型としてよく言及されるのが課や係の廃止を伴う組織のフラット化である。たとえば，静岡県は全国で初めて課を廃止し，1999 年度に知事部局の全本庁組織にフラット組織を導入した（1998 年度に一部の組織から開始）。大分県でも 2005 年 4 月から係を廃止しフラット化を実施した。佐賀県では，横割り組織への移行をめざし，2004 年度から組織改革を行った。

　静岡県の例をみると，フラット化のねらいは目的指向型の組織体制，迅速な意思決定，柔軟な組織運営，中間管理職の戦力化，職員能力の最大発揮の 5 つであった。具体的には，20〜50 人規模の課を廃止して，10 人程度のより小さな仕事の単位の室へ細分化させた。かつての課の規模だと「多くの人にハンコをもらう必要があったから，決裁まで時間がかかったし，課長からの指示が担当者に伝わるにも時間がかかった」とされた（以下，県職員向け広報誌『行革通信』師走号〔2005 年 12 月 27 日〕を参照した）。フラット化の効果として，許認可事務では標準処理期間が 5.2 日短縮されたという。室長と室員の距離も縮まったとされ，「以前は，課長とは席も離れていて遠い存在だったけど，今は早い段階で室長に気軽に相談でき」るとされた。

　ただし，フラット化が万能薬というわけではない。フラット化以前の課題は解消できるかもしれないが，一方ではフラット化以前のメリットを損なうことにもなる。たとえば，小規模な組織内での業務の完結がフラット化のメリットとされたが，実際には新たに室の間での調整が必要とされるようになった。かつては課内で調整できたものが，独立した単位である室と室の調整となると，かえって縦割り意識が強まってしまったという指摘がある（入江 2002）。さらに，組織が細分化されたため，新規事業への対応がしにくくなったという。かつては課の名称や目的はあいまいであったが，それは柔軟性にもつながっていたことが，フラット化の後にかえって認識された。

より深刻なのは，こうした内部の問題ではなく，対市町村の局面である。組織が細分化されたため，市町村にとっては相談するべき室が複数となり，補助金申請の際には多くの室から判子を押してもらう事態となったという指摘がある。その後，静岡県では2010年度から「課」「班」を設置するようになった。これは「室」を「課」に，「係・スタッフ」を「班」とするものであり，上記の課題を踏まえた変更と推測できる。フラット化を進めたのは石川嘉延知事の時代であり，2010年の変更は川勝平太知事（2009年に初当選し，2024年現在で4期目）の時代となってからである。

　さらに，職員の技能形成の点からもフラット化がマイナスの影響を及ぼしている。フラット化以前は少しずつ昇任することで所掌事務の内容や組織運営に必要なスキル（上司との関係，隣接部局との事前調整のタイミング，部下との関係など）を時間をかけて身につけていくことができた。しかし，フラット化の中でグループリーダーや室長からいきなり部や課全体を所掌する管理職になると，時間をかけて実地で身につける技能がないために，部下に恣意的に指示を出したり，逆に部下に押し切られてしまったりして十分なマネジメントができない。休職や降格を求める管理職も少なくなく，またそれを身近にみている部下たちの昇進意欲も急激に低下している（総務省 2014）。

　2005年4月からフラット化した大分県では，2012年4月からフラット化の見直しに着手している。その理由は，チェック機能や人材育成機能の低下が指摘されるようになったからである。大分県では課はそのまま置かれ，その下の係を班として班員間の縦の階層を廃したものをフラット化という。そのため，上司によるチェック機能が損なわれたり，部下の人材育成に意識を向けなくなったりしたことが課題となった。

　ここで重要なのは，フラット化の見直しのような大きな組織改革は，多くの場合，知事の代替わりをきっかけとして行われることである。

　佐賀県では大幅な組織改革が新知事によって行われた。まず，古川康知事の初当選の1年後の2004年に，横割り組織化をめざした**本部制**が導入された。筆頭の総務部人事課，財政課の権限の一部を各本部に移譲し，規模の小さな職員課，財務課に改められた。各本部副課長以下の人員配置は各本部長が行い，予算は各本部に包括的に配分する庁内分権が行われた。しかし，山口祥義知事

へと代替わりし，2016年には，再び大規模な組織改革がなされた。「組織改正のポイント」として示されたもの中には，「分かりやすい組織名称への変更」「組織の名称は，業務内容が容易にイメージできるものへ」といった説明があり，改革のねらいを強調している。さらに，古川知事の肝煎りだった本部制は，「本部制から部局制への移行」とあるとおり，否定された。説明文には「各部門が，それぞれの役割・責任をしっかりと果たすことができる体制を確保するとともに，各本部の権限としていた一定の人事権や予算査定権を総務部の権限とし，政策部と総務部が連携しながら県庁全体を俯瞰し，より効率的・効果的な行政運営を実施」とあり，さながら前県政の全否定の様相を呈する書きぶりである。

このように2000年代に進んだフラット化は2010年代に入り組織改革の手法として注目されなくなった。市役所についての研究であるが，このトレンドの変化をアンケート調査から実証的に示したものを紹介する。課の廃止について，2007年度と2018年度を比較すると「現在は採用していないが，今後検討する」がわずか16.7%から2.1%へ激減する一方，「現在は採用されておらず，今後も考えていない」が73.3%から88.9%へ増加しており，フラット化の終焉が浮き彫りになった（伊藤 2020）。

2010年代後半からは，組織編成よりも個々の職員の成長を通じて組織全体の向上を図る動きが目立つようになったが，この背景には人材確保に対する危機感がある。人口減少に伴ってこれまでと同水準の人材をこれまでと同規模で採用することが難しくなっている。そこで，超過勤務やハラスメントのない職場づくり，職員のワークライフバランス（仕事と家庭の両立），ワークエンゲージメント（働きがい・意欲・組織への思い入れ，愛着），ウェルビーイングの向上が図られるようになってきた（入江 2022；総務省2022）。

地方自治体組織の多様化の動向

首長直轄部門，危機管理部門，文化・観光部門の新設拡充，文化・スポーツ部門の教育委員会から首長部局への移管，子ども行政の一元化等の動向がある。

首長直轄部門の組織改革でいえば，静岡県は，知事戦略局（秘書課，知事戦略課，広聴広報課）に加えて地域外交局（地域外交課，多文化共生課）を設置してい

る。知事戦略局はかつて知事公室であったが，局へ格上げされた。地域外交局には出先機関として"ふじのくに"大使館（東京事務所，大阪事務所）も設置されている。地方自治体には外交権限は与えられていないが，海外との交流を重視する首長は存在する。

　危機管理部門に目を転じると，高知県では，筆頭部である総務部の次に危機管理部が設置されており，同部の下には危機管理・防災課，南海トラフ地震対策課，消防政策課が置かれている。和歌山県では部長級の危機管理監の下に危機管理局が置かれている。三重県では，防災対策部が置かれている。これらの県では南海トラフへの対策が重要課題として認識され，それが県庁組織にも反映されている。

　文化・観光部門でいえば，三重県では，2023年度から観光部を設置した。大阪・関西万博の開催，リニア中央新幹線の東京・名古屋間の開通，伊勢神宮の次期式年遷宮などを見据えた改組である。

　文化・スポーツ部門については，長崎市では2008年度から文化財課が教育委員会から市長部局に移管された。長崎市のように文化財が豊富に残されている地方自治体では，まちづくり政策の資源として文化財を観光資源などに活用することを志向し，文化財を保護の対象と見なす教育委員会の所管から移管するものと思われる。埼玉県では，スポーツ振興課を教育委員会から知事部局の県民生活部へ移管するとともに，県民生活部長の下にスポーツ局長を新設した（2015年度。埼玉県は部・局制である）。スポーツ局長はスポーツ振興課，またそれぞれの大会前にはラグビーワールドカップ大会課，オリンピック・パラリンピック課を所管していた。

　子育て行政については，2023年度にこども家庭庁が発足し，幼稚園を文部科学省が所管するほかは，就学前教育施設（保育所，認定こども園：第11章参照）の所管はすべてこども家庭庁に移管された。国の組織同様，地方自治体の組織にも「司令塔機能」が期待されている。たとえば，徳島県では2023年度から「こども未来局」を新設し，こども家庭庁のカウンターパートとなっている。こどもまんなか政策課，こども家庭支援課が置かれ，子育て支援，ヤングケアラー対策など市町村とも連携して一体的な施策展開がめざされている。

　さらにDX（三重県総務部デジタル推進局，2023年度），盛り土（千葉県都市計画

Column❻　教育委員会制度改革と首長の権限強化

　本文でも述べたとおり，執行機関多元主義は日本の地方政府の組織編成の特徴の１つである。教育委員会は執行機関の中でも人員や予算規模からみて主要な存在である。2015年度から新しい教育委員会制度がスタートした。改革論議の過程では執行機関としての教育委員会を廃止し，審議会とすることすら議論されたが，結果的に執行機関として存置された。

　従来と大きく異なるのは教育長の位置づけである。教育長は教育委員会の責任者となり，首長が教育長を直接任命するようになった。さらに，首長が教育長・教育委員とともに教育政策を議論する「総合教育会議」の設置が義務づけられたほか，首長は教育に関する「大綱」を策定することとなった。このように，教育政策に関して首長の関与が強化される制度改革が行われたのである。この改正の背景には，大津市のいじめを原因とする中学生の自死事案をめぐる教育委員会制度への批判があった。

　教育委員会制度改革からみえてくるのは，従前から強首長型といわれてきた日本の二元代表制が，さらに首長寄りの仕組みとなりつつある様子である。なお，2013年に成立したいじめ防止対策推進法では首長が公立学校で起きたいじめ重大事態についての責務が規定されており（第30条），

課宅地対策調査室，2023年度），脱炭素（新潟県環境局，2022年度）といった新たな課題に対応した改組が各県で行われている。

　2000年代の地方分権改革以降，地方自治体の行政組織は多様化してきている。主として首長部局の変化が大きいのは，首長にとって「改革」しやすいものだからである。特定の政策を実現するには，人員，施設などを手当てするための予算が不可欠である。しかし，組織改革にはそのような予算は必要なく，さらにいえば議会の了承を取り付けるうえでもハードルが低い。地方自治体での政権交代後に前職の功績を否定するために組織改革を行うことで，前職時代を組織ごと全否定することもまた容易である。そのため，それまでの組織改革の効果を検証した結果として，さらなる組織改革によって効率的で効果的な行政に近づこうという発想ではなく，政治的な思惑で組織改革が行われることがある。地方自治体の組織改革は一見，マネジメントという客観的，あるいは無

これまで以上に首長が教育行政に直接かかわる場面が増えている。

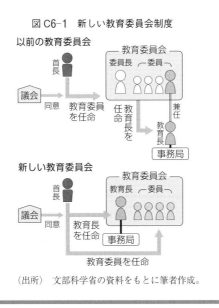

図 C6-1　新しい教育委員会制度

（出所）　文部科学省の資料をもとに筆者作成。

色透明なイメージがあるものの，実際には政治的，政策的な意図から行われる
こともある。

EXERCISE ●演習問題

① 自分が住んでいる地方自治体の組織図（・機構図）をウェブサイトで入手して，
どのような組織編成・フロア構成になっているかを確認してみよう。

② 自分が住んでいる地方自治体の庁舎がどのような配置になっているかもウェブ
サイトや地図アプリで調べてみよう。

　都道府県の庁舎建築は，明治維新期に建設されたものから現代のタワー庁舎まで多様である。建築史の観点から主として戦前の庁舎を扱ったのが**石田潤一郎『都道府県庁舎──その建築史的考察』（思文閣出版，1993年）**である。なお，映画であるがタワー庁舎を権力の象徴として描いているのが『県庁の星』である。ちなみに映画では香川県庁がロケ地となった。他方，地方分権改革が市役所の組織編成に与えた影響をアンケート調査から分析したのが**村松岐夫・稲継裕昭『分権改革は都市行政機構を変えたか』（第一法規，2009年）**である。地方自治体の組織編成について，首長部局に焦点を当ててトップ・マネジメントの強化等の動向をまとめたのが**石原俊彦・山之内稔『地方自治体組織論』（関西学院大学出版会，2011年）**である。

引用・参考文献 ▌ Reference ●

伊藤正次（2003）『日本型行政委員会制度の形成──組織と制度の行政史』東京大学出版会。

伊藤正次（2020）「市役所事務機構の効率化と合理化」『人口減少時代の都市行政機構（第6次市役所事務機構研究会報告書）』日本都市センター。

伊藤正次・出雲明子・手塚洋輔（2022）『はじめての行政学〔新版〕』有斐閣。

稲垣浩（2015）『戦後地方自治と組織編成──「不確実」な制度と地方の「自己制約」』吉田書店。

入江容子（2002）「地方自治体における組織構造のフラット化に関する一考察──2つのジレンマとインセンティブ欠落の危険性」『同志社政策科学研究』3（1），257-276頁。

入江容子（2020）『自治体組織の多元的分析──機構改革をめぐる公共性と多様性の模索』晃洋書房。

入江容子（2022）「組織論的観点からの地方自治体における人材育成・人材マネジメント──発展的OJTの可能性」『自治大学校からの情報発信 vol. 26』。

大杉覚（2009）『日本の自治体行政組織』（分野別自治制度及びその運用に関する説明資料 No.11）自治体国際化協会／政策研究大学院大学比較地方自治研究センター。

大西裕編（2013）『選挙管理の政治学──日本の選挙管理と「韓国モデル」の比較研究』有斐閣。

荻原克男（1996）『戦後日本の教育行政構造──その形成過程』勁草書房。

桑原英明（2010）「自治体選挙管理行政の一考察──選挙管理委員会制度を中心として」『総合政策論叢』（中京大学）1，163-178頁。

総務省（2014）「地方自治体における行政運営の変容と今後の地方自治体制度改革に関する研究会報告書」。

総務省（2022）『地方公共団体における人材マネジメントの方策に関する研究会　令和3

年度報告書』。
分権型政策制度研究センター自治体における行政委員会制度のあり方に関する研究会
　（2010）「自治体における行政委員会制度のあり方」。

第 **3** 部

自律性Ⅱ：
中央政府に対する
地方政府の自律性

PART

CHAPTER　**7**　地方自治体の権能と大都市制度
　　　　　　8　地方税財政と予算
　　　　　　9　中央政府と地方政府

　第3部では，権限と財源に着目して，地方政府が中央政府に対してどの程度の自律性を持っているのかを考察する（「初版はしがき」図0-1参照）。行政法学などでは，地方自治を機能させるために地方政府にどの程度自治を認めるべきなのかという「団体自治」の問題として論じられてきた領域である。自律性Ⅰが，地方政府の政策決定者が「住民の御用聞き」なのかどうかを考える軸だとすれば，自律性Ⅱは，彼らがどの程度「中央省庁の下請け」になっているのかどうかを考える軸だということができよう。

　ここでは，具体的にどのような権能が地方自治体に与えられているのか，そして，都道府県と市区町村では何が違うのか，ということを考える（第7章）。次いで，地方自治体がどのように歳入を確保し，どのように歳出を決めて，何に使っているのかを考えたうえで，地方自治体の財政的自律性について考察する（第8章）。最後に，中央政府と地方政府との関係を理解するため，既存の研究や理論の紹介を行い，日本における「国と地方」の関係についての議論を紹介する（第9章）。

第 **7** 章

地方自治体の権能と大都市制度

INTRODUCTION

　本章では，地方自治体の権能に着目して，日本の地方自治体の種類や大都市制度について説明を行う。一口に「地方自治体（地方公共団体）」といっても，じつは権能などの観点からいくつかのカテゴリーに分けることができる。

　まず，普通地方公共団体の都道府県と市町村，特別地方公共団体である東京都の 23 特別区と一部事務組合，広域連合を中心に説明を行う。次いで，地方自治体の権能について，日本では「入れ子」構造のようになっていることを説明する。「はしがき」でも述べたが，基礎自治体を「市町村」という場合と，東京都の特別区も含めて「市区町村」という場合の違いは，じつはどの権能に着目するかによる。最後に，日本国民の 5 人に 1 人が住んでいる政令指定都市を中心とした大都市制度について説明する。

⚊ 地方自治体の種類

┃ 二 層 制 ┃

現在の日本では，**二層制**の地方自治制度が採用されている。すなわち，住民

に直接に教育や福祉などの行政サービスを提供する**基礎自治体**と，その基礎自治体を包括し，中央政府との調整や基礎自治体間の調整を担う**広域自治体**の二層からなっている。日本の基礎自治体は，市町村と東京都の23特別区をまとめて市区町村と呼ばれ，広域自治体は都道府県と呼ばれている。両者は，ともに住民から直接選出された首長と議会を持つ地方政府であり，法的には上下関係ではなく対等な関係にある。

　ちなみに，1890年に郡制が公布され，府県と町村の間に「郡」が設置され，当初は府県制，郡制および市制町村制の三層制であった。郡には，公選の郡会などが置かれていたが，実態として活動量もきわめて小さく，民力休養のスローガンの下で財政支出削減の対象となった。1921年の郡制廃止法の公布によって，1923年から郡は地理的区分とされて現在に至っている。現代の日常生活では，郵便の宛先として意識されている程度かもしれない。

▌市町村および東京都の23特別区 ▌

　日本の基礎自治体には，市，町，村（あわせて**市町村**）がある。権能によっては，市町村に東京都の23特別区をあわせて**市区町村**と総称することも増えてきている。市区町村には，直接公選の首長と議会が置かれており，住民に最も身近な統治機関といえよう。市区町村は，中央政府や都道府県に留保されているもの以外の権能を行使して，教育や福祉などの行政サービスを住民に直接提供し，住民の福祉増進を図っている。

　市の要件は，地方自治法によって厳密に規定されている。原則として，人口5万以上で，中心的市街地に全戸数の6割以上があり，商工業その他の都市的な業態に従事する者およびそれと同一世帯に属する者の数が全人口の6割以上と規定されているほか，当該都道府県の条例で定める都市的施設その他の都市的要件を備えていることも求められている。

　町の要件は，地方自治法では各都道府県の条例で定められることになっている。都道府県の中で一番「町」が多い北海道の「町としての要件に関する条例」を例にみてみると，以下のような7条件が定められている。人口5000以上で，中心の市街地を形成している区域内にある戸数が700以上であり，商工業その他の都市的態に従事する者およびその者と同一世帯に属する者の数が

その区域内の全人口の6割以上であること，そして運輸交通機関が整備され，官公署，金融機関および会社工場，病院および診療所などの衛生施設ならびに公民館，劇場，映画館などの文化施設を有することとされている。

村は，市町以外の地方自治体であり，特段の定めは法律にも都道府県の条例にもない。2000年代前半の**平成の大合併**によって，広島県，滋賀県などでは村がなくなった。村のない県は，2023年時点で13県に達する。意外にも東京都と大阪府には「村」が存在している。

東京都の特別区は，1943年の都制の施行によって廃止された東京市の市域に相当する部分に設置されている**特別地方公共団体**である（これに対して，都道府県と市町村を普通地方公共団体という）。人口規模でも，世田谷区の人口約94万をトップとして，練馬区，大田区が人口70万を超え，足立区，江戸川区，杉並区，板橋区，江東区が人口50万を超えている。これらの特別区は，政令指定都市の法定要件である人口50万のみならず，実質要件ともいわれる人口70万も上回っているものも含まれるが，政令指定都市ほどの権能は認められていない（後述の**表7-1**参照）。

注意すべきは，東京都の23特別区の制度的な性格が，設置当初から2000年まであいまいなままであったということである。23特別区は，1947年の現行憲法や地方自治法の下でも，東京都の内部的な行政機関と位置づけられ，最高裁判所の判決でも地方公共団体にあたらないとされていた。2000年の地方分権一括法によって，23特別区はようやく「基礎的な地方公共団体」と位置づけられた。しばしば誤解があるが，特別区には，常に公選の区長と区議会が並置されてきたわけではない。1947年に定められた区長公選制は，1952年にいったん廃止され，1975年に復活したものである。また，通常の市町村の重要な税源である固定資産税や都市計画税も，特別区ではなく東京都が徴収している。さらに付言すれば，一種の水平的財政調整制度ともいうべき都区財政調整制度も法定化されている。都区財政調整制度とは，固定資産税，市町村民税法人分，特別土地保有税の3税の税収などから，上下水道や消防など区を越えて広域的な処理が必要で都が担う分を差し引いた財源を，23区間の財源調整である「都区財政調整」の財源として配分する制度であり，23区間の行政水準の均衡を図ることを目的としている。2021年度決算でみると，都区財政調整

制度の財源となるのは約1兆9797億円で，そのうち約1兆円が特別区に配分される。

また，2012年の大都市地域特別区設置法によって，政令指定都市と隣接自治体の人口が計200万以上の地域（大阪市や横浜市，名古屋市，京都市など10地域）が，市町村を廃止して特別区を設置できることになった。2015年，大阪市で，市の廃止と5特別区の設置をめぐって住民投票が行われたが，僅差で否決された。2020年にも，大阪市の廃止と4特別区の設置をめぐって住民投票が再び行われたが，やはり僅差ながらも否決された。2023年時点では，大都市地域特別区設置法による特別区はまだ設置されていない。他方，政令市の中には道府県からの独立をめざす「特別自治市」を模索する動きもあるが，法的手続きは未整備のままである。

┃ 都道府県

都道府県は，基礎自治体間の調整や，基礎自治体と中央政府との調整を担っている広域自治体である。東京都，北海道，大阪府，京都府，そして43県の総計47で，1972年に沖縄県が加わって以降，この数に変化はない。1871年の廃藩置県で府県が登場し，1890年の府県制の制定で，都道府県の境界がおおよそ現在の姿で確定した。ただし，当時の府県は，議会は有していたものの，1947年まではあくまで「中央政府の出先機関」であり，官選の地方長官である知事が，各府県で中央政府による政策全体を統括していた。1946年の府県制の改正によって1947年4月の統一地方選挙では府県知事（およびのちの北海道知事である北海道庁長官）が住民による公選とされ，さらに同年5月の日本国憲法および地方自治法の施行によって，府県は市町村と同じく法人格を持つ完全な地方自治体となった。

大阪府と京都府の2府と，それ以外の43県や北海道との間に機能的な違いはない。あくまで歴史的な経緯で名称が異なっていると考えて差し支えない。ただ，1943年に東京府と東京市が垂直合併して誕生した東京都は，他の道府県と同じ権能を持つが，23都区の行政の中でも，上下水道や消防などの広域的な観点から都が担うことが適切な行政サービスについては，都が直接供給している。なお，都道府県の権能の特徴として挙げられる警察行政についていえ

ば，道府県では道府県警察本部が設置されているが，東京都では東京都警察本部として警視庁が設置されている。いずれも法的に対等な関係であるが，警視庁の長は警察官の最上位の階級である警視総監が務めている（他の本部長は警視監か警視長）。消防についても同じである（**Column ❸**参照）。

┃ 一部事務組合と広域連合 ┃

一部事務組合は，地方自治体が事務の一部を共同して処理するために設置される法人格を持つ機関であり，東京都の特別区と同様，特別地方公共団体の一種である。2021 年 7 月の調査によると，設置件数は 1409 件となっている（総務省自治行政局市町村課「地方公共団体間の事務の共同処理の状況調」2021 年 7 月 1 日。以下のデータも断りがない限り，同調査参照）。一部事務組合は，2〜4 の地方自治体で構成されるものだけで全体の 72.9% を占める。しかし，なかには 251 もの地方自治体で構成される北海道市町村総合事務組合（8 市 129 町 15 村 99 一部事務組合で構成。市町村非常勤職員や消防団員公務災害補償および退職報償金支給を共同処理）などのように，100 以上の地方自治体で構成されるものもある（なお，全 4 件すべて北海道）。一部事務組合の設置目的は，ごみ処理が 389 件（27.6%），し尿処理 312 件（22.1%），消防 267 件（18.9%），救急 267 件（18.9%）となっている。

広域連合は，地方自治体が，広域にわたり処理することが適当であると認められる事務を処理するために設置される法人格を持つ機関であり，こちらも「特別地方公共団体」の一種である。国または都道府県から直接に権限や事務の移譲を受けることができる点に特徴がある。2021 年での設置件数は，116 件となっている。主な事務としては，後期高齢者医療 52 件（44.8%），介護区分認定審査 45 件（38.8%），障害区分認定審査 30 件（25.9%）などとなっており，福祉業務が多くなっている。

西日本では，2010 年 10 月に大阪府や兵庫県，京都府，和歌山県，滋賀県，徳島県，鳥取県が，広域防災，広域観光・文化振興，広域産業振興，広域医療，広域環境保全，資格試験・免許など，広域職員研修の 7 分野の事務を共同で処理する仕組みとして関西広域連合を発足させた。2012 年 4 月には大阪市と堺市が，同年 8 月には京都市と神戸市が加入し，2015 年 12 月には奈良県も加入

し，日本最大の人口を擁する地方公共団体となっている。

　今後，人口減少，財政需要の膨張，税収の減少というトリプル・パンチの中で，小規模な市町村などでは単独での行政サービス供給がますます困難になると想定される。そこで，法人格を持つ一部事務組合や広域連合の設置のみならず，2014年の地方自治法の改正によって創設された連携協約制度なども活用して，単独主義からの決別も必要となるだろう。都道府県による垂直補完や市町村間の水平的連携による地方自治体の生き残りが求められる時代に入っている。

 # 地方自治体の権能

権能からみた関係

　地方自治法上，都道府県も市区町村も同じ地方公共団体であり，対等な関係にある。しかし，それぞれで権能は異なっている。

　まず，都道府県と市町村の間で大まかな機能分担がある（第8章もあわせて参照のこと）。住民に身近な存在である市町村が，介護保険などの社会福祉サービスの提供やごみの収集処理，上下水道の整備，都市計画の決定，消防などを担っている。都道府県は，市町村間の調整や許認可業務が多い一方で，警察行政と義務教育の教員人事では大きな役割を果たしている。

　両者の機能分担を前提としたうえで，特例として，一部の市には人口規模に応じて政令で道府県の権限が移譲されている。道府県の権能の8割近くが移譲されているのが，人口50万以上の**政令指定都市**である（法律的には指定都市あるいは政令市や指定市と呼ばれる）。政令指定都市は，警察業務以外は道府県とほぼ対等な権能を持っているといっても過言ではない。政令指定都市の7割くらいの権能を持つのが人口30万以上の**中核市**であり，さらにそのまた5割くらいの権能を持つのが人口20万以上の**特例市**であった。2014年の地方自治法の大改正によって特例市は廃止され，中核市の人口要件が20万以上とされたが，自動的に特例市が中核市になるわけではないので，現在では**施行時特例市**と呼ばれている。このように大都市として特例が認められている市の権能は，その

				保健衛生	福祉	教育
道府県				・精神科病院の設置 ・予防接種の臨時実施 ・麻薬取扱者（一部）の免許	・保育士・介護支援専門員の登録 ・身体障害者更生相談所，知的障害者更生相談所の設置	・私立学校，市町村立高等学校の設置認可 ・高等学校の設置管理
	政令市			・精神障害者の入院措置 ・動物取扱業の登録 ・診療所の開設許可 ・病院（病床20以上）の開設許可	・児童相談所の設置	・県費負担教職員の任免，給与の決定 ・小中学校学級編制基準，教職員定数の決定
		中核市		・保健所の設置 ・飲食店営業などの許可 ・温泉の利用許可 ・旅館業・公衆浴場の経営許可	・保育所，養護老人ホームの設置認可，監督 ・介護サービス事業者の指定 ・身体障害者手帳の交付	・県費負担教職員の研修
			施行時特例市（経過措置）			
			市町村	・市町村保健センターの設置 ・埋葬・火葬の許可 ・結核に係る健康診断 ・予防接種の定期実施 ・健康増進事業の実施	・保育所の設置，運営 ・生活保護（市および福祉事務所設置町村の業務） ・養護老人ホームの設置，運営 ・障害者自立支援給付 ・介護保険事業 ・国民健康保険事業	・小中学校の設置管理 ・幼稚園の設置運営 ・県費負担教職員の服務監督，勤務成績の評定

特別区の業務

（出所）　北村（2016a），表3。

位置づけに応じて「入れ子」構造のように整理できる（表7-1）。

　あえて単純化していえば，警察行政の権能を有するかどうかで都道府県と政令指定都市は異なる。また，義務教育の教員人事に関する権能を有するかどうかで政令指定都市と中核市は異なり，そして，保健所による保健衛生の権能を

環境	まちづくり	治安・安全・防災
・公害健康被害の補償給付 ・第1種フロン類回収業者の登録	・市街地再開発事業の認可 ・指定区間の1級河川，2級河川の管理	・警察（犯罪捜査，運転免許など）
・建築物用地下水の採取の許可	・区域区分に関する都市計画の決定 ・都市計画区域の指定，マスタープランの作成 ・指定区間外の国道，県道の管理 ・指定区間の1級河川（一部），2級河川（一部）の管理	
・一般廃棄物処理施設，産業廃棄物処理施設の設置許可 ・煤煙発生施設の設置届出の受理	・屋外広告物の条例による設置制限 ・サービス付高齢者向け住宅事業の登録	
・一般粉塵発生施設の設置届出の受理 ・汚水または廃液を排出する特定施設の設置届出の受理	・市街化区域または市街化調整区域内の開発行為の許可 ・土地区画整理組合の設立認可	
・一般廃棄物の収集，処理 ・騒音，振動，悪臭を規制する地域の指定，規制基準の設置（市のみ）	・上下水道の整備，管理運営 ・都市計画決定（上下水道関係） ・都市計画決定（上下水道以外） ・市町村道，橋梁の建設，管理 ・準用河川の管理	・消防救急活動 ・災害予防，警戒，防除等 ・戸籍，住民基本台帳 ・その他

有するかどうかで中核市とそれ以外の市は異なっている。

　なお，東京都の23特別区について付言しておくと，2000年以降は「基礎的な地方公共団体」として市に準じた扱いを受けている。保健所設置も認められ中核市並みの権能を持つ一方で，消防や都市計画などの権限は都に委ねられて

いて都区の権能は一般市町村よりも小さい。世田谷区などのように政令指定都市の法定要件である人口 50 万を超えた 7 区では，この点を不満としているという。

融合型の地方自治

　日本では，ほとんどの政策分野が，中央政府だけでも地方政府だけでも責任が完結しない**融合型**という仕組みになっている。防衛と年金以外の行政事務は，すべて中央政府も地方政府も協働して政策を実施するようになっている。もう少し踏み込めば，中央政府，都道府県，市区町村が 1 つの政策領域のどこかを受け持っているため，中央政府と地方政府が協働しなければ住民に行政サービスが到達しないといえる。

　他方，アメリカやイギリスのように，政策領域で政府の果たす役割が異なる場合，**分離型**という。中央省庁が自らの出先機関を各地方に設置し，自らの所掌業務については自らで執行している。日本のように，外務省のパスポート発給業務が実際は都道府県で行われていたり，法務省の戸籍業務が市区町村の窓口で済まされていたりすることはない。

　融合型の地方自治がどのように機能しているのかを理解するために，義務教育の分野を例としてみよう（詳細は第 10 章を参照のこと）。小学校は，「○×市立小学校」のように市区町村が設置しているものがほとんどである。他方，小学校の先生は市区町村の境界を越えて人事異動をしている。じつは，学校を設置し，運営するのは市区町村の権能であり，教員の給与負担と人事は都道府県の権能であり，さらに，その給与の相当部分を義務教育費国庫負担金という形で中央政府が負担している（なお，政令指定都市は教員の人事や給与負担も担う）。どれが欠けても小中学校は適正に運営できない。政令指定都市や中核市などでは，市で処理できる権限も増えてきているが，それでも中央政府，都道府県，市区町村の 3 者の協力は不可欠である（詳細は第 8 章を参照のこと）。

大都市制度

⊪ 政令指定都市，中核市，施行時特例市

▌ 大都市制度

　これまでもみてきたように，法的には同じ「市」というカテゴリーであっても，権能ではじつは大きく異なっている。人口要件を満たした市は，中央政府に申請することで特例として道府県の権能が付与されることになっている（表7-2）。日本の場合，特徴的なことは，人口要件以外は法律に明記されていないことと，申請主義をとっていることである。人口要件を満たしたからといって，申請しなければ事務権限の移譲を受けることはできない。

　政令指定都市（人口50万以上の市が申請要件）は，道府県の8割程度の事務を実施することができる。横浜市，名古屋市，京都市，大阪市，神戸市の旧五大都市は，悲願であった府県からの独立をめぐって，それぞれの市を包含する府県と激しく衝突した。結果，妥協策として1956年に旧五大都市は，府県の中にあるが，実質的な権能の7割程度を付与されて独自の大都市行政が展開できる政令指定都市に移行することになった。その後，妥協の産物だったはずの政令指定都市は，多くの市が移行を夢見る制度となっていった。宝くじの発売などの税外収入や直接に中央省庁と交渉できる点，世間からの注目が高まって企業誘致などでも有利に働く点などが魅力となっているのであろう。2000年代には，市町村合併を促進するための手段として，大合併した市に対しては指定要件が大幅に緩和された。その結果，政令指定都市の数はさらに増え，2017年現在では，全国に20市もある。その中には，日本を代表する大都市から，地域の拠点かどうかも怪しい市まで含まれている。

　付言すれば，政令指定都市制度に加えて，1990年代以降に中核市制度や特例市制度が整備されていくと，多くの市では少しでも権能の大きな市に移行することが「昇格戦略」と見なされていく（金井2007：158頁；岩崎2017：62-63頁）。

区分	政令指定都市	中核市	施行時特例市(2015年)
法定要件	指定申請した人口50万以上の市	指定申請した人口20万以上の市	特例市制度の廃止（2015年4月1日施行）の際に，特例市であった市
関与の特例	知事の承認，許可，認可などの関与を要している事務について，その関与をなくし，または知事の関与に代えて直接各大臣の関与を要することとする。	福祉に関する事務に限って政令指定都市と同様に関与の特例が設けられている。	
行政組織上の特例	・区（行政区）の設置 ・区選挙管理委員会の設置など		
財政上の特例	・地方揮発油譲与税の増額 ・地方交付税の算定上所要の措置（基準財政需要額の算定における補正） ・宝くじの発売などの税外収入	地方交付税の算定上所要の措置（基準財政需要額の算定における補正）	地方交付税の算定上所要の措置（基準財政需要額の算定における補正）
決定の手続き	政令による指定	政令による指定	政令による指定

（注）　2014年改正地方自治法で人口20万以上を「中核市」とすることが決まった（改正前は人口30万）。特例市制度は廃止となり，中核市に移行していない特例市は「施行時特例市」と呼ばれている。
（出所）　北村（2013），14頁の図表0-1に，2014年の地方自治法改正による特例市の廃止や中核市の法定要件の変更を加筆したもの。

区による行政

　政令指定都市では，中核市を含む他の市町村と異なり，「区による行政」が法定化されている。政令指定都市における「区」は，東京都の23特別区とは異なり，公選区長や公選議会を持たない。大都市内の住民の実情に応じて政策実施を行い，きめ細やかに対応するための制度的な措置である。東京都の23特別区と区別するために，あくまで市長の事務を行っている政令指定都市の区は，一般的には**行政区**と呼ばれる。

2017 年現在で 20 政令指定都市にある行政区は，区の規模，区長の職階位，区長へ委任している権限，区で処理できる事務など多様であり，まさに 20 通りあるといっても過言ではない。ただ，行政区は，あくまで市の内部機関である。区長は一般職の地方公務員として市長から任命され，市長の指揮監督を受けることになっており，区役所職員の人事権を基本的には有しない。

　また，2014 年の地方自治法の改正で，新たに**総合区制度**が導入された。総合区もあくまで市の内部組織ではあるが，総合区長は議会の同意を得て市長に選任される特別職の地方公務員（任期 4 年）とされ，職員任免権や市長への予算意見具申権（予算編成権ではない）が認められている。総合区長は，議会の同意が必要な特別職である以上，政治的な権威は高まるかもしれないが，その分，市長と議会の多数派が対立した場合，総合区長の同意人事をめぐって市長の権限は弱められることになるだろう。しばしば知事や市長と対立する議会の反対で，副知事や副市長の選任が進まずに空席になることがある。市長の補佐機関ではなく，総合区役所のトップとして権限が強化された総合区長の空席は行政に混乱をもたらす可能性も高い。なお，総合区には，東京都の特別区とは異なり，公選の区議会も設置されない。

▎中核市と施行時特例市 ▎

　中核市（1996 年施行）や**特例市**（2000 年施行）は，政令指定都市の権限あるいは中核市の権限をもとに権能が特例的に都道府県から移譲されている市である。制度発足時の人口要件は，中核市が 30 万以上，特例市が 20 万以上であった。中核市の特徴は，政令指定都市と同様に保健所行政を展開する点にある。

　なお，2014 年の地方自治法の改正によって，まちづくりや環境分野で道府県の権能の一部を移譲されていた特例市は，短い歴史に幕を下ろすことになった。また，新たに，中核市は，指定申請をする人口 20 万以上の市とされた。権能としては従来の中核市から大きな変更はない。従来の特例市は，特例市として実施してきた業務をそのまま実施する**施行時特例市**と呼ばれることになった（表 7-3）。

	政令指定都市	中核市	施行時特例市
要件	人口 50 万以上	人口 20 万以上	人口 20 万以上
自治体数 （2023 年 4 月時点）	20 市	62 市	23 市
北海道	札幌 (195)	旭川 (32)，函館 (25)	
東北	仙台 (108)	いわき (33)，郡山 (32)，秋田 (30)，盛岡 (28)，福島 (28)，青森 (27)，山形 (24)，八戸 (22)	
首都圏	横浜 (372)，川崎 (147)，さいたま (126)，千葉 (97)，相模原 (72)	船橋 (64)，川口 (59)，八王子 (57)，宇都宮 (51)，柏 (42)，横須賀 (38)，高崎 (37)，川越 (35)，前橋 (33)，越谷 (34)，水戸 (27)，甲府 (18)	所沢 (34)，平塚 (25)，草加 (24)，茅ヶ崎 (24)，つくば (24)，大和 (23)，春日部 (22)，厚木 (22)，太田 (22)，伊勢崎 (21)，熊谷 (19)，小田原 (18)
北陸	新潟 (81)	金沢 (46)，富山 (41)，福井 (26)	長岡 (26)，上越 (18)
中部圏	名古屋 (229)，浜松 (79)，静岡 (70)	豊田 (42)，岐阜 (40)，一宮 (38)，岡崎 (38)，長野 (37)，豊橋 (37)，松本 (24)	四日市 (30)，春日井 (30)，富士 (24)，沼津 (18)
近畿圏	大阪 (269)，神戸 (153)，京都 (147)，堺 (83)	姫路 (53)，東大阪 (49)，西宮 (48)，尼崎 (45)，枚方 (39)，豊中 (40)，吹田 (38)，和歌山 (35)，奈良 (35)，高槻 (35)，大津 (34)，明石 (30)，八尾 (26)，寝屋川 (22)	茨木 (28)，加古川 (26)，宝塚 (22)，岸和田 (19)
中国	広島 (119)，岡山 (71)	倉敷 (47)，福山 (46)，下関 (25)，呉 (21)，松江 (20)，鳥取 (18)	
四国		松山 (51)，高松 (41)，高知 (32)	
九州	福岡 (153)，北九州 (96)，熊本 (74)	鹿児島 (59)，大分 (47)，長崎 (40)，宮崎 (40)，久留米 (30)，佐世保 (24)	佐賀 (23)
沖縄		那覇 (31)	

（注） 人口は，令和 2 年国勢調査人口（確定値）を表記（カッコ内の単位は万。1 万未満切り捨て）。
（出所） 北村（2013），15 頁の図表 0-2 を加筆したもの。

保健所の存在

　政令指定都市，中核市とそれ以外の市を分ける決定的な要因は保健所の存在である。保健所は，医師や獣医師，保健師などによって公衆衛生に関する業務を実施している。業務内容としては，乳幼児や老人の保健衛生や伝染病などの疾病対策はもちろんであるが，調理師免許の交付や飲食店などの営業許可，社会福祉施設への栄養指導，水質検査や公害対策，美容所や理容所の営業許可，野犬や野良猫の処理など多岐にわたっている。広範囲な業務を担う保健所は，社会生活に影響を及ぼしうる組織である以上，地域社会からの相対立する要望や圧力にも直面しなければならない（打越 2016：51頁）。要するに，保健所行政は，地域社会からの圧力の中で専門的な職員を雇用して高度に専門的な行政を展開しなければならない分野だといえよう。

　保健所行政は，本来，道府県の権能であるが，特例として政令指定都市と中核市には保健所の設置と独自の保健所行政の展開が認められている。道府県からの保健所の移管をめぐっては，道府県側と政令指定都市あるいは中核市に移行をめざす市との間には，設置運営費用に関して「情報の非対称性」が発生する。移管を求める市からすれば，同じ道府県内にすでに保健所の移管を受けた市（政令指定都市や中核市へ移行した市）があり，他の道府県内で同時期に移管を受けようとする市があるとき，情報の入手先があることから，市側に有利なコストでの移管となる（北村 2016b）。

　費用負担の点でも行政能力の点でも，保健所行政は，政令指定都市や中核市を特徴づけている。なお，先ほども述べたとおり，東京都の23特別区は，独自に保健所を設置していることから，中核市並みの保健所行政を展開することができる。

　ただ，保健所行政の展開は，市に高度な運営能力が求められる。2009年に新型インフルエンザが流行した際，中核市への移行直後だった大津市は，疾病対策だけでなく危機管理もすべて保健所に任せたため，現場が過重負担になって，感染源の特定ができなかっただけでなく，対応策も県の保健所が主導した周辺市と比べて後手に回ってしまうという事態を招いた。もちろん，この件に関しては，政令指定都市であっても，福岡市は，福岡県が有していた新型イン

Column ❼　地方自治体の連携と「新しいテクノロジー」

　少子高齢化・人口減少が日本全体を覆う中で，「地方創生」が模索されている。統計的に出産件数が多い20歳から39歳の若年女性人口が2040年までにどのように変化するかということに着目して，人口の観点から市区町村の消滅可能性を論じた「地方消滅」論が大きな論争を巻き起こした。政府も重い腰を上げ，2014年9月に「まち・ひと・しごと創生本部」の設置を閣議決定し，12月には「まち・ひと・しごと創生法」を成立させた。以後，今日まで，歴代内閣は「まち・ひと・しごと創生基本方針」「まち・ひと・しごと創生総合戦略」を毎年定めている。

　令和になると，さらに地方活性化を図るために，地方の経済・社会に密接に関係するさまざまな分野でデジタルの力を活用することで，社会課題の解決や魅力向上を図ることがより重視されている。2022年6月に「デジタル田園都市国家構想基本方針」，同年12月に「デジタル田園都市国家構想総合戦略」が閣議決定されている。「全国どこでも誰もが便利で快適に暮らせる社会」の実現のために，各府省庁は施策ごとに2023年度から2027年度までの5か年の重要業績評価指標（Key Performance Indicators; KPI）とロードマップ（工程表）を位置づけている。地方自治体も「地方版総合戦略」を策定することになっている。

　特に，農山漁村では，デジタル化（Digital Transformation; DX）が不可避である。現状のままでは，行政サービスの質および量を維持することが困難だからである。残念ながら，少子高齢化の下で，そもそも職員採用の展望もあまりない一方で，行政サービス供給対象である高齢者は増加していく。窓口で福祉サービスの申請をしようにも，難解な法律用語を理解し各種手続きをとることは高齢者には多大な負担であろうし，それに対応する職員にも多大な負担がかかる。情報通信技術（Information and Communications Technology; ICT）などの「新しいテクノロジー」は，出血が止まらず瀕死の状態の地方にとって「止血」のための有効な手段である。

　しかし，問題もある。零細な自治体であればあるほど，情報通信技術など高度に専門性の高い分野に精通した専従職員はいない。導入の検討をすること自体が過重負担としてのしかかる。アルファベットやカタカナ，下手をすれば数式も出てくる世界を片手間で検討することは困難である。対応する人材もいないだけでなく，高額な予算を投入することもできないし，他の自治体での導入事例も少なく，効果もよくわからない，何をどこから手をつければいいのかわ

からない，という「ないない」づくしである（総務省「令和4年度地方自治体におけるAI・RPAの実証実験・導入状況等調査」2023年6月30日）。また，デジタル化を担う業者は，大都市圏に集中しており，農山漁村の小規模市町村にアクセスが困難である。

　では，展望がないのかというと決してそうではない。一例として2019年10月の奈良県5市町のチャットボット導入の事例を先駆的な連携事例として挙げておきたい。必ずしも隣接しておらず，財政的には恵まれていない大和郡山市（財政力指数0.72），宇陀市（0.30），田原本町（0.58），王寺町（0.65），広陵町（0.62）の5市町では，県の呼びかけで，市民からの問い合わせにLINEで対応を行うことになった（括弧内の数値は，地方公共団体の財政力を示す指数である「財政力指数」である。基準財政収入額を基準財政需要額で除して得た数値の過去3年間の平均値を指し，平均0.5である。詳細は第8章の地方交付税を参照）。

　奈良県の5市町は，同時導入のメリットを活かし，費用を抑え，システム整備期間も最短にすることができた。導入当初の負担は，県が1000万円，各市町がシステム構築費用8万円，月額運用経費8万円だったという。施行後4か月で2万件近い問い合わせに対応した。システムは将来的には住基，国保，税などにも対応できるシステムとなっている。2020年度に新たに3団体が参加，機能面拡充のために共同利用から1団体が離脱している。問い合わせ件数は施行から4か月で2万件となっており，1件当たり3分をチャットボットで対応している。これは1人分の人件費が浮いている計算となるという。また，担当者ごとの「くせ」を反映せずに問い合わせに公平な対応をしている想定外のメリットもあったという。2022年3月に兵庫県も『兵庫県における市町連携のあり方に関する報告書』を出し，4市4町が同様のチャットボット導入のための連携を県と市町が協力して模索している。その後の詳細な事例は，総務省がまとめている上述の調査でも明らかになっているので，ぜひともご覧いただきたい。

　さて，上述の事例から，都道府県の役割は，高度専門的な職員を一定程度確保しておくことや業者との橋渡し，そして導入費用や初年度経費のみを支援するという「呼び水」的な効果を持つ政策の展開が期待されている。他方，市町村がやるべきことは，原局原課での業務の仕方の標準手続きを定めて，属人的な要素を排除していくという地味な作業である。しかし，即座に成果がみえないためになかなか自治体職員としても重い腰を上げるに至っていない。

フルエンザ患者の情報を共有していなかったために，最初に通報を受けていた福岡市の保健所が検査を行わず新型インフルエンザ患者を見逃してしまった。政令指定都市，中核市と，都道府県や中央政府との間の情報交換を密にする工夫が必要である。

　また，2020 年 2 月から日本でも本格的に流行した新型コロナウイルス感染症（COVID-19）の対応では，首相と都道府県知事，政令市の市長などの間で権限や財源，政治的な思惑の違いでの衝突がみられた（竹中 2020）。

　なお，2014 年の地方自治法の改正では，政令指定都市と道府県との連絡調整を行うための指定都市都道府県調整会議（調整会議）の設置が義務づけられており，2016 年から発足した。調整会議が両者の合意や決定を担保するわけではないが，一方が他方に対して協議を申し入れた場合，拒否することができないという点で前進といえよう。

┃二重行政┃

　しばしば大都市部では，道府県と政令指定都市との**二重行政**が行政の非効率の象徴として取り上げられている。2010 年以降，大阪で大論争となったいわゆる「大阪都構想」をめぐる政治過程においても，大阪府と大阪市の二重行政批判が展開され，市民の間にも一定の支持が広がったように思われる。

　たしかに，ハコモノと呼ばれる公共施設で，類似した機能のものを道府県と政令指定都市が重複して持っていることは，二重行政のシンボルとしてわかりやすい。関西国際空港の対岸にそびえ立つ「りんくうゲートタワービル」と大阪市が開発した「WTC ビル」（現・大阪府咲洲庁舎）は，巨大な施設が高さまで競った挙げ句に破綻したという点で，象徴的な存在として取り上げられている。

　しかし，二重行政批判には注意が必要である。公共施設（いわゆるハコモノ）に関する現在の問題は，バブル経済の時代で財政的余力があったときに，敵対心に駆られて過剰な設備投資や支出を競い合ったことに原因がある。体育館などの施設の稼働率や利用内容を精査してみると，政令指定都市と道府県の施設とも稼働率が高く，利用目的でも施設の立地や設備に応じて異なっていることも少なくない。つまり，政令指定都市か道府県かのどちらかに施設の維持管理

を移管し集約化したほうがいいという議論はありうるが，2つの施設が近接しているからといって，それだけでただちに無駄とはいえない。

　二重行政の問題はないわけではないが，よくよくその中身を調べてから批判するというのが正しい対応であろう。融合型の地方自治の下では，中央政府，都道府県，市区町村が重複して行政を展開しているという誤解があるが，必ずしもそうではない。政令指定都市の権能は，ある程度明確にされている。道府県からすれば，むしろ，政令指定都市の市域こそ関与できていないということが問題視されているぐらいである。「入れ子」構造のように権能が分けられた中央政府と地方政府が協働して，最終的に住民に行政サービスを供給することが重要である。

EXERCISE ●演習問題

[1]　都道府県，市区町村の権能における違いは何か調べてみよう。

[2]　道路建設，河川改修，公立小中学校の運営，老人介護など，いろいろある政策
　　領域の中で最も興味のあるものに着目して，どのようにして行政サービスが提供
　　されているのか調べてみよう。

読書案内　　　　　　　　　　　　　　　　　　　　　　Bookguide ●

　筆者の一人（北村）が学生の頃には「百万都市」と習っていた政令指定都市が 2000 年代に相次いで誕生していったことに興味を惹かれて書いた **北村亘『政令指定都市──百万都市から都構想へ』**（中央公論新社，2013年）が制度創設の経緯について概観している。また，大阪に焦点を当てて政治行政的な展開を明らかにした **砂原庸介『大阪──大都市は国家を超えるか』**（中央公論新社，2012年）は，都市政治研究としても十分に価値を持つものである。日本全国の市について歴史や社会経済から「都市の風格」を論じる **真渕勝『風格の地方都市』**（慈学社出版，2015年）は，読み物としてもたいへんおもしろい。

岩崎忠（2017）「変革期における大都市制度改革の課題と今後の展望」阿部昌樹・田中孝
　　男・嶋田暁文編『自治制度の抜本的改革──分権改革の成果を踏まえて』法律文化社。

打越綾子（2016）『日本の動物政策』ナカニシヤ出版。

金井利之（2007）『自治制度』東京大学出版会。

北村亘（2013）『政令指定都市──百万都市から都構想へ』中央公論新社。

北村亘（2016a）「大都市制度の概要と課題」『公衆衛生』80（1），11-19頁。

北村亘（2016b）「保健所移管をめぐる都道府県と中核市の攻防」『都市問題』107（1），
　　74-78頁。

竹中治堅（2020）『コロナ危機の政治──安倍政権 vs. 知事』中央公論新社。

第**8**章

地方税財政と予算

INTRODUCTION

　本章では，地方自治を支える地方税財政について説明する。政府機関が活動するためには，人的な資源や法的権限などの資源と同時に財政的な資源が必要である。地方政府も例外ではない。やはり，「お金」は大切である。

　ここでは，特に日本の地方自治の活動を財政的な観点から解明する。第1に，日本の地方自治の活動範囲と活動量を国際比較の中で特徴づける。第2に，日本の地方政府の歳出を，「予算を何に使ったのか，そして，どのように使ったのか」という観点から明らかにする。第3に，地方政府の歳入について，「どこから調達しているのか」という観点から説明する。第4に，どのようにして地方政府で予算が編成されているのかということを理解するために，地方政府の予算過程についてもふれる。

1　国際比較からみた日本の地方税財政

「脆弱な地方自治」という神話

　最初に，財政データから，主要先進民主主義国の中での日本の地方自治の活

動量を概観しておく。各国の国内総生産（GDP）に占める中央政府と地方政府（連邦制の下での州政府などもあわせているので，「下位政府」と表記：連邦制については第9章参照）の歳出の比率をみると，興味深いことに日本の地方自治の活動量の大きさが明らかである（図8-1）。

　図8-1からわかる日本の地方自治の特徴は，公共セクター全体において地方政府が占める割合が圧倒的に大きいということである（対GDP比で中央が4.8%，下位が11.7%）。地方政府の支出は中央政府からの移転財源で相当部分が賄われているとしても，予算の最終的な消費は地方政府によってなされている。つまり，日本の地方政府は，政策実施を通じて公共セクター全体のあり方を左右しうることを示唆している。

　もう1つ興味深い点は，日本の地方政府の支出比は，他の先進民主主義国の地方政府支出と比較しても相当に大きいということである。日本の地方政府の支出比は，「地方自治の母国」といわれてきたイギリスを凌駕しているだけでなく，州政府の独自性が強いアメリカやドイツと比べても遜色ない水準である。脆弱と思われてきた日本の地方自治は，先進民主主義国の中でも高い水準の活動量を誇っている。日本の公共セクターは，中央政府だけをみていては全体像が理解できないことを示している。

　日本の地方政府の活動量は大きいことは間違いない（自律性の問題は，第9章参照）。2021年度の決算データをみると，地方全体の歳出規模は123兆3677億円（東日本大震災分9677億円を含む）であり，地方の歳入は128兆2911億円（東日本大震災分1兆1480億円を含む）となっている。

▌マーブルケーキ・モデル▐

　次に，日本の地方政府の活動範囲について考えてみる。理論的には，中央政府と下位政府の間で権能と実施施策を明確に分離している**レイヤーケーキ・モデル**（Layer Cake Model）と，両者が協働して1つの施策を実施しているという**マーブルケーキ・モデル**（Marble Cake Model）の2つがありうる（村松・北山2010：6頁）。

　日本の場合，興味深いことに，公共セクターにおいて中央政府だけで実施が完結しているのは年金と防衛だけであり，その他の政策領域では中央政府と地

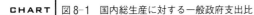

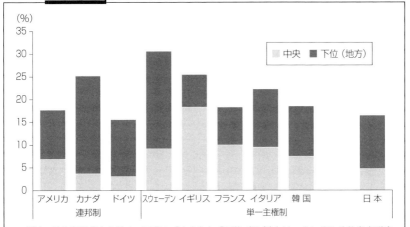

CHART 図8-1 国内総生産に対する一般政府支出比

（注） 社会保障基金を除く。図表の「中央」と「下位（地方）」は，それぞれ公的資本形成と最終消費支出を合算した額の比率を示している。「下位（地方）」は，基礎自治体などの地方政府のみならず，連邦制における州や地域政府といった「下位政府（sub-national government）」のものも含んでいる。他方，「中央」は，「下位（地方）」に財政移転した後の政府支出を意味しており，単一主権制では中央政府，連邦制では連邦政府のものを指している。

（出所） 総務省自治財政局『一般政府支出（社会保障基金を除く）の対GDPの国際比較2021』より筆者作成。

方政府が協働していることがわかる（図8-2）。つまり，ほとんどの政策領域において，中央政府あるいは地方政府だけで政策実施が完結できるわけではなく，典型的なマーブルケーキ・モデルといえよう。

　日本の地方自治については，活動量の大きさを指摘したが，さらに付言すれば，活動範囲も非常に広いということができる。年金と防衛以外の公共政策の実施において，日本の地方政府が何らかの形で実施に関与している。繰り返しになるが，日本の地方自治の特徴は，活動量が大きく，しかも活動範囲が広いということである。これを中央政府がすべてコントロールしていると考えるのは難しいといわざるをえない。

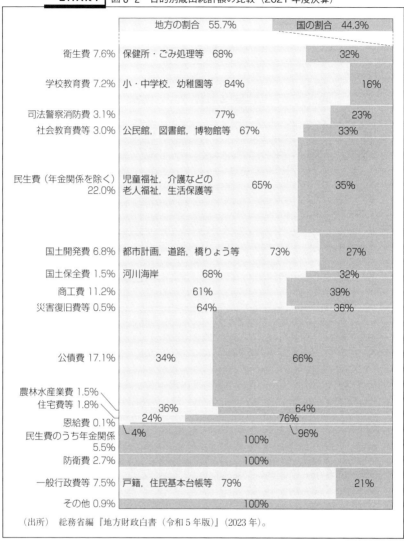

CHART 図 8-2　目的別歳出純計額の比較（2021 年度決算）

		地方の割合　55.7%	国の割合　44.3%
衛生費 7.6%	保健所・ごみ処理等　68%		32%
学校教育費 7.2%	小・中学校，幼稚園等　84%		16%
司法警察消防費 3.1%		77%	23%
社会教育費等 3.0%	公民館，図書館，博物館等　67%		33%
民生費（年金関係を除く）22.0%	児童福祉，介護などの老人福祉，生活保護等　65%		35%
国土開発費 6.8%	都市計画，道路，橋りょう等　73%		27%
国土保全費 1.5%	河川海岸　68%		32%
商工費 11.2%	61%		39%
災害復旧費等 0.5%	64%		36%
公債費 17.1%	34%		66%
農林水産業費 1.5%	36%		64%
住宅費等 1.8%	24%		76%
恩給費 0.1%	4%		96%
民生費のうち年金関係 5.5%	100%		
防衛費 2.7%	100%		
一般行政費等 7.5%	戸籍，住民基本台帳等　79%		21%
その他 0.9%	100%		

（出所）　総務省編『地方財政白書（令和 5 年版）』（2023 年）。

　歳　　出

歳出を考えるとき，**目的別分類**と**性質別分類**という 2 通りの分類法がある。

目的別分類とは,「どのような施策や政策に予算を支出しているのか」ということを示す区分法である。民生費,衛生費,土木費などの区分である。この分類をみることで,どの政策領域に重点を置いているのかが明らかになる。他方,性質別分類とは,「特定の政策遂行のためにどのように予算を支出しているのか」ということを示す区分法である。人件費,扶助費などの区分である。この分類をみることで,どのようにして地方自治体が政策目標を達成しようとしているのかということが明らかになる。

▌目的別歳出決算額 ▌

　2021 年度の目的別歳出決算額から,日本の地方政府が何に予算を使っているのかということを概観しておく。日本では,都道府県と市町村の権能がそれぞれ法律で明確に定められていないことから二重行政という批判があるが,実際の都道府県と市町村の支出をみてみると,所掌事務を反映して支出における比重の置き方に違いが見受けられる (図 8-3)。都道府県では地域経済振興のための経費である商工費の支出が大きいが,市町村では住民の福祉などのための民生費の支出が大きい。また,警察法で都道府県に警察を置くこととされているため,警察費を支出しているのは都道府県である (政令市には各都道府県警察本部に「市警察部」が置かれているが,政令市が設置しているわけではない)。

　都道府県と市町村の違いをもう少し詳しく知るために,いずれにおいても巨額の支出を行っている教育費の目的別内訳についてみてみると,都道府県の高等学校費,特別支援学校費は市町村を圧倒しており,それぞれ 20.5% と 8.6% となっている (市町村ではそれぞれ 1.9%,1.0%)。他方,市町村の幼稚園費,社会教育費,保健体育費の占める比率は都道府県を圧倒しており,それぞれ 3.4%,14.7%,18.3% となっている (都道府県はそれぞれ 0.2%,1.8%,4.2%)。この違いは,公立高等学校の 9 割の設置主体が都道府県であることと,幼稚園の設置運営や身近な教育行政の主体が市町村であることを反映している (なお,小中学校の運営については,第 7 章の融合型地方自治,および教育全体を詳説している第 10 章を参照のこと)。

　民生費の目的別内訳についても,都道府県では老人福祉費の比率が 38.5% と最も大きいが (市町村は 27.1%),市町村では児童福祉費の比率が 42.2% と最

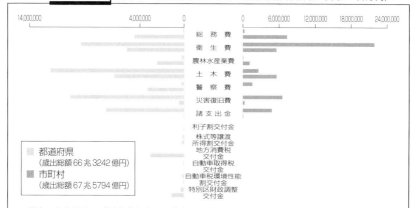

（注）　支出区分の「教育費」とは，幼稚園や小中学校に関する費用，公民館や図書館など社会教育に関する費用，体育施設の建設運営，体育振興に関する費用などの総計である。「民生費」とは，保育所などの児童福祉，生活保護，老人福祉，社会福祉のための費用の総計である。「土木費」とは，道路，河川，住宅，公園，都市計画などの公共施設の建設や整備，維持管理を行うための費用の総計である。なお，特別区財政調整交付金とは，東京都が 23 特別区の固定資産税などを徴収して上下水道や消防などの処理を行った後に 23 特別区間で水平的な財政調整を行うべく配分されている使途の自由な交付金である。

（出所）　総務省編『地方財政白書（令和 5 年版）』（2023 年）より筆者作成。

も大きい（都道府県では 22.2%）。また，都道府県の生活保護費の比率は 2.5% であるのに対して，市町村での比率は 14.4% も占めている。なお，土木費の目的別内訳においても，都道府県では道路橋梁費が 43.7% と最大の比率を占めているのに対して（市町村では 30.5%），市町村では都市計画費が 48.5% と最大の比率を占めている（都道府県では 14.2%）。

　いずれにしても，重複がまったくないというわけではないが，目的別にみた都道府県と市町村の支出は，所掌事務の違いを反映したものになっていることがわかる。

性質別歳出決算額

　同様に，2021 年度の性質別歳出決算額から，日本の地方政府が政策目標を追求するために，どのようにして予算を支出しているのかを概観しておく。都道府県の場合，補助費等，人件費，普通建設事業費，公債費が大きいのに対して，市町村の場合，扶助費，人件費，物件費の順で大きい（図8-4）。

（注）　支出区分の「人件費」とは，職員給，地方公務員共済組合等負担金，退職金，委員等
　　　報酬，議員報酬などの総計である。「物件費」とは，備品購入や需用費（消耗品の経費），
　　　旅費，通信や人的サービスの提供に対して支払われる役務費などの消費的性質の経費の総
　　　計である（アルバイトへの賃金や役務費などは物件費に計上されるので要注意）。「扶助
　　　費」とは，生活困窮者，児童，老人，心身障害者などに対する社会保障制度の一環として
　　　援助に関する経費が含まれている。「補助費等」とは，公営企業に対する負担金や各種団
　　　体への補助金，報償費，寄附金などの経費の総計である。「普通建設事業費」は，道路や
　　　橋梁，学校，庁舎などの公共施設の建設などに関する経費の総計である。
（出所）　総務省編『地方財政白書（令和5年版）』（2023年）より筆者作成。

　性質別歳出決算額からは，都道府県や市町村の業務執行の仕方が浮かび上が
ってくる。概略的にいえば，都道府県は公立学校の教員や都道府県警察職員の
給与を負担しているために，市町村と比較すると，人件費が大きな割合を占め
てしまう。また，教育や警察以外の多くの都道府県の業務は，マンパワーを駆
使して補助金を市町村や各種団体に配分する内部管理的な業務が中心であるの
に対して，市町村は住民への社会福祉サービスを供給するという対人サービス
的な業務が中心であることを反映しているといえよう。
　目的別歳出決算額の目的別区分とあわせて性質別区分の内訳をもう少し丁寧
にみてみると，都道府県は，小中学校の教員の給与の一部や都道府県立高等学
校の教員の給与の全額を負担しているだけでなく，都道府県警察職員の給与も
抱えているために，どうしても人件費の占める比率は高くなる（なお，政令指
定都市では小中学校の教員の給与負担を行っている）。目的別分類での都道府県の教
育費の性質別内訳をみてみると，人件費が72.8％を占めている。他方，市町

村の教育費の性質別内訳をみると，29.3％ を物件費として支出し，普通建設事業費が 21.5％ を占めている。つまり，市町村立の小中学校の場合，学校の先生は都道府県費負担であるが，校舎整備や物品購入，事務運営については市町村の費用負担となっていることが財政的に示されているのである。まさにマーブルケーキ・モデルである。なお，市町村の教育費での人件費は，小中学校の教員負担の軽減や教育環境の改善のため増加しており，2021 年度時点では性質別内訳の中で最大の支出区分となっている。

普通建設事業費でみた場合，都道府県では 50.6％ が補助事業費であるのに対して，市町村では 26.1％ である。両者ともに土木費の比率は高いが，都道府県では道路橋梁費が 43.7％ と飛びぬけて大きく，市町村では都市計画費が 8.5％ と大きい（都市計画費は，街路，公園，下水道などの整備や区画整理などに要する経費）。

支出データから，政策実施における都道府県と市町村の特徴が明らかになっているように思われる。都道府県は，自ら行政サービスを直接供給するのではなく，財源を交付して市町村や他の団体に供給を委ねている。それに対して，市町村は，住民に対して行政サービスを直接供給しているのである。

 歳　　入

▋地方歳入の手段と全体的な特徴▋

地方政府の歳入を増やすためには 3 つの手段しかない。第 1 の手段は，既存の税の税率引き上げや新規課税の導入によって自主財源を確保する方法である。まさに，住民に必要性を説得して増税を行うという民主主義での正攻法である。第 2 の歳入増大の手段は，中央政府からの移転財源の増加を中央政府の政策決定者に働きかけるという方法である。使途の制約が弱い一般交付金や，使途の制約が強い個別補助金への依存を強化することになるが，住民への説得や反発を回避できる。第 3 の手段は，文字どおりの借入金や地方債の発行である。利子を伴う分割払いで割高な返済を求められるが，うまく活用すれば完全に所有権が移る前に利益があるというローン返済を思い浮かべてほしい。一時的な歳

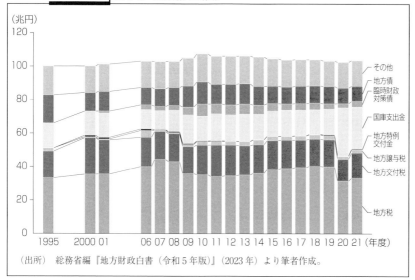

（出所）　総務省編『地方財政白書（令和5年版）』（2023年）より筆者作成。

入補塡のための借金は，計画的に対処すれば問題はない。たとえば，現時点での現役世代だけで大橋を架けるよりも，分割払いにして将来世代にも応分の負担を求めることも，世代間の公平性の観点から是認されよう。ただし，借金依存体質に陥らずに済むことは個人でも公共セクターでも難しい。

　地方政府全体の歳入の推移をみると，常に地方税収の占める割合が最も大きく，次いで地方交付税が大きい（図8-5）。地方税，地方交付税とも使途の特定がない財源であり，一定基準に従って関係する地方自治体に配分される地方譲与税などとあわせて**一般財源**と呼ばれている。他方，義務教育費負担金や生活保護費負担金，普通建設事業支出金などの**国庫支出金**は，通称**補助金**とまとめて呼ばれている。使途が特定されている財源を**特定財源**と呼ぶ。地方歳入全体に一般財源が占める割合は，2021年度決算では50.5％となっている（後述の臨時財政対策債の分を加えると，54.0％）。

地　方　税

　地方政府の最も重要な財源は，住民への課税である。地方政府全体で地方税収は4割前後となっている。中央政府に依存しない地方政府の自主財源が歳入の3割しかないということを揶揄する**3割自治**という言葉があるが，先進民

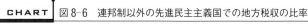

CHART | 図8-6　連邦制以外の先進民主主義国での地方税収の比率

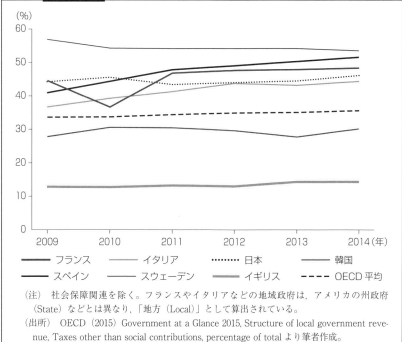

（注）　社会保障関連を除く。フランスやイタリアなどの地域政府は，アメリカの州政府
（State）などとは異なり，「地方（Local）」として算出されている。
（出所）　OECD（2015）Government at a Glance 2015, Structure of local government reve-
nue, Taxes other than social contributions, percentage of total より筆者作成。

主主義国の中で決して日本の地方税収が惨めな状態にあるわけではない。州政
府や地域政府の権能が強い連邦制の国を除くと，日本の地方税収の比率はむし
ろ高いといえる（図8-6）。ちなみに「地方自治の母国」と呼ばれるイギリス
では，1割程度となっている。

　日本の地方税の特徴は，税目の多様性にある。日本の地方税は，所得への課
税，事業への課税，消費への課税，不動産への課税など多様である。イギリス
の場合，**カウンシル税**（Council Tax）と呼ばれる不動産課税のみである。ある
税目が経済環境の変化などによって減収となっても，別の税目での税収が期待
できるのが多様性の強みである。

　道府県の場合，道府県民税（28.0%），地方消費税（31.0%），事業税（25.0%）
の順に地方税収に占める割合が大きい（図8-7参照，なお，断りがない限り，地
方税制度が異なることや突出した税収を誇る東京都は除く）。事業税の法人分（法人
事業税）と道府県民税の法人分（法人住民税）を合わせた**法人関連二税**が道府県

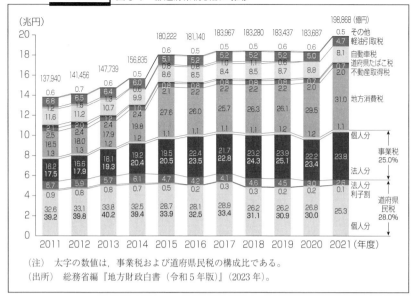

図8-7　都道府県税収額の推移

（注）　太字の数値は，事業税および道府県民税の構成比である。
（出所）　総務省編『地方財政白書（令和5年版）』（2023年）。

民税総額に占める割合が26.4％となっている。企業課税は，もともと企業の偏在や景気の変動に左右されるだけでなく，グローバリゼーションの中で中央政府が企業の国際競争力を重視して減税を一方的に行うことも多い。道府県が企業課税に4分の1近くを依拠している点で，どうしても道府県の税収基盤が脆弱になるという問題がある。

　他方，市町村の場合，市町村民税（45.7％），固定資産税（41.4％）だけで市町村税総額の9割近くを占めることになる（図8-8）。市町村の税収で特徴的なことは，固定資産税のような不動産課税の比重が大きいということである。大阪市のような大都市を除くと，地価の変動は相対的に安定しているので，税収の相当部分が安定しているといえよう。もともとは，地方で受ける行政サービスの量は不動産の価値や量に比例していた。大きな邸宅を持っていれば，それだけ警察や消防のサービスを受ける可能性は高くなるという理屈である。なお，東京都の23特別区の固定資産税に関しては，特例で東京都が徴収している。

　もちろん，税源が偏在している以上，地方歳入全体では4割近くが地方税収であるとしても，地方税収は地方政府によって大きな格差がある。全国平均を100としたときの都道府県レベルでの地方税収の総計をみると，東京都が最大

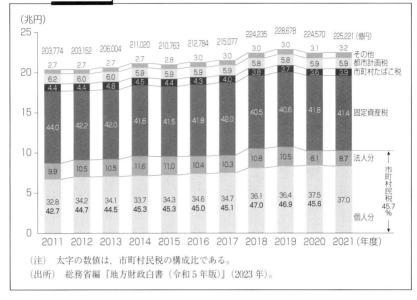

（兆円）
25

224,235 228,678 224,570 225,221（億円）

203,774 203,152 206,004 211,020 210,763 212,784 215,077

20

その他
都市計画税
市町村たばこ税

固定資産税

法人分

市町村民税 45.7 ％

個人分

	2011	2012	2013	2014	2015	2016	2017	2018	2019	2020	2021（年度）
その他								3.0	3.0	3.1	3.2
都市計画税	2.7	2.7	2.7	2.7	2.8	3.0	3.0	5.8	5.8	5.9	5.9
市町村たばこ税	6.2	6.0	6.0	5.9	5.9	5.9	5.9	3.8	3.7	3.6	3.9
	4.4	4.4	4.8	4.5	4.4	4.3	4.3				
固定資産税	44.0	42.2	42.0	41.6	41.5	41.8	42.0	40.5	40.6	41.8	41.4
法人分	9.9	10.5	10.5	11.6	11.0	10.4	10.3	10.8	10.5	8.1	8.7
個人分	32.8 / 42.7	34.2 / 44.7	34.1 / 44.5	33.7 / 45.3	34.3 / 45.3	34.6 / 45.0	34.7 / 45.1	36.1 / 47.0	36.4 / 46.9	37.5 / 45.6	37.0

（注）　太字の数値は，市町村民税の構成比である。
（出所）　総務省編『地方財政白書（令和 5 年版）』（2023 年）。

の 163.6 となるのに対して，長崎県が最小の 72.7 となる（法人関連二税で同様にみると，突出した東京都の 261.1 に対して奈良県が最小の 44.2 となる）。

　地方税収が地方での行政サービスの質量に直結してしまうような事態を避けるためにも財政調整制度が必要となる。

移転財源

　中央政府から地方政府への，あるいは広域的な地方政府から基礎的な地方政府への移転財源は，使途の比較的自由な一般交付金と，使途が厳しく限定されている個別補助金の 2 種類に大別される。日本における代表的な一般交付金は**地方交付税**であり，個別補助金は**国庫支出金**（各種の国庫補助負担金）である。

　全国一律で定められた行政サービスの最低限の内容と水準を**ナショナル・ミニマム**というが，現代国家では特に社会保障や教育などの政策領域では，ナショナル・ミニマムを居住地にかかわらず全国民が享受することが求められている。移転財源は，まさに地方政府の税源の多寡で行政サービスの最低限の水準が左右されることのないようにする仕組みである。

　地方交付税は，地方自治体間の財政力格差を解消し，個々の地方自治体の行

政サービスの供給能力を財政の観点から保障するために，算定式に基づいて交付される一般交付金（使途の限定のない移転財源）である。地方交付税の原資は，地方交付税法などの法律によって国税の一定割合が自動的に「交付税及び譲与税配布金特別会計（交付税等特別会計）」に振り込まれることになっている。2017 年時点での地方交付税の総額は，所得税・法人税の 33.1%（2015 年度から），酒税の 50%（2015 年度から），消費税の 19.5%（2020 年度から），地方法人税の全額（2014 年度から）とされている（地方交付税法 6 条）。これらの総額が特別会計に振り込まれて，一定の算定方式で各自治体への交付額が算出されて配分されるのである。

　地方交付税総額の 94% にあたる普通交付税の場合，基準財政需要額から基準財政収入額を減じて算出された「財源不足額」が交付額とされる（なお，交付税総額の 6% は特別交付税と呼ばれ，地震や台風といった自然災害での被害のように緊急の財政需要に対して別途算定されることになっている）。基準財政需要額とは，地方自治体での事務事業の 1 測定単位当たりの費用である「単位費用」に，人口や面積といった「測定単位」を乗じ，さらに，自然条件や社会条件などの違いを反映した「補正係数」を乗じて算出される。他方，基準財政収入額は，標準的税収入見込額に 75% を乗じて算出される。地方自治体の基準財政需要額が基準財政収入額を上回った際に，その差額である「財源不足額」が地方交付税の交付額とされる。東京都や一部の裕福な市町村は，財源に恵まれているため地方交付税の交付を受けていない「不交付団体」である。

　国庫支出金は，各省庁が特定事業を遂行するために支出している補助金，負担金，委託金などを総称した移転財源である。国土交通省の普通建設事業費支出金，文部科学省の義務教育費負担金，厚生労働省の生活保護費負担金などがその代表例である。2000 年以降，各省庁ともに，使途に厳しい縛りをかけてきた個々の補助金や負担金を統合して，一定の使途の枠内であれば地方自治体の裁量を認めるという統合補助金や一括交付金と呼ばれる制度が相次いで創設されている。ただ，2004〜06 年にかけて行われた三位一体の改革と呼ばれる地方税財政改革の結果，国庫支出金の比率は大幅に低下した。

地方債の発行

　地方債とは，特定の歳出のために地方自治体が，会計年度を越えて債券発行あるいは証書借入の形で元利を償還する借入金である。中央政府，一般の金融機関，地元の金融機関や農業協同組合，住民などからの借入である。

　地方財政法は，**原則非募債主義**を掲げ，地方債以外の歳入をもって財源とすることを明記している。しかし，同時に地方自治法や地方財政法は，公営企業や災害復旧，公共施設の建設，地方債の借換などを限定列挙して地方債を財源とすることを容認する**適債事業列挙主義**を採用している。実際，1947年の地方自治法の施行以降，地方自治体は一貫して地方債を発行してきている。

　地方債は，資金調達の手段として決して否定すべきものではない。特定の事業収入をもって償還財源が確保されている場合や，突発的だが不可欠な事業を余儀なくされた場合，事業効果が後続世代の住民にも及ぶために住民負担の世代間公正性を確保しなければならない場合，あるいは地域経済の発展に不可欠であって，将来の地方税の増収にとって償還が期待される場合などには，地方債発行による財源確保は十分に是認できよう。

　地方債の中でも少し注意してほしいのは，**臨時財政対策債**である。臨時財政対策債は，地方交付税として交付すべき原資が不足している場合に，地方自治体に交付税の不足分を補填するための地方債である。その元利償還金相当額は，全額を後年度の地方交付税の基準財政需要額に算入することとされ，各地方公共団体の財政運営に支障が生ずることのないよう措置されることになっている。それゆえに，地方交付税の「後払い」とも呼ばれており，地方交付税と合算して計算している地方自治体もある。地方交付税や地方債を所管する総務省は「（臨時財政対策債の）元利償還金相当額については，全額を後年度地方交付税の基準財政需要額に算入することとされ，各地方公共団体の財政運営に支障が生ずることのないよう措置されています」と述べている（特に，総務省「地方債Q&A」の5問目を参照のこと〔http://www.soumu.go.jp/main_sosiki/c-zaisei/chihosai/chihosai_qanda.html〕。最終閲覧日2023年8月1日）。

　しかし，実際のところ，臨時財政対策債をめぐっては，地方自治体がどこまで中央政府を信用できるのかが問題となっている。総務省と財務省の間で，毎

年12月の政府予算原案の作成直前に「地方財政対策」という名前で地方交付税の不足分の措置が議論される。いつまでも「後払い」を信じることができるのかということで地方自治体には疑心暗鬼の声も広がっている。現行の地方交付税制度の下では，地方交付税の原資が不足した場合，国税から地方交付税等特別会計への繰入率を引き上げることとされている。しかし，国家財政全体を見渡したとき累積する財政赤字と税収の低迷といった危機のなかで国家財政から地方財政への繰入は容易ではない。出口がみえないなかで国家財政と地方財政との折り合いをつけている妥協点が臨時財政対策債であるといっても過言ではない。

4 予算をめぐる問題

▌議会での予算審議の慌ただしさ

　地方自治体では，各課や各係で財政需要を積み上げるボトム・アップの過程と，景気動向や税収などのマクロな経済予測をもとにした総額を策定するトップ・ダウンの過程とが同時に進行している。地方自治体によって違いはあるが，毎年夏までに財政部門がボトム・アップの歳出見積もりをまとめていく一方で，税務部門を中心に歳入見積もりがまとめられ，予算の大きな枠組みが決められていく。秋からは首長や幹部職員たちが予算の大枠の中に必要額を押し込めていく過程が始まる。予算要求の基準と枠をにらみながら実際に政策実施を担当する事業部門は具体的な数値をはじき出していく。12月末に発表される次年度予算財務省原案をもとに地方自治体の予算案は最終的な修正が行われる。国の減税措置や財源不足の補塡措置の内容とタイミング，国の新規施策などを反映した地方自治体の予算案は1月過ぎには内部に示される。その後，地方自治体内部では，事業部門と財政部門との間での復活折衝が行われ，最終的に解決できない場合は首長査定に回されて決定される。

　特徴的なことは，地方自治体内の予算編成は，中央政府の動向に影響を大きく受けるということである。突然に税制改正が行われることで，地方税の見積もりが狂うこともしばしばである。そのため，どの地方自治体も，中央省庁が

新たな施策を打ち出す情報や逆に既存の施策を打ち切りにする情報には敏感である。地方自治体の予算編成では，中央省庁からの情報収集に熱心であり，新しい情報に沿って柔軟に対応することにも慣れている。地方自治体だけで予算編成が完結することが理想かもしれないが，中央政府なき地方自治がありえない以上，中央政府の動向に振り回されることはやむをえないことともいえる。

しかし，地方議会で予算審議のための時間が十分に担保されていないということは，大きな問題といえる。多くの地方自治体では，2月になってようやく当初予算案が確定し，2月議会あるいは3月議会に予算案が提出されることになる。4月からの予算執行を考えると，どうしても1か月程度で慌ただしく審議をしなければならないことになり，原案承認になることも増えてしまう。市町村といえども数百億円規模の予算を持ち，標準的な県でも数千億円の予算規模を持っているわけである。予算編成の過程で，地方議会がいかにして十分な審議時間を確保するのかということが大きな課題である。

▌課税自主権の政治的行使 ▌

地方政府の課税自主権については，地方分権改革の中でもしばしば錦の御旗のような扱いを受けている。本来，地方政府は民主的な手続きを経て必要な財源を自らで確保するのが望ましいという考えだと思われる。

しかし，首長や地方政治家が選挙での支持最大化などの短期的な政治的利益だけを追求するならば，地方政府は企業や富裕層などを対象とした課税を強化することになるだろう。また，企業への課税についても同様の課税対象に対する税率が地方自治体間で異なる場合，国内全体で事業展開する企業にとって納税事務は大きな障害となるだろう。

実際に1970年代のイギリスでは，労働党主導の地方自治体が，企業や富裕層への不動産課税を強化し，公営住宅に住む労働者たちを優遇したことがある。全国で同じようなことが行われると，企業の地方税負担は重くなり，結果として全国の産業競争力が衰退してしまう。そこで，1988年の地方財政法で**ビジネス・レイト**と呼ばれる企業課税は全国統一税率となり，中央政府で設定した税率に従って企業から徴収し，人口に応じて配分することとなった。

地方政府による完全なる課税自主権は追求すべき理念かもしれないが，現実

にイギリスで生じたことを考えると，政治的な環境の中では慎重な行使が求められるだろう。

　他方で，持続的な地方自治体の発展という長期的な利益を追求する首長を戴く地方政府では，むしろ，企業や富裕層への優遇措置を打ち出す一方で，労働者や低所得者，社会的弱者への社会福祉などへの支出を抑制するようになる可能性がある。これは「シティ・リミッツ」論といわれる議論である（詳しくは第9章を参照のこと）。

ベイルアウト期待行動の阻止

　地方債に関していえば，地方政府の活動に対する中央政府の関与が大きければ，逆説的ではあるが，それだけ地方政府は中央政府による「暗黙の政府保証」を期待して地方債を乱発してしまう可能性が高まることが知られている。

　特に，中央政府が地方政府の財政に関して統制を強めればそれだけ，地方政府に財政的危機があったときに，中央政府が財政的な責任を強く負うと受け止められやすい。中央政府による関与が強い場合，地方政府は中央政府による**ベイルアウト**（事後的な財政救済措置）を期待して地方債を発行し続け，財政赤字の中でも放漫財政が止まらないということになってしまう。市場も住民も，財政的な事情が悪化していても，中央政府によるベイルアウトを期待して地方政府の放漫財政を放置するだろう。

　実際に1990年代にラテンアメリカ諸国の中には，州政府が連邦政府によるベイルアウトを期待して公債を乱発した結果，州政府が債務不履行となってしまう国もあった（Rodden et al. eds. 2003）。結局，連邦政府の発行する国債の信用を維持するため，連邦政府が救済を行い，それによって他の州の財政規律（歳入に見合った歳出のバランスの維持）までが危うくなってしまう事態に陥ったのである。

　日本では，2000年の地方分権一括法で，自治大臣の許可制だった地方債発行が原則として自由化される方針が決まっていた。しかし，2006年度からの実現までには相当慎重な制度設計が行われた。たとえば，都道府県や政令市の地方債発行については総務大臣の同意制（事前協議制）が採り入れられることになった（市町村では都道府県知事の同意制）。活動規模の大きな日本の地方自治

　高級和牛，ブランド米，カニやウニ，高級フルーツ，有名スィーツなど，返礼品で毎年何かと話題なのが「ふるさと納税」である。2018年度にギフト券を配布して約500億円の収入を得た泉佐野市に対して総務省が次年度の地方交付税を減額したことで裁判になっていることでも知られている。

　詳細は財政学や税法の教科書をご覧いただきたいが，基本的に地方税は行政サービスで得た受益に見合った税負担を求めるべきであるという「応益」原則に馴染みやすい。地方政府の域内に行政サービスが限定されることで，受益と負担の関係が明確になりやすいからである。企業として利益が上がっていようがいまいが，多数の従業員を抱える工場があるのであれば，道路や公共機関，水道，いざというときは消防や救急救命，警察といったサービスを企業として受けている。そのため一定の税負担を負うのは当然である。19世紀から地方自治をいかにして財政的に維持していくのかという議論では，地方税の応益原則は中心的な位置を占めていた。もちろん，所得格差が拡大していくなかで，所得や資産が大きい者がより大きな負担を負うべきであるという「応能」原則も地方税に反映させている国が多い。しかし，あくまで地方税は応益原則と親和性が高いことは疑いない。

　そのようななかで，2008年4月の地方税法の改正で「ふるさと納税」が誕生した。厳密には，都道府県や市町村への「寄附」である。ふるさと納税制度とは，自ら選んだ地方自治体に一定の寄附を行った場合，確定申告によって寄附額から2000円を引いた金額が所得税及び住民税から原則として全額控除されるという仕組みである。

　導入の議論を振り返ってみると，地方都市や農山漁村は，一生懸命に医療や福祉，教育を充実させて，それぞれの地域を新たに担う住民を育成している。しかし，端的にいえば納税者として地域社会を支えてくれることが期待できる10代後半から20代前半の若者は，進学や就職のために，消費者，生産者あるいは納税者として地域社会に貢献することなく東京や大阪などの大都市圏に移動している。他方，年老いた両親だけがそのまま地方に残るために，地方の負担だけはますます増えていってしまう。教育や雇用のために大都市に出て行った地方出身の人々が，出身地の地方自治体への「恩返し」を実現するための制度として，侃々諤々の議論の後，「ふるさと納税」は誕生した。

　総務省が「ふるさと納税ポータルサイト」で，この制度の意義を3つ高

らかに指摘している。第1に，納税者が寄附先を選択することで，その使途に関心を持つことで納税者意識を高めることができるという。第2に，寄附を通じて，生まれ故郷，お世話になった地域，応援したい地域の力になれるという。第3に寄附をめぐって地方自治体が競争することで，多くの人々に選ばれる地方自治体になっていくきっかけを提供するという。制度の背景には，崇高な理想があったといえよう。2021年度には過去最多の8302億円のふるさと納税が集まった。

　だが，寄附はどこに流れているのであろうか。まず，大都市から地方への税収移転といっても，魅力的な返礼品が実質2000円の負担で期待できる九州南部や北海道の一部の市町村だけに集中していることを指摘しなければならない。大多数の少子高齢化・人口減少に苦しむ町村ではそもそも産業も衰退してしまっていて，魅力的な返礼品はない。そこには寄附は集まらないのである。さらにいえば，経費が圧迫していることも指摘されている。2019年から総務省は返礼品の調達などの経費を寄附額の5割以下（返礼品は寄附額の3割以下で地場産品限定）に制限しているが，それでも8302億円の寄附に対して経費は3851億円（46％）と高止まりしている（『朝日新聞』2023年1月10日付朝刊）。返礼品による地域振興というのであれば救われるが，大都市の仲介サイト業界だけが活性化しているというのでは理念が泣いてしまう。

　しかし，そうしたことよりも問題なのは，応益原則からみてきわめてナンセンスだということである。大都市圏に住まう住民は，日々の上下水道や道路，教育などの行政サービスの原資である住民税を自分の地域には納税せずに返礼品に交換しているようなものである。住民ひとりひとりとしては，節税効果もあり，ふるさと納税をすることが合理的である。しかし，ふるさと納税によって自分の住む地域の地方自治体の税収が減少して行政サービスが劣化してしまうことになる。すでに東京都では，2022年度に2341億円の住民税収が流出したと推計している。

　地方創生の中で，地元産品の生産を活性化させるということであれば，大都市圏の地方自治体に公正な負担を正々堂々と求めて全国的な施策として地域産業振興政策として展開すればよい。地方税制を歪めるやり方は筋が悪い議論の典型である。しかし，このような議論は，カタログショッピング感覚で和牛や魚介類，スイーツを仲介サイトでみて回る楽しさにはかなわないかもしれない。

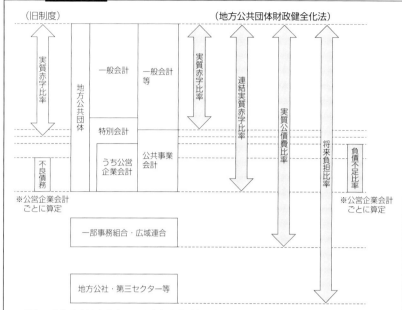

（旧制度）　　　　　　　　　　　　　　（地方公共団体財政健全化法）

実質赤字比率

地方公共団体

一般会計　　　一般会計等

特別会計

うち公営企業会計　　公共事業会計

不良債務

※公営企業会計ごとに算定

一部事務組合・広域連合

地方公社・第三セクター等

実質赤字比率

連結実質赤字比率

実質公債費比率

将来負担比率

負債不足比率

※公営企業会計ごとに算定

（注）　地方財政健全化法は，地方自治体（都道府県，市町村および特別区）の財政状況を把握し，財政の早期健全化や再生の必要性を判断するために，4つの財政指標を「健全化判断比率」として定めている。
①実質赤字比率：地方自治体の最も主要な会計である「一般会計」等に生じている赤字の大きさを，その地方公共団体の財政規模に対する割合で表したもの。
②連結実質赤字比率：公立病院や下水道など公営企業を含む「地方自治体の全会計」に生じている赤字の大きさを，財政規模に対する割合で表したもの。
③実質公債費比率：地方自治体の借入金（地方債）の返済額（公債費）の大きさを，その地方公共団体の財政規模に対する割合で表したもの。
④将来負担比率：地方自治体の借入金（地方債）など現在抱えている負債の大きさを，その地方公共団体の財政規模に対する割合で表したもの。
（出所）　総務省（http://www.soumu.go.jp/iken/zaisei/kenzenka/index2.html）。

を考えると，地方債の完全自由発行によってマクロ経済に混乱を生じさせる危険性もあることから，地方自治体だけで完全に意思決定しうる起債の真の完全自由化は見送られ，総務省との事前協議を経て自由に起債を行うという同意制が導入されている（中央政府が地方債の発行を統制していたイギリスでも2003年地方自治法によって一種の同意制が実施された）。

　同時に，いわゆる破綻法制も整備されていく。特に重要なのが，地方自治体の財政状況を一般会計から特別会計まで連結させて全体的にチェックすること

ができる財政指標の公開を義務づけている「**地方財政健全化法**」の成立である（2007年度成立，2009年度施行）。

　地方財政健全化法によって，起債を制限する早期健全化基準や財政再生基準の要件が細やかに定められ，破綻に至るまでに中央政府，地方議会や住民，金融機関の監視の下で財政再建措置が講じられることになった（図8-9）。それゆえに，日本の地方自治体では財政破綻は生じにくいといわれている。

EXERCISE ●演習問題

　① 歳入や歳出における日本の地方自治の特徴についてまとめてみよう。

　② 自分の住んでいる都道府県や市区町村の収入と支出の特徴を調べてみよう。また，実質赤字比率などの財政指標を調べて，身近な地方自治体の財政的な健全性についても調べてみよう。

読 書 案 内　　　　　　　　　　　　　　　　　　　　**Bookguide ●**

　　本章の内容について理解を深めるにあたって，財政学や公共経済学の研究成果が重要である。

　　赤井伸郎編『実践　財政学——基礎・理論・政策を学ぶ』（有斐閣，2017年）や，持田信樹『地方財政論』（東京大学出版会，2013年），佐藤主光『地方財政論入門』（新世社，2009年）が，地方税財政の制度と実際の財政データを含む全体像を描く教科書である。また，移転財源をめぐっては，少し古いが赤井伸郎・山下耕治・佐藤主光『地方交付税の経済学——理論・実証に基づく改革』（有斐閣，2003年）が理論，制度の説明，そして実際のデータに基づいて地方交付税を明らかにしている。また，その財源確保について財務省と総務省との衝突や，政府与党首脳の役割について描いたのが北村亘『地方財政の行政学的分析』（有斐閣，2009年）である。

引用・参考文献　　　　　　　　　　　　　　　　　　**Reference ●**

　総務省「ふるさと納税ポータルサイト」（http://www.soumu.go.jp/main_sosiki/jichi_zeisei/czaisei/czaisei_seido/080430_2_kojin.html）。

　ふるさと納税総合サイト「ふるさとチョイス」（http://www.furusato-tax.jp/）。

村松岐夫・北山俊哉（2010）「現代国家における地方自治」村松岐夫編『テキストブック地方自治（第2版）』東洋経済新報社。

Rodden, Jonathan A. et al. eds. （2003）*Fiscal Decentralization and the Challenge of Hard Budget Constraints*, MIT Press.

第 **9** 章

中央政府と地方政府

INTRODUCTION

　本章では，中央政府と地方政府との関係（「中央地方関係」）と日本の地方自治についての理論動向を説明する。中央地方関係は，地方分権改革の文脈でしばしば言及される。目先の地方分権改革も重要であるが，そもそも，何のために地方自治があるのだろうか。また，1993 年の地方分権推進の国会決議から「地方分権」改革が本格化しているが，日本はどの程度集権的な国家なのだろうか。言い換えれば，日本の地方政府は中央政府に対してどの程度自律的なのだろうか。中央地方関係は，少し大げさな言い方をすると，日本の国家のあり方に直結するとして，行政学のみならず財政学などの分野でも常に意識されてきた。

　そこで，本章は，主権のあり方，権能の配分の仕方，政策実施の権能と実施方法の点から，一般的な概念やこれまでの研究動向を整理し，日本の地方自治のあり方について展開されてきた議論を紹介する。現在の日本の中央地方関係や地方自治のあり方を外国との比較で考えるとき，あるいは時系列で変化を考えるときの手がかりとして，概念と用語の正確な理解が重要である。

1 比較の枠組み

┃ 単一主権制と連邦制 ┃

第1に，主権のあり方から中央政府と地方政府との関係を考える。便宜的に「**主権**（sovereignty）」を国民や領土を統治する政治権力と考えると，主権を中央政府が独占しているのか，それとも国家形成以前から領土内にある地域単位が主権を持っているのかによって，地方政府の権能は異なる。

単一主権制（unitary system）とは，主権と憲法を持つ中央政府が，州や市町村などの**下位レベルの政府**（sub-national, or sub-central government）の改廃存置を決定できるという政府システムである。このシステムの下では，地方政府は，中央政府の議会が制定した法令に存在根拠や権能の根拠がある。だから，地方政府は，あくまで中央政府によって認められた自律性の範囲内で政策決定や実施を行うことになる。また，地方政府の決定は中央政府の決定によって覆すことが可能となっている。このシステムを採用している国家は，**単一主権国家**（unitary state）と呼ばれている。イギリスやフランス，日本や韓国などは，このグループである。

他方，**連邦制**（federal system）とは，もともと主権と憲法を有する州や邦といった地域単位（regions）がその主権の一部を移譲して連邦政府を設立しているという政府システムを指す。外交，安全保障，国境管理などの権能を限定的に連邦政府に委ね，残りの大多数の権能を邦や州が留保している点に特徴がある。このシステムを採用している国家は，**連邦国家**（federal state）と呼ばれている。アメリカやカナダ，スイスなどのように，歴史的，文化的，言語的に異なる地域で構成されている国でよくみられる。多民族国家では，民族対立による国家崩壊を防ぐ手段として連邦制が導入されることが多いが，旧ユーゴスラビア連邦のように，うまくいかなかった例もある。

なお，連邦制の下でも，主権の一部を留保している州や邦などの地域政府と，その下位にある市町村などの基礎自治体との関係は単一主権制の下での関係に類似している。たとえば，アメリカの州政府は，その下位にある市や郡の改廃

存置を決めることができる。他方で，連邦政府は，州の同意なしに州の廃止や境界変更を一方的に決めることはできない。アメリカでは連邦政府がそもそも大規模な州を分割したり，小規模な州を合併させたりすることは想定されていない。

さて，他の条件が等しい場合，単一主権制では最終的な政策決定の場となる中央政府で主要な政治活動が展開される。圧力団体も首都での陳情などのロビー活動を展開することになる。他方，連邦制では連邦政府だけでなく州政府での政治活動も重要となる。そのため，政治的な利益を追求する圧力団体が政治過程にアクセスできる数が多くなり，そのような政治過程の結果，生み出される法律は，さまざまな利害を含んだものとなり，政府の当初の立法目的が途中で換骨奪胎されることも少なくない。

また，単一主権制と連邦制の間には当然ながら多くの制度のバリエーションがある。フランスやイタリアのように単一主権制の下でも地域単位を大胆に強化している動きもある。日本でも**道州制**という議論が出てきている。しかし，三重県や福井県などの扱いのように地域の境界問題では議論が盛り上がるが，どのような統治機構とするのかという具体的な制度設計までは，議論が進んでいない。

制限列挙方式と概括例示方式

第2に，地方政府への権能付与のあり方から分類を試みる。地方政府の権能の付与のされ方によって，地方政府の権能は異なる。

制限列挙方式とは，地方政府は中央の法令で明示的に授権された事務権能しか実施してはいけないという権能配分方式である。地方政府が授権範囲を逸脱した場合「越権行為」となり，裁判で違法となれば無効とされてしまう。つまり，法律で明示されていない事務権能はすべて中央政府に留保されていることになる。地方政府がなしうる権能と法令で明記されているものしか地方政府には許されていないポジティブ・リスト形式である。この方式は，イギリスなどのアングロ・サクソン系の単一主権国家でよくみられる。イギリスのイングランドでは，以前よりは拡大されたが，地方自治体の権能は，学校教育，道路・公共交通網の整備，老人・障害者・亡命申請者への福祉事務，公営住宅の建設

管理，文化・観光事業，環境保護，都市計画，消防・救命救急・検死事務，徴税・選挙登録・出生および死亡届，婚姻および離婚届の受理と明確に定められている。

　他方，**概括例示方式**とは，地方政府の事務権能が個別に法令で列挙されているわけではなく，例示的あるいは概括的にしか示されていないという権能配分方式である。制限される事項のみ法令で定めるというネガティブ・リスト形式といえる。地方政府は，中央政府に明確に留保されている権能以外については自らで決定することが可能である。ヨーロッパの大陸系の単一主権国家やその影響を受けた日本の地方自治の権能の定め方がその代表である。日本の地方自治法でも「地方公共団体は，住民の福祉の増進を図ることを基本として，地域における行政を自主的かつ総合的に実施する役割を広く担うものとする」としか定められていない（同法 1 条の 2）。

　さて，他の条件が等しい場合，制限列挙方式と概括例示方式との間には，地方政府の活動範囲と活動量の違いが生まれる。概括例示方式の下では，地方政府は，住民の意向に沿って独自の政策を立案・実施していくことが可能である。このことは，しばしば，中央政府と地方政府の活動範囲の重複を生み出し，**二重行政**批判を招く制度的要因ともなっている（第 7 章も参照のこと）。ただし，両者の供給する行政サービス量を合わせてようやく地域の行政需要を満たしている場合は二重行政批判にはあたらないので注意してほしい（この場合の解消策は，いずれかに業務を移管して集中させればいいだけである）。また，環境規制などの領域では，全国一律で設定された規制範囲と水準に対して，地方政府が，上乗せ規制（基準値の引き上げ）や横出し規制（規制対象の拡大）などを行うことも可能となっている。これは，福祉やその他のサービスでもみられる。

　制限列挙方式の下では，地方政府の判断が正しかったとしても，中央政府の意向に反するということで違法とされることもある。2000 年代に，ロンドン地下鉄の運営は大ロンドン市（Greater London Authority）の交通部局（Transport for London）が担うが，不足しがちな設備投資については民間資本を注入して賄うという枠組みをトニー・ブレア労働党内閣が打ち出した。そのときに，民間活力の注入に採算や安全性に問題があるとして，大ロンドン市のケン・リヴィングストン市長が猛反発をして訴訟となるが，高等法院は大ロンドン市の

主張を認めながらも，内閣の方針を追認したのであった（最終的に 2003 年 1 月に政府と大ロンドン市は和解した）。

集権–分権軸と融合–分離軸，集中–分散軸と統合–分立軸

第3に，集権軸と融合軸の2次元で中央地方関係を考えてみる。集権軸と融合軸による中央地方関係の説明モデルは，俗に「天川モデル」とも呼ばれている（天川 1986）。

集権–分権（centralization-decentralization）**軸**とは，どの程度，地方政府が自律的に当該区域内の住民の意思に従って意思決定を行うことができるのかということを示す次元である。ここでいう「集権」とは，地方に関する意思決定を専ら中央政府が行い，地方の意思や住民の意思を可能な限り制限した状態であり，「分権」とは，中央政府を，地方に関する意思決定からできるだけ排除し，地方の意思や住民の意思で意思決定を行おうとする状態である。

他方，**融合–分離**（interfusion-separation）**軸**とは，どの程度，地方政府が中央政府と協働して政策の実施を行うのかということを示す次元である。ここでいう「融合」とは，中央政府の所管事務であっても地方政府の区域内である限りは地方政府が中央とともに政策実施に携わる状態を指し，「分離」とは，中央政府の所管事務である限り，地方政府の区域内の事務であっても地方政府はいっさい関与せず，それぞれ独自に政策を実施していく状態を指している。

2次元で中央地方関係の制度的特徴を捉える説明モデルの利点として，中央地方関係の制度的特徴がより精緻に理解でき，国家間比較が可能となることが挙げられる。さらに，一国内の時系列的な変化を捉えることも可能となる。しばしば，「日本は集権国家だ」というときの現状の制度認識は，中央政府が決定した政策を地方政府が粛々と実施するという「集権・融合」状態であると考えられる。また，中央政府の関与なしに，地方政府だけで域内の政策決定から実施まで完結して行いうる状態は，「分権・分離」の究極的な状態だといえる。

このように考えると，たとえば，イギリスの中央政府と地方自治体との関係は「集権・分離」状態であるが，アメリカの連邦政府と州政府との関係は「分権・分離」状態であるといった国家間比較が可能である。また，日本は 1990 年代までは「集権・融合」状態だったかもしれないが，2000 年施行の地方分

権一括法によって「分権・融合」の制度構築に舵を切ったという説明も可能かもしれない。

　天川モデルは，地方自治制度の制度設計に関連して，どの政治的プレイヤーがどのような制度状態を理想としているのかというような，地方分権改革での政策選好を理解するうえでも効果的である。たとえば，地方自治制度の改革に際しては，地方自治体に費用負担させながらも中央省庁の意向どおりに政策を実施させたいと考える中央省庁は，「集権・融合」的な改革をめざすだろう。他方，自らの出先機関を拡充して直接的に政策を実施したいと考える中央省庁であれば「集権・分離」的な改革をめざすだろう。

　また，天川モデルの集権−分権軸と融合−分離軸に加えて，さらに2軸を付加する説明モデルもある（西尾 1990：426-427頁）。第1の次元は，**集中−分散**（concentration-dispersion）**軸**である。これは，政策実施を担う機関が空間的にどの範囲の所管を担うのかを示す次元である。「集中」とは政策実施機関が地方政府の境界を越えて広範な範囲を管轄する状態を意味し，「分散」とは政策実施機関ができるだけ小さな範囲を管轄する状態を意味する。あえて単純化すれば，ある実施機関が複数の府県を管轄するほうが，1つの府県だけを管轄するより管轄範囲が広くなるため，機関の集中度は逆に高まると考える。第2の次元は，**統合−分立**（integration-fragmentation）**軸**である。これは，政策実施を担う機関がどの程度多元的であるかを示す次元である。「統合」とは管轄地域に関する各政策領域が単一の実施機関で担われている状態を意味し，「分立」とは管轄地域に関する各政策領域で機能別の実施機関が多元的に存在している状態を意味している。

　付加された2軸は，2000年代中頃以降に盛り上がった国の出先機関改革の方向性を説明する際にしばしば参照されている。現状は，国が直接管理する国道の整備計画は各地方ごとに設けられた8つの国土交通省の地方整備局が担っており，農政に関する総合調整については農林水産省のこれも各地方ごとに設けられた8つの地方農政局が担っているなど，「分散・分立」状態である。もしこれら各省庁の出先機関を廃止して業務の府県への移管が進むとすれば，「分散・統合」方向に改革が進むということになろう。

中央地方関係の一般的な理論

　民主主義を機能させるためには，地方自治が大きな意味を持つ。特に，中央政府が地方自治に対してどのように関与するのかということが，行政サービスの質および量に影響を与え，公共部門全体のパフォーマンスを左右することになる。中央政府がどこまで地方自治に関与するのかという古くて新しい問題に対し，中央政府に否定的な見解と肯定的な見解の2つの理論的見解が大きく対立している（北村 2007；曽我 2008）。

市場保全型連邦主義

　第1に取り上げるのは，下位政府に対する中央政府の関与（コミットメント）を極力制限し，地方にできるだけ大きな財政的自律性を与えることの重要性を強調する**市場保全型連邦主義**（market-preserving federalism）論である（Weingast 1995）。この理論は，経済への規制権限を州などの下位政府に与えて中央政府がベイルアウト（事後的な財政救済措置，第8章参照）をいっさい行わないようにすると，下位政府は経済発展を阻害するような施策を打ち出すことがなく，財政の健全性も保たれると主張する。

　市場保全型連邦主義論によると，中央のコミットメントを限りなくゼロにしておかなければ，下位政府の財政規律は維持できないという。下位政府が財政破綻した際に中央からのベイルアウトを期待できる状況ならば，財政状況が悪化しても，ベイルアウトを織り込んで既存の支出規模や地方債発行額の維持・拡大を続けてしまうからである。各レベルの政府の役割とそれに見合う税源を定めた後に，それらの間での財政移転を容認する**財政連邦主義**（fiscal federalism）論とは一線を画して，市場保全型連邦主義はさらに踏み込んだ分離型中央地方関係を想定している（財政連邦主義については，Musgrave 1959；Oates 1972）。それゆえ，市場保全型連邦主義は，中央政府による財政調整制度に対して批判的である。実際，19世紀のアメリカでは，債務不履行に陥ったペンシルベニア州などに対して連邦政府がベイルアウトを行わなかったが，そ

れ以後，各州は抑制的な起債や健全財政主義を掲げることになったのである。

　また，市場保全型連邦主義は，下位政府が財政規律を遵守するならば，下位政府の地域経済への介入は抑制されて，経済全体は発展すると論じる。中国では，1990年代前半まで中央政府が省レベルの財政をコントロールしないという財政請負制度（fiscal contracting system）の下で，各省が財政規律を守りながら全国市場の一体性の下で競合した結果，急速な経済発展が実現したと主張する（Jin, Qian, and Weingast 1999）。

┃ ハミルトニアン・モデル ┃

　第2に取り上げるのは，市場保全型連邦主義とは逆に，地方財政を完全に中央のコントロール下に置くことを主張する**ハミルトニアン・モデル**である（Rodden et al. eds. 2003; Rodden 2006）。これは，地方債発行の自律性と地方の財政赤字との関係についての研究から導出された理論である。アメリカ合衆国建国に際して中央集権的な政府制度の構築を主張したアレグザンダー・ハミルトンに理念的な源流を持っており，中央による厳格な地方財政の統制こそ，財政規律を効かせながらも活動範囲が広く活動量の大きな地方自治を機能させるのだと主張する。

　ハミルトニアン・モデルは，地方政府の起債の自律性が高ければ，地方政府に財政規律を破る誘因が働いてしまうことを問題視し，むしろ中央による地方財政の統制を提唱する理論モデルである。つまり，地方間の格差是正のために中央から地方への財政移転を行う一方で，地方政府の財政規律を維持するためには，地方債の発行などを中央政府が厳格に統制することの重要性を強調している。多くの国では，地方政府の活動範囲は拡大し，活動量も増大している。安定的な行政サービスを供給するためには，地方政府の活動を支える財政調整制度が中央政府にとっても不可欠である。なぜなら，中央政府は，地方政府に行政サービスの供給を依存しているからである。他方で，財政規模が大きくなった地方政府が放漫財政によって債務不履行を引き起こした場合，地方の抱える負債が大きければ，それだけ公債市場ひいては経済全体に与える影響は大きい。地方財政の均衡は，中央政府にとって経済運営の点からも重要となる。

　地方政府にベイルアウトを期待させないためのハミルトニアン・モデル的な

解決法は，完全に下位政府に財政的な分権を行った後は中央政府が地方財政に
いっさい関与しないという市場保全型連邦主義的な方法と正反対の方法である。

ハミルトニアン・モデル的な地方税財政制度の採用例として，イギリスを挙
げることができる。イギリスでは，1970年代，（中央からの一般交付金である）
レイト補填交付金（Rate Support Grant）が削減されると，労働党主導の地方自
治体は企業や富裕層への税率を引き上げることによって，既存の福祉プログラ
ムの維持・拡大を図っていった。これに対して，中央政府は，1980年代以降
の一連の地方財政制度改革を通じて地方の法人税率の全国一律化を定着させて
いく。中央の定めた税目以外での課税を認めていないのはもちろん，唯一地方
に認められている税率変更権も中央のインフォーマルな圧力の下にあるといっ
て過言ではない。当然，地方レベルでの自由な起債は認められていない。

「足による投票」モデルと「シティ・リミッツ」論

市場保全型連邦主義とハミルトニアン・モデルが政治的にどのような帰結を
生み出すのかを考える際に手がかりになるのが「足による投票（vote with one's
feet）」モデルと「シティ・リミッツ（city limits）」論，そして日本での経験であ
る。

「足による投票」モデル（あるいはティボー・モデル）は，地方政府間の競争を
通じて効率的な公共サービス供給が実現すると主張している（Tiebout 1956）。
つまり，住民や企業は地方政府の提供する公共サービスの質と量および自らの
財政負担を勘案し，自由に地方政府の境界を越えて移動していくため，住民や
企業を多く呼び寄せたい地方政府は，できるだけ低い負担で高い行政サービス
を実現しようとする。その結果，地方政府間に擬似的な市場競争が発生し，公
共セクターにおいても最適な資源配分が実現すると論じる。

「足による投票」モデルによれば，公共サービス供給を地方政府が多く担え
ば担うほど，それだけ市場メカニズムに匹敵する地方政府間の競争の中にさら
される業務が増えることになり，最適な資源配分が実現する余地が拡大するこ
とになる。それゆえ，このモデルは，財政学の教科書にも大きく取り上げられ
ており，地方分権を正当化するドグマの1つになっている（たとえば，佐藤
2009：95-98頁）。

ただ，問題は，財政学や公共経済学で幅広く受容されている「足による投票」モデルを理論的に突き詰めれば，どのようなことになるのかが十分に知られていない点にある。

　地方分権によって「足による投票」モデルが機能する条件が整ったとき，どのようなことが発生するのかということについて考察した行政学の研究として真っ先に挙げるべきなのは，地方政府間のサービス競争が激化したときに地方政府の政策選択が構造的に制約されることを指摘したシティ・リミッツ論である（Peterson 1981）。政府の政策を，福祉や社会保障などの「再分配」政策と企業誘致のための社会基盤整備や観光資源保護などの「開発」政策とに大きく二分すると，地方政府は，自らの持続的発展を願う限り，開発政策に積極的になり，再分配政策には消極的になっていかざるをえないという。

　たとえば，ある都市が仮に福祉の充実などの再分配的な政策を推進したとすると，周辺の都市に住む低所得者の流入を招いてしまうことになるだろう。移動して充実した福祉の恩恵にあずかれるということであれば，資産を有しない彼らは迷わず移動していくであろう。これは**福祉の磁石**（welfare magnet）効果と呼ばれ，実際にアメリカの州レベルで検証されている（Peterson and Rom 1990）。こうして都市は福祉受給者の急増に早晩直面することになる。ここで福祉プログラムの維持を決断した場合，多かれ少なかれ負担を都市内の企業や富裕層に転嫁せざるをえない。次いで発生するのは，企業や富裕層の都市からの流出である。彼らは資産が十分にあるがゆえに移動も容易である。低所得者で溢れた都市は治安も悪化するであろうし，別の政策領域でもさらなる支出圧力が高まっていくであろう。福祉を充実させることで都市は財政危機に陥っていくのである。

　他方，企業誘致などの開発政策は，直接的な税収増加につながるだけでなく雇用創出という恩恵も都市にもたらす。観光振興のための施策も，観光客の増加だけでなく住民の資産価値を高めていくだろう。また，税収増加は環境整備や減税などの形でさらなる発展のために用いることもできるだろう。さらにいえば，開発政策は，周辺の低所得者を福祉受給者としてではなく労働者として引き寄せ，税収に貢献してくれることが期待できよう。

　以上の可能性を都市の政策決定者が認識している以上，明言するかどうかは

別として，長期的な都市の利益のために，彼らが開発を重視して福祉を縮小していく政策を追求することが合理的な対応となる。その結果，どの地方政府も福祉水準の切り下げを競うかのような状態を指す**底辺への競争**（race to the bottom）を招来してしまう。このように地方政府は開発志向に傾斜していくため，中央政府はどうしてもバランスをとるために再分配志向の政策を重視せざるをえなくなる。再分配の領域では地域間格差よりも全国同一水準で提供することが望ましいサービスが多いことも中央政府による再分配政策への傾斜に拍車をかけていく。

　一連の議論をアメリカと日本で検証した研究によれば，アメリカでも日本でも概して地方は開発政策へ支出をする傾向が強く，中央は再分配の支出を高めていく傾向があることが読み取れる（曽我 2001）。しかし，日本の地方政府はアメリカと比べた場合は，再分配政策を重視する傾向が強い。日本で中央政府よりも地方政府が再分配政策を熱心に行ってきたのは財政調整制度が発達していることの帰結に他ならない。換言すれば，ハミルトニアン・モデル的な地方税財政制度の下で，日本の行政サービスの供給は地域間の財政力格差と関係なく安定的に行われてきたといえる。少なくとも「歳出の自治」の制度的基盤として地方交付税制度が機能していたといえよう。福祉行政の領域でのさまざまな国庫補助負担金に加えて使途が自由な地方交付税こそが，再分配の縮小という構造的制約から地方自治体を大きく解き放ってきたのである。

　しかし，地方交付税の縮減と国庫補助負担金の廃止，税源移譲からなる三位一体改革の結果，地方での財政的自律性が強化されたことを考えると，日本でも地方自治体がこれまで以上に構造的制約に直面する機会が増えていくことが想定される。現行では介護保険やさまざまな福祉プログラムの実施を市町村中心で行うという制度設計になっているが，果たして持続可能な制度なのかどうかは検討の余地がある。行政が供給すべき福祉サービスの量が一定であるとするならば，福祉政策に市町村が消極的になっていくことは大きな問題を投げかけている。住民，そして政治家が福祉サービスの縮小を望まないとき，新たな福祉サービスの供給主体として都道府県や中央政府の役割が再度脚光を浴びる可能性も高い。とりわけ，市町村を保険者として始まった介護保険制度や後期高齢者医療制度が都道府県を単位とした広域連合を形成していき，現在も国民

健康保険のように中央政府が徐々に都道府県を否応なく主体に仕立てた政治過程をみていると，基礎自治体だけで福祉行政を完結させようとする試みはそもそも無理があったといえよう（北山 2011：102-125 頁）。

鼎立不能な３つの制度理念

　市場保全型連邦主義もハミルトニアン・モデルも，地方財源不足の際に中央政府によるベイルアウトへの期待をいかに小さくするのかという点で共通した問題認識を有しているが，いかにその期待を抑えるのかという点では両極端に位置づけることができる。

　市場保全型連邦主義は，地方政府に対する中央政府のコミットメントを極小化することによって，地方政府が自律的に行政サービスの供給を行うことや，地方政府が自らの歳入の範囲内で自らの歳出を決定するようになると論じる。つまり，市場保全型連邦主義は，地方政府の自律性と財政規律という２つの制度理念を追求する理論であるといえよう。

　他方，ハミルトニアン・モデルは，中央政府による厳格な地方政府のコントロールによって，地方政府が放漫な財政運営を行えなくなると同時に，税源格差などの地域間格差を越えて全国共通に行政サービスが供給されると主張する。つまり，ハミルトニアン・モデルは，地方政府の財政規律とともに地域間での格差是正（水平的公平性）という２つの制度理念を追求する理論であるといえよう。ただし，中央政府による画一的な行政が押しつけられ，地方政府が自律性を発揮することは困難である。なお，財政学の研究では，地域間格差の是正は，**財政的公平性**（fiscal equity）の課題とされてきた（持田 2004：221-223 頁）。

　以上の検討から，特に中央政府と地方政府との財政的な関係においては，財政規律の維持，地方の自律性の確保，そして地域間の格差是正という３つの制度理念が重要であることがわかる（図9-1）。繰り返しになるが，市場保全型連邦主義は，財政規律と自律性という２つの制度理念を追求した理論であり，ハミルトニアン・モデルは，財政規律と格差是正という２つの制度理念を追求した理論である。興味深いことに，市場保全型連邦主義は，財政力の低い地方政府への財源移転を行う財政調整制度の役割に否定的であることから，ハミルトニアン・モデルが強調している地域間の格差是正という制度理念を達成する

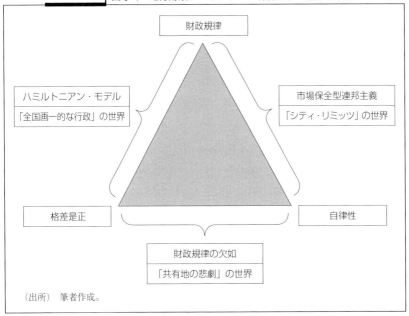

CHART 図9-1　地方財政における 3 つの制度理念と制度的帰結

財政規律

ハミルトニアン・モデル
「全国画一的な行政」の世界

市場保全型連邦主義
「シティ・リミッツ」の世界

格差是正

自律性

財政規律の欠如
「共有地の悲劇」の世界

（出所）　筆者作成。

ことは困難である。同様に，ハミルトニアン・モデルは，地域間格差を解消す
るためには特に財政力の高い地方政府の自律性を抑え込まざるをえなくなるた
め，地方政府の自律性という制度理念を追求することは困難である。つまり，
地方自治制度を設計する際に，財政規律の維持，地方の自律性の確保，地域間
の格差是正という 3 つの制度理念の中で，最大でも 2 つしか満たすことができ
ないということを示していると考えられる。

　では，それぞれの制度理念の組み合わせの結果として想定される地方自治の
あり方を考えてみよう。他の条件が同じであれば，財政規律と自律性を重視す
る市場保全型連邦主義の場合は，自ずと「シティ・リミッツ」の世界に突入し
ていくことになると推論できる。中央政府からのコミットメントが極小化され
たなかで，地方政府は自律的に自らの利益を長期的に追求せざるをえないため，
低所得者や福祉サービスの受給申請者の域内流入を招く再分配政策には消極的
にならざるをえず，減税や資産価値を高める産業誘致や観光振興などの開発政
策に積極的になっていくと考えられるからである。他方，財政規律と格差是正
を追求するハミルトニアン・モデルの場合，中央政府のコミットメントが強い

ために，地方政府はあたかも中央政府の代理人に近いようにみえるかもしれない。しかし，零細な基礎自治体であっても，行政サービスを安定的に供給しうるような帰結になると推論できる。ただし，必要最低限の行政需要が満たされたときには，自己決定という高次の価値観を追求する雰囲気は高まり，全国画一的な行政への不満と中央政府に対して地方分権改革を求める圧力が高まるだろう。

　さて，市場保全型連邦主義が地方の財政規律と自律性という制度理念の組み合わせからなり，ハミルトニアン・モデルが地方の財政規律と地域間の格差是正という制度理念の組み合わせからなるとした場合，じつはもう1つの組み合わせが存在することを見逃してはならない。

　地方自治制度の設計において追求される3つの制度理念の中で，地域間の格差是正と地方の自律性の確保がともに制度理念として追求された場合，地方政府にとって短期的には非常に理想的な状態に近づくかもしれないが，それは**共有地の悲劇**（tragedy of the commons）のような状態を招来してしまう（参加者が短期的な自己利益だけを追求することで，本来は節度ある利用によって永続的に維持することが可能な共有財が枯渇してしまうことの比喩）。それぞれの地方政府が，国家財政全体を考えて規律ある財政支出を行うのではなく，近視眼的に自己利益のために放漫財政を続けることで，国家財政全体が破綻しかねない。いざとなれば，中央政府がベイルアウトしてくれるという期待を地方政府が持つ**ソフトな予算制約**（soft budget constraints）の下では地方の財政規律が緩んでしまう。

　つまり，地方政府に対する中央政府の財政調整制度の下で，地方政府が自律的に域内の政策について決定できる場合，自らの決定によって財政危機が到来したときには，中央政府からのベイルアウトを期待して行動することが短期的視点からは合理的となる。中央政府からのベイルアウトを期待できる以上，地方政府が財政規律を守った政策決定を行うインセンティブは非常に弱くなる。

　もちろん，すべての地方自治体が過剰な支出拡大や地方債の発行を行うわけではないが，若年人口が減少し老年人口が急増している農漁村地域の基礎自治体であれば，ベイルアウトを期待して現在の行政サービス水準の拡大を決めたいという誘惑にさいなまれるはずである。実際に，日本のいくつかの基礎自治体では急激な少子高齢化と人口減少の中で，近隣自治体による救済的合併も進

まず，独自の産業振興もままならず，将来展望の開けないところもある。他方で，一連の地方分権改革において，地方政府の自律性が高められたにもかかわらず，依然として中央政府からの財源移転や各省庁による細かな関与がある。このような場合，地方政府がベイルアウト期待行動をとる懸念を払拭できない。

3 日本における中央地方関係

中央地方関係は，活発に研究成果が発表されている領域である。社会保障や教育政策のように，政策領域から中央地方関係全体を論じる研究が一方にある（青木 2004, 2013；北山 2011；市川 2012）。もう一方には，地方分権の内容，進展とそのメカニズムを官僚たちのアイディアに着目して理論的に明らかにした研究がある（木寺 2012）。

中央地方関係はどのような制度的特徴を有しているのかという論争は，地方自治をどのように考えるのかということを反映したものであり，いまでも振り返る価値は高い。1つは中央省庁による地方自治体の統制を指摘する**垂直的行政統制モデル**であり，もう1つは地方自治体が地元選出の国会議員を通じて中央政府内部の政策決定に影響を及ぼしながら他の自治体と競争しているという**水平的政治競争モデル**である。

垂直的行政統制モデル

垂直的行政統制モデルとは，中央省庁の特権的な官僚が，かつての機関委任事務（現在は法定受託事務），課税自主権の制限と地方交付税や国庫補助負担金などの移転財源への依存といった地方税財政，そして官僚たちの出向人事によって，地方自治体を集権的にコントロールしているという説明モデルである。イギリスなどの単一主権国家の多くで，地方自治体はあくまで中央省庁の忠実な代理人であるという**「代理人」モデル**（agent model）で説明されることが多い。日本の場合は，第2次世界大戦以前からの特権的な官僚が大戦後の民主化改革の中でも温存・強化され，政策決定過程で政治家を凌駕しているという官僚優位論と密接に結びついている点で特徴的である（代表的な研究として，辻

1969)。

　現代の文脈で整理し直すと，垂直的行政統制モデルと呼ばれる研究は，第1
に政策実施過程における地方政府の従属的地位を指摘する。中央省庁は，地方
自治体に対して本来中央で行うべき事務の実施を，裁量を与えずにさせている
だけでなく，その費用の相当部分を地方自治体に負担させている点が問題視さ
れているわけである。かつて機関委任事務制度の下では，国の事務を，国の指
揮監督権を留保したままで各自治体の首長に執行を委任し，事務の執行に関し
て地方議会の議決権も認められていなかった。2000年4月の地方分権一括法
で機関委任事務制度が廃止された現在は，**法定受託事務制度**に再編され，国と
地方自治体との関係は対等とされ，地方自治体に不服があれば**国地方係争処理
委員会**への審査の申し出ができるだけでなく，事務そのものの返上もありうる。
しかし，それでもなお，国が技術的助言や勧告を行うことには，インフォーマ
ルな強制力を伴うのではないか，あるいは，事務執行の費用を地方自治体が負
担するという超過負担問題が解消していないのはおかしいのではないかという
批判はつきまとっている。

　第2に，地方税財政に関する中央政府による地方統制を指摘する。地方政府
が課税自主権を行使できる環境にないことを問題視するのである。地方税制に
おいても，総務省（旧自治省）が地方税法などで，賦課できる税目，納税義務
者，課税客体（具体的課税対象），課税標準（課税客体の価値），税率などを画一
的に決めており，地方の実情を反映させることが困難であると主張する。また，
地方歳入の中で比率の大きい国庫補助負担金については，中央省庁が定めた使
途にしか使うことができず，地方自治体の事情を反映していない点，そして，
その執行手続きや事後評価も省庁によって異なっており，受け取った地方自治
体の事務的負担が大きい点が批判されている。長年，自治大臣の許可制であっ
た地方債発行についても，2006年以降は総務大臣の同意制（事前協議制）に移
行した。しかし，いまなお自由に地方自治体の裁量だけで発行できないことは，
財政自主権の点で問題だと主張している。財政学では，各地方自治体に政策実
施はさせるが，税財政など主要な決定権限については中央政府に留保されてい
るとして**集権的分散システム**と名づけている（神野・金子編 1998）。

　第3に，出向人事を通じての中央省庁による地方統制を指摘する。中央省庁

の官僚（キャリア組）が，地方自治体の特別職や財政・総務部門，農林・土木部門などの幹部ポストに就いて中央で策定された政策を地方自治体で徹底していると主張するのである。特に，総務省（旧自治省系）のキャリア官僚は，入省後すぐに都道府県や政令指定都市に「見習い」として出向し，30代には都道府県の課長級あるいは市の部長級として出向し，40代で都道府県の部長級にて出向することが多い（詳細は第3章を参照のこと）。中央省庁の官僚たちの地方自治体への出向という人事慣行によって，地方自治体で採用された生え抜き職員のモラール（士気）が低下してしまうことを問題視している。

　以上のように，垂直的行政統制モデルは，中央省庁の官僚のイニシアティブを強調し，現状の制度を強く批判するという規範的な特徴を持っている。

▌水平的政治競争モデル▐

　水平的政治競争モデルは，地方自治体が地元選出の国会議員たちを動員して中央の政策決定過程で地方利益を反映させようと競争しているという説明モデルである。1970年代後半から特に政策決定における政治家のイニシアティブの再発見の中で主張されてきた（村松 1988）。

　1980年代に垂直的行政統制モデルの実態観察への批判が噴出した。旧機関委任事務制度は，教育や社会福祉の領域で全国で最低限満たすべき行政水準（ナショナル・ミニマム）を効率よく達成することが重要であった時代の産物である。地方自治体の自律性よりも，まずは住民生活の向上のための社会経済基盤の整備が重視されていたなかで制度を評価すべきであり，実際に，1990年代にその役割が終わったと認識され，2000年に廃止されたわけである。また，旧機関委任事務の下でも法定受託事務の下でも，中央省庁が事務事業の執行を地方自治体に依存していることには変わりはない。そのために，地方自治体は，その執行を中央との取引材料に使うこともありうる。たとえば，2005年の生活保護受給世帯数の月別データ提供を全国知事会が拒否することで，厚生労働省による生活保護費負担金の改正の試みを断念させることに成功している。

　地方税財政についても，日本の地方自治体は，単一主権国家の中で最大規模の自主財源および一般財源を有している（詳細は第8章を参照のこと）。地方自治体の自主財源の小ささを示す「3割自治」という言葉は，じつは誤解を招く比

喩である。地方税収だけで3割を超えている単一主権国家は日本だけであり，連邦国家の規模に匹敵している。また，使途が自由な財源として中央政府から移転されている地方交付税を地方税収と合わせた一般財源でみると5割を超える。つまり，地方自治体で使途を決めることのできる財源が半分以上ある。もちろん，そこには法律で義務づけられた事務の執行が含まれているために完全に自由に使途を決定できるわけではないが，そもそも，地方自治体での最終消費総額が100兆円規模であるのに，中央省庁の官僚が隅々まで画一的にコントロールできるという前提が非現実的である。

　地方債についても，年間10兆円以上も地方債が発行されているだけでなく，地方の長期債務残高だけでも200兆円を超えている現状で，中央政府が何らかの制約をかけることはマクロ経済的にも正しいといえよう。しかも，ある地方自治体がベイルアウトを期待して地方債を安易に発行して債務不履行（デフォルト）に陥った場合，中央政府全体に与える財政的負荷も大きくなる。地方政府による勝手な地方債発行によって日本の公債市場全体が混乱する危険性について慎重な姿勢が求められよう。

　中央官僚の地方出向人事についても，もともと大学進学率が1割だった時代に，中央と周辺地域での人材格差の解消に貢献したという経緯を否定すべきではない。首都圏や大都市圏に集中しがちな優秀な人材を地方圏で確保する手段として，中央政府でプールした人材を周辺地域にローテーション人事で分配し，全国レベルで行政能力の均質化を図ってきたという側面は，発展途上国の地方自治制度の再設計の中で再評価されている。地方自治体も，中央からの出向官僚から政策情報や専門知識を習得して行政能力を向上させ，不要になれば徐々に出向官僚の受入数を減らしている。そもそも，「出自は行動を規定しない」といわれるように，地方公務員に囲まれた出向官僚が地方自治体で出身官庁の利益を振りかざして地方を抑圧するということは考えにくい。むしろ，地方の代表として出身官庁に利益表出を行う行政的回路として機能することも想定できよう。また，首長や地方採用の幹部職員たちが地域的なしがらみの中でなかなか実施が困難な「住民への負担転嫁」や「職員の給与や定数の削減」を行う際に，地方の首長や幹部職員たちは出向官僚を戦略的に活用して実施することも少なくない。行政改革が達成したとき，あるいは政治的に住民や職員の不満

が無視できないときには出向官僚を中央に送り返すという地方自治体も少なくない。

このように，垂直的行政統制モデルの現状認識を批判しながら「選挙」の重要性を取り入れた新たな説明モデルとして，水平的政治競争モデルは登場したわけである。水平的政治競争モデルは，どの地方自治体も，自らの地元選出の国会議員たちを駆使して中央の政策決定者に対して影響力を行使すべく競争している側面を強調している。

特に，議院内閣制の下では最終的な意思決定権はすべて中央政府の内閣にあるといってもよく，そこで地方利益が表出されるのかどうかということが地方自治にとって重要となる。さらに，1選挙区当たり複数名が当選する中選挙区制度（1994年廃止）の下では，与党国会議員は与党内部の同士討ちに備えて都道府県や市区町村の首長や議員たちを個人後援会に組織化していく必要があった。つまり，国会議員たちは，自らの選挙キャンペーンを地方の政治家たちに大きく依存していた結果，国会議員たちは地方の利益に敏感にならざるをえなくなり，地方への利益誘導が行われたという。

新産業都市建設促進法と老人医療の無料化をめぐる政治過程

2つの事例を取り上げることで，現在では水平的政治競争モデルが「分析の前提」とされるに至った経緯を振り返ってみたい（村松 1988）。

1つは，1960年代の新産業都市建設促進法をめぐる政治過程である。1960年の所得倍増計画の下で，池田勇人内閣は，当時の限られた予算を太平洋ベルト地帯に集中して投資する方針を打ち出し，経済審議会などでも合理的な産業配置計画を立案していた。垂直的行政統制モデルが正しければ，太平洋ベルト地帯への集中投資が実現していたはずである。

しかし，現実は，まったく逆に政治の力が働き，分散投資への道をたどることになる。そもそも，農村地域出身の国会議員たちは地域格差の是正こそが最重点課題であると主張し，1962年の全国総合開発計画の策定の中で，全国を13区域に分けて投資するように軌道修正させることに成功する。それでも同年制定の新産業都市建設促進法では，全国10カ所に絞って地域経済発展の核として，補助金や起債で特別な優遇措置が講じられることとされた。

だが，新産業都市の指定をめざす地方自治体は，地元選出の国会議員を動員して「史上最大の陳情合戦」を繰り広げ，収拾がつかない状態に陥ってしまう。結局，指定地域は徐々に拡大され，最終的には 15 か所にまで広がっただけではなく，応急的に 1964 年に工業地域整備法が制定され，工業整備地域としてさらに 6 か所が追加指定されたのである。このように，国からの優遇措置を求める地方自治体の政治的圧力が相互に競合して中央政府に向けられた結果，合理的な集中投資計画は歪められてしまったのである。

　2 つ目の事例として取り上げるのは，革新自治体の政策と老人医療の無料化の実現の政治過程である。**革新自治体**とは，社会党および共産党あるいはいずれかの支持を受けた首長を戴く地方自治体である。東京都，京都府，大阪府，埼玉県などの大都市圏や主要な市町村で続々と革新首長が誕生し，ある指導者に「地方から東京を包囲する」とまで言わしめた。革新自治体は，高度経済成長や急激な地域開発による生活環境の悪化を是正するべく，国よりも厳格に規制を強化していった。また，抽象的な政策目標ではなく数値目標を導入し，地方自治体レベルでの環境政策が充実していった結果，佐藤栄作内閣の政策も動かすことになる。1967 年には公害対策基本法が制定され，1971 年には環境庁が設置された。行政改革の中で純増の形で環境庁が設置されたのは異例のことである。

　また，老人医療の無料化の実現過程も，岩手県沢内村（現・西和賀町）の取り組みが全国の地方自治体に波及して国の政策を変えていった。1960 年，旧沢内村で全国初の 65 歳以上の老人医療費無料化が開始され，翌年には対象年齢が 60 歳以上に拡大された。この動きは，1967 年に発足した美濃部亮吉知事率いる東京都の革新都政にも波及し，1969 年 12 月，美濃部知事は 70 歳以上の医療無料化を導入した。これを契機にわずかな期間で，革新系，保守系を問わず 8 割を超える地方自治体で老人医療費の無料化が実現していく。最終的には，1973 年 1 月から国の制度として 70 歳以上の老人医療費無料化制度が実施される（1983 年施行の老人保健法によって有料化に再転換する）。

　他にも，地方自治体が実質的に中央政府の政策を転換していく事例がある。現在では，垂直的行政統制モデルか水平的政治競争モデルかという論争は終結している。単一主権国家では，地方自治制度の設計を行うのは中央政府の政策

決定者である。彼らがどの程度の行政的あるいは財政的な自律性を地方自治体に付与するのか，そして，その決定をどのような政治的な環境の下で行うのかということに，現在の研究は向かっている。

行政的回路における地方利益の表出機能

　水平的政治競争モデルは，中央政府と地方自治体を結ぶ政治的な回路を通じて地方利益が中央の政策決定過程で反映されているとして，垂直的行政統制モデルと激しく対立していた。しかし，じつは，いずれの説明モデルでも，行政的回路では中央集権的であるという評価では一致している。「中央地方関係の全体を，政治に媒介された相互依存関係とみようとする見解である。この新しい理論は，伝統的な垂直的行政統制モデルを全く誤りと考えるのではない。むしろ，その欠けている部分，すなわち，中央地方の政治構造と政治家がつくり出す過程と伝統的な垂直的行政統制モデルをともに含んだ理論をめざしている」という前提から水平的政治競争モデルが出てきているのである（村松1988：47-48頁）。

　しかし，そもそも行政的な回路の中にも地方利益の表出メカニズムがあることがわかる（北村 2006）。財務省（旧大蔵省）と総務省（旧自治省）をはじめとする中央省庁の課長級以上を対象としたアンケート調査の結果をみてみると，財務省（旧大蔵省）は最も地方自治体に冷淡であるが，総務省（旧自治省）は非常に好意的である。1976年，1985年，2001年の3回の調査で「地方自主財源を増やすべきかどうか」という質問に対して，財務省（旧大蔵省）の回答の平均は，他省庁と比べて「大きすぎる」に傾斜している。他方，総務省（旧自治省）の回答の平均は「もっと多くするのが望ましい」であり，回答に分散もまったくないことから回答者全員が3回ともにまったく同じ回答をしていることがわかる。質問文は異なるが2019年の官僚意識調査においても，同様の傾向がみられる（北村 2022，122-123頁）。つまり，地方交付税の算定および配分のみならず地方自治に関する権限を有している総務省（旧自治省）が，最も地方自治体の利益のために行動していることがわかる（北村 2006，特に219頁）。

　こうした一連の調査の結果から，地方自治体から中央官庁に直接に利益を表出する行政的回路が存在していることが明らかである。垂直的行政統制モデル

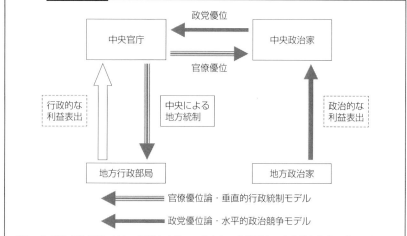

CHART 図9-2　各研究の位置づけ

政党優位

中央官庁　→　中央政治家

官僚優位

行政的な
利益表出

中央による
地方統制

政治的な
利益表出

地方行政部局　　　　　　　　地方政治家

←　官僚優位論・垂直的行政統制モデル

←　政党優位論・水平的政治競争モデル

（注）　矢印は「誰が誰に対して影響力を持つのか」という影響力の方向性を指す。官僚優位論とは，第2次世界大戦以前の中央官庁の特権的な官僚が大戦後の民主化改革の中でも占領政策を実施するために「温存・強化」されたために，政策決定過程で政治家（中央政治家）の影響力を圧倒しており，議会制民主主義の確立を阻害する要因だという考え方である。他方，政党優位論は，国権の最高機関にして唯一の立法機関として国会の正統性が確立したことと，1955年結党の自由民主党が長期政権を構築したことで，政治家が政策知識と情報を獲得していき，政策決定過程に良くも悪くも影響力を行使しているという考え方である。

でも水平的政治競争モデルでも集権的であるという評価が与えられてきた行政的回路の中にも地方利益の表出が行われているということができよう（図9-2）。

EXERCISE ●演習問題

□1　少子高齢化や人口減少，財政赤字を抱える現代の日本社会にとって，「全国画一的な行政」の世界，「シティ・リミッツ」の世界，「共有地の悲劇」の世界という3つの帰結の中でどれかを選択しなければならないとすれば，どれが「よりましな選択」か考えてみよう。また，この3つ以外の選択肢はありうるのでしょうか。

□2　新聞記事やニュースなどを手がかりにして，日本の地方自治体が中央省庁に行動を制限されているがゆえにうまく住民に対応できていない例を探してみよう。また，逆に，制限されているにもかかわらず，地方自治体が自らの意思を貫徹さ

せた例も探してみよう。

読書案内 | Bookguide ●

　村松岐夫『地方自治』（東京大学出版会，1988 年）が，サーベイ調査の結果を用いてパラダイム転換を図った古典的労作である。また，福祉政策の観点から中央地方関係の展開を論じた研究書として，北山俊哉『福祉国家の制度発展と地方政府──国民健康保険の政治学』（有斐閣，2011 年），市川喜崇『日本の中央─地方関係──現代型集権体制の起源と福祉国家』（法律文化社，2012 年）を挙げることができる。そして，官僚の有する地方分権に関する理念や知識の重要性を強調することで地方分権を論じた研究書が，木寺元『地方分権改革の政治学──制度・アイディア・官僚制』（有斐閣，2012 年）である。

引用・参考文献 | Reference ●

青木栄一（2004）『教育行政の政府間関係』多賀出版。

青木栄一（2013）『地方分権と教育行政──少人数学級編制の政策過程』勁草書房。

天川晃（1986）「変革の構想──道州制論の文脈」大森彌・佐藤誠三郎編『日本の地方政府』東京大学出版会。

市川喜崇（2012）『日本の中央─地方関係──現代型集権体制の起源と福祉国家』法律文化社。

大杉覚（1994）「行政改革と地方制度改革」西尾勝・村松岐夫『講座行政学 第 2 巻 制度と構造』有斐閣。

北村亘（1997）「新制度論による比較地方自治分析の理論的可能性」『甲南法学』38（1・2），75-114 頁。

北村亘（2006）「中央官庁の地方自治観」村松岐夫・久米郁男編『日本政治 変動の 30 年──政治家・官僚・団体調査に見る構造変容』東洋経済新報社。

北村亘（2007）「中央地方関係の理論的分析へのいざない」『レヴァイアサン』40，122-129 頁。

北村亘（2009）『地方財政の行政学的分析』有斐閣。

北村亘（2022）「2019 年の中央官庁の地方自治観」北村亘編『現代官僚制の解剖──意識調査から見た省庁再編 20 年後の行政』有斐閣。

北山俊哉（2000）「比較の中の日本の地方政府──ソフトな予算制約下での地方政府の利益」水口憲人・北原鉄也・秋月謙吾編著『変化をどう説明するか──地方自治篇』木鐸社。

北山俊哉（2011）『福祉国家の制度発展と地方政府——国民健康保険の政治学』有斐閣。

木寺元（2012）『地方分権改革の政治学——制度・アイディア・官僚制』有斐閣。

佐藤主光（2009）『地方財政論入門』新世社。

神野直彦・金子勝編（1998）『地方に税源を』東洋経済新報社。

曽我謙悟（2001）「地方政府と社会経済環境——日本の地方政府の政策選択」『レヴァイア
　　サン』28，70-96頁。

曽我謙悟（2008）「政府間ガバナンスに関する最近の研究動向」『年報政治学』2，144-165
　　頁。

辻清明（1969）『新版 日本官僚制の研究』東京大学出版会。

西尾勝（1990）『行政学の基礎概念』東京大学出版会。

村松岐夫（1988）『地方自治』東京大学出版会。

持田信樹（2004）『地方分権の財政学——原点からの再構築』東京大学出版会。

持田信樹編（2006）『地方分権と財政調整制度——改革の国際的潮流』東京大学出版会。

リード，スティーヴン・R／森田朗・新川達郎・西尾隆・小池治訳（1990）『日本の政府
　　間関係——都道府県の政策決定』木鐸社。

Ashford, Douglas E. (1982) *British Dogmatism and French Pragmatism: Central-Local Policymaking in the Welfare State*, George Allen & Unwin.

Jin, Hehui, Yingyi Qian, and Barry Weingast (1999) "Regional Decentralization and Fiscal Incentives: Federalism, Chinese Style," Economics Department Working Paper, Stanford University, USA.

Musgrave, Richard (1959) *The Theory of Public Finance: A Study in Public Economy*, McGraw-Hill.

Oates, Wallace (1972) *Fiscal Federalism*, Harcourt Brace Jovanovich.

Peterson, Paul E. (1981) *City Limits*, University of Chicago Press.

Peterson, Paul E., and Mark C. Rom (1990) *Welfare Magnet: A Case for a National Welfare Standard*, Brookings Institution Press.

Rodden, Jonathan A. (2006) *Hamilton's Paradox: The Promise and Peril of Fiscal Federalism*, Cambridge University Press.

Rodden, Jonathan A., Gunnar S. Eskeland, and Jennie Litvack eds. (2003) *Fiscal Decentralization and the Challenge of Hard Budget Constraints*, MIT Press.

Tiebout, Charles M. (1956) "A Pure Theory of Local Expenditures," *Journal of Political Economy*, 64, pp. 416-424.

Weingast, Barry (1995) "The Economic Role of Political Institutions: Market-Preserving Federalism and Economic Development," *Journal of Law, Economics, and Organization*, 11, pp. 1-31.

第 **4** 部

2つの自律性の中での
地方自治の展開

PART

CHΛPTER **10** 学 校 教 育
11 子育て行政
12 高齢者福祉

　第 4 部では，第 2 部や第 3 部で考察してきた地方政府の 2 つの自律性の議論を踏まえて，実際に第 1 部で説明した地方政府の運営の主体たち（首長，議員，公務員）がどのように行政サービスを供給しているのかを考察する。少子高齢化・人口減少の時代に，現役子育て世代の主たる関心は，保育園や義務教育といった教育サービスや，両親の介護だといわれている。また，教育や福祉は，市町村も特別区もともに同じ権能を有する分野であり，中央政府，都道府県，市区町村が協働して住民に行政サービスを供給しているという点で，日本の公共セクター全体を理解するための格好の素材である。

　そこで，教育と福祉を取り上げて，「地域社会に対する自律性」と「中央政府に対する自律性」の 2 つのバランスをとりながら，地方政府がどのように自らの政策目標を達成しようとしているのかを概観する。最初に取り上げる学校教育は，政治的代表であることを理由にしばしば介入を図ろうとする首長と，中立性や専門性の観点から独立性を維持しようとする専門家集団が争う領域である（第10 章）。次いで，保育所の待機児童問題などで話題となっている「子育て」について説明する（第 11 章）。最後に，高齢化の進展とともに誰にも平等にやってくる「老い」への行政の対応を考えるため高齢者福祉を取り上げる（第 12章）。

学 校 教 育

INTRODUCTION

　対人サービス（ヒューマンサービス）の多くは地方政府を通じて提供される。学校教育はその中で重要なものの1つである。ヒューマンサービスの提供には多額の予算を必要とするため，地方政府だけではなく中央政府も関与する。そこで，地方政府としては中央政府からの財政移転を求めつつも，地方政府独自の教育政策を展開しようとする（自律性Ⅱ）。他方，学校教育に対する家庭や地域住民からの要望は多様化・複雑化している。たとえば，国際化に対応した英語教育への期待は高い。地方政府はこうした要望に対して応答しなければならないが，あらゆるニーズに対応することは財政的にも教員の能力的にも困難である（自律性Ⅰ）。

　また，少子化の進展が学校教育に与える影響は大きい。学校教育の対象（顧客）となるのは児童生徒であるが，日本では少子化の影響で児童生徒数が激減している。そのため，サービスの提供の場である学校の統廃合が進んでいる。ところが，サービスを提供する主体である教員については，少人数学級や特別な教育ニーズに対応するため，児童生徒数の減り方と比べるとそれほど減少していない。本章では，このような縮小社会が如実に反映される学校教育の現状を述べていく。

1 学校教育の担い手は誰か

▎学校教育の政府間関係──複数の政府がかかわる仕組み ▎

　義務教育制度に関する中央政府と地方政府の役割分担をみると，小中学校を設置する市町村だけではなく，都道府県や文部科学省も権限を持っていることがわかる（図10-1）。特に都道府県は教職員給与を負担し，人事権限を持っており，非常に大きな権限が与えられている。では，どうしてこのように政府間で権限が分散しているのだろうか。そのことは義務教育の運営にどのような影響を及ぼしているのだろうか。また，少子高齢化時代にあって，**義務教育**にはどのような変化が生じているのだろうか。

　義務教育については，小中学校の建設，運営は市町村が権限と責任を持つ。教員の給与負担と人事管理については都道府県が権限と責任を持つ。市町村立学校の教員は，身分上は市町村の職員であるが，給与負担主体である都道府県職員としての意識を強く持っている。なお，政令指定都市については，2017年度から教員給与負担の責任を担うようになり，それに対応した税制改正（県民税所得2％分の政令指定都市への移譲）も行われた。文部科学省は義務教育費国庫負担金制度による教員給与の財政補助を行うほか，カリキュラムの大綱づくりを行う（学習指導要領）。

　高等学校と**特別支援学校**の設置と運営は原則として都道府県の責任であるが，まれに市町村立の高等学校や特別支援学校もある。都道府県と市町村の間の関係をめぐって興味深いのが，大阪市立特別支援学校全12校が2015年度末に，大阪市立高等学校全18校が2021年度末に，大阪府に移管された事例である。

▎融合的政府間財政関係──中央政府が地方政府を支える仕組み ▎

　日本の義務教育を考える際に最も重要な特徴として指摘しなければならないのは，**財政移転制度**である（青木 2016）。中央政府と地方政府の最終支出額のシェアをみると，学校教育費（義務教育に高等学校，幼稚園などを含む）では84％が最終的に地方政府から支出されている（2021年度決算；第8章参照）。義務教

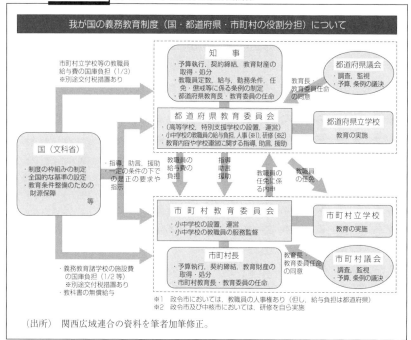

CHART 図 10-1　学校教育の政府間関係

我が国の義務教育制度（国・都道府県・市町村の役割分担）について

（出所）　関西広域連合の資料を筆者加筆修正。

育費については，教員給与と学校建設について国庫負担金制度と交付金制度が整備されている。教員給与は3分の1が文部科学省所管の**義務教育費国庫負担金**によって負担され，残りの3分の2は総務省所管の地方交付税によって財源保障される。つまり，教員給与は事実上全額が中央政府からの財政支援であり，**融合的政府間財政制度**となっている。学校建設については，たとえば校舎を新築する場合には，元利償還費（地方債の返済費用）の地方財政措置があるため，最終的には事業費の9割近くが中央政府からの財政移転によって賄われる。このように，教員給与と学校建設という義務教育の二大経費に対する中央政府の財政支援は，ナショナル・ミニマムの達成・維持という原理に裏づけられており，そのための制度化がなされている。なお，高等学校の教員給与や学校建設の財源は都道府県の一般財源（地方交付税）である。

　文部科学省の2021年度予算は5兆3000億円程度である。このうち義務教育費国庫負担金が1兆5000億円程度であり，文部科学省予算の約3割を占め，最大の費目となっている。2021年度に支出された地方教育費の総額（都道府県

図10-2 都道府県・市町村の教育費

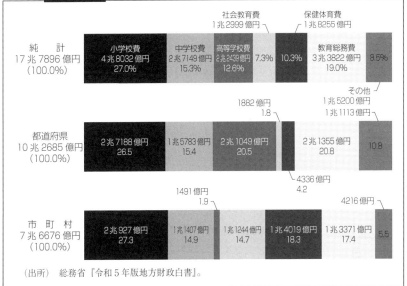

（出所） 総務省『令和5年版地方財政白書』。

と市町村の純計）は約17兆8000億円である。このうち学校教育費（小学校費＋中学校費＋高等学校費）のシェアは54.9％であり，義務教育費（小学校費＋中学校費）だけでも総額の約42.3％のシェアである。公民館や図書館の整備など社会教育に関する支出もあるが，学校教育費，特に義務教育費の支出シェアが大きい（図10-2）。

地方財政の歳出総額（都道府県と市町村の純計）に占める教育費の割合は14.4％である（第8章参照）。これは民生費（25.4％）に次ぐシェアである。都道府県の歳出総額に占める割合は15.5％，市町村では11.3％である。教育費のシェアは2003年度には18.6％であり，すべての費目で最も大きなシェアであったが，児童生徒数の急減と高齢者の増加に伴う民生費の急増により減少している。

都道府県では，小中学校の教職員の給与を負担するため，都道府県予算全体に占める教育費のシェアが大きい。たとえば，岐阜県の2023年度予算では，教育費は約1870億円であり，これは県の予算総額約8900億円の21％であった。市町村は小中学校の建設費，運営費を負担する。たとえば，長野県上田市の2023年度当初予算をみると，教育費は約67億円であり，予算総額シェア第

5 位である。これに対して，2016 年度当初予算をみると，教育費は約 78 億円であり，予算総額シェア 3 位の 11.1％ であった。少子化に伴い教育費のシェアが低下している。

　ただし，学校あるいは社会教育施設の建設費を支出した年度はシェアが一時的に大きくなる。なお，最も大きなシェアは民生費（34.3％）であり，ある研究によれば教育費との競合関係も指摘されている（廣谷 2020）。

児童生徒・学級・学校

⫸ 子どもが減り続ける社会

学校教育に対する少子化の影響

　義務教育の顧客である児童生徒数は，戦後大きな変化を経験している（図10-3）。特に，2 次にわたるベビーブームが児童生徒数の急増・急減に与えた影響は大きい。たとえば第 2 次ベビーブーム世代は高等教育進学者が増加し始めた世代であり，高等教育進学率を押し上げた。また，第 2 次ベビーブーム世代が小学校に入学した 1980 年代以降，児童生徒数が一貫して減少している。これは第 2 次ベビーブーム世代による第 3 次ベビーブームが起こらなかったからとされる。第 2 次ベビーブームの時期からみると，2010 年代にはその半数程度しか在学していない。小学校の児童数でいえば，第 2 次ベビーブーム世代が小学校に入学した 1981 年度には 1192 万 4653 人の児童がいたのに対して，2022 年度にはその半数程度の 615 万 1305 人しか小学校に在学していない（図10-3）。中学校の生徒数も同様に減少を続けている。このように，2020 年代の義務教育では児童生徒という顧客がピーク時と比べて大幅に少なくなっている。これが 2010 年代から続く日本の教育の姿である。

　児童生徒数の減少が教育政策に与える影響は計り知れない。児童生徒数を基礎として 1 校当たりの教員数が算出されるから，児童生徒数の減少は教員数の減少につながる。もちろん，ただちに教員が削減されるわけではない。というのも，まず生じるのは 1 学級当たりの児童生徒数の減少であって，1 学年当たりの学級数が減少した時点で初めてその学校（学年）の教員数が削減されるか

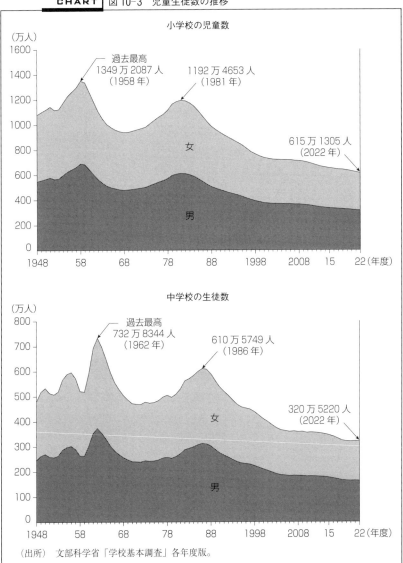

小学校の児童数

（万人）

過去最高
1349万2087人
（1958年）

1192万4653人
（1981年）

女

615万1305人
（2022年）

男

1948　58　68　78　88　1998　2008　15　22（年度）

中学校の生徒数

（万人）

過去最高
732万8344人
（1962年）

610万5749人
（1986年）

女

320万5220人
（2022年）

男

1948　58　68　78　88　1998　2008　15　22（年度）

（出所）　文部科学省「学校基本調査」各年度版。

らである。すべての学年が1学級となり，それぞれの学級の人数も1桁となれ
ば，その次には学校統廃合が検討される。

　このように顧客である児童生徒の数が減少し，サービスの提供主体たる教員
数も減少する。さらには提供の場である学校も減っていく。このような縮小領

域である教育に対しては，地方政府の財政当局から厳しい削減圧力を受ける。ただし，**義務標準法**（公立義務教育諸学校の学級編制及び教職員定数の標準に関する法律）によって公立小中学校教員の定員が定められており，その大幅な削減は困難である。そのため，首長は教員以外の職員の削減や学校統廃合を行おうとする。

学 級 数

　義務教育は学校という場を通じて提供される。そして，同一年齢の児童生徒によって学年が構成され，1学級当たりの上限人数が法令によって定められている。現行制度では1学級の上限は小学校では35人（ただし全学年で実現するのは2025年度），中学校では40人であり，**学級数**はこの算定式によって決まる。ただし，自治体によっては独自に教員を雇用することで，この上限を引き下げ**少人数学級編制**を実施している。なお，公立学校1学級（単式学級：同一年齢で編制）当たりの児童数は2010年代の10年間（2010〜19年）で，小学校で28.2人から22.3人に，中学校で32.6人から31.8人へと減少した。少人数学級編制の多くは30人程度を上限とする。小学校では全国平均ですでに少人数学級編制の上限を下回っている。これが意味するものは，自治体によっては少人数学級編制をあえて行う必要がないということである。そして，個々の都道府県が学級編制する際には，域内市町村のニーズへの配慮が必要となる。すでに少人数学級編制が可能な市町村にとっては，都道府県が追加費用を支出して他の市町村に少人数学級編制を保証することは，資源配分上の不利益と映る可能性がある。

　さて，2010年代10年間の学級数の推移であるが，単式学級数は小学校では増加しているのに対して（23万7526学級から26万9587学級），中学校では減少している（9万8999学級から9万186学級）。これは小学校では2011年度から小学校1年で，そして2012年度から実質的に小学校2年でも35人学級が実施されたからである。なお，2025年度には小学校全学年で35人学級が実現する見込みである。保護者が避けたがる複式学級（複数の学年で編制）も減少している（小学校5804学級から4492学級，中学校200学級から159学級）。これに対して，特別支援学級数の伸び率は，小学校で1.5倍（3万329学級から4万6554学級），中

学校でも 1.5 倍（1 万 3616 学級から 1 万 9692 学級）と大きい。つまり，2010 年代は児童生徒数の急減期ではあるが，特別支援ニーズの高まりを受け，特別支援学級数の急速かつ大幅な伸びが目立つ。このことは，従来均一な対象（児童生徒）を前提としていた義務教育政策が，多様な対象を考慮したものへと変容しつつあることをはっきりと示している。

▌ 学 校 数 ▐

　設置者別小中学校数は以下のとおりである。令和 4 年度「学校基本調査」によれば，国公私立合計で 1 万 9161 校の小学校と，1 万 12 校の中学校がある。このうち公立学校のシェアが圧倒的である（小学校 1 万 8713 校，97.7％：中学校 9086 校，90.8％）。なお私立小学校がこの少子化時代にあって増加傾向である（2005 年度 194 校，2015 年度 227 校，2022 年度 243 校）。特に私立大学を擁する小学校を新たに設置し始めている（例：関西大学初等部 2010 年，関西学院大学初等部 2008 年，同志社小学校 2006 年，立命館小学校 2006 年）。

　学校施設は市町村が管理する公共施設の約 4 割を占めている。災害の際の避難所に指定されている小中学校は 3 万校のうち 2 万 9000 校である。高等学校は約 8 割，特別支援学校は約 4 割が避難所に指定されている。なお，コンビニエンスストアが約 5 万 7000 店，郵便局が約 2 万 4000 局であることを考えるとその多さがわかるだろう。義務教育の提供の場である小中学校数は平成期に急減した。1989（平成元）年に 2 万 4608 校あった公立小学校は，2018（平成 30）年に 1 万 9591 校にまで減少した。公立中学校も同様に 1 万 578 校から 9421 校に減少した。

　小中学校数の減少の要因は，**学校統廃合**である。特に平成の大合併期（1999 から 2010 年度）は 12 年間で小学校 2231 校，中学校 491 校が減少した。さらに興味深いことに，それ以降（2011 から 2018 年度）の 8 年間で同じようなペースで学校数が減少（小学校 2006 校，中学校 494 校）している。自治体の合併時には統廃合をまぬがれた小規模校が統廃合の対象となる（多くは「吸収」された自治体に所在する学校と推測される）。

　学校数が減少すれば身近に学校が存在しなくなり，通学時間が増加することが予想される。たとえば，群馬県東吾妻町では 2015 年度に町立中学校 5 校す

べてを1校に統合し，9路線のスクールバスを運行している。最大19kmを40分かけて通学する。他方，岡山県笠岡市は4つある島の4小学校（いずれも10人前後）の存続を決定した。その理由はスクールボートによる通学は50分かかるからである（『読売新聞』2015年1月22日付）。なお，2015年に出された文部科学省通知「公立小学校・中学校の適正規模・適正配置等に関する手引」では，通学時間をおおむね1時間以内を目安としている。

児童生徒数の減少を受け，学校統廃合が急速に進展していることは確かである。しかし，この理由は財政効率の追求だけではない。むしろ，クラス替えを可能とする規模の学校を保護者や地元住民も求めるという，いわば教育的な理由もある。

義務教育は原則として個々の市町村が提供する。つまり，個々の市町村が学校を設置する。学校統廃合が進行すれば，域内に小中学校が1校だけとなる市町村も増えていく。2010年に小学校1校，中学校1校しかない自治体数は161（1750自治体中9.2%），小学校1校，中学校0校の自治体は7（0.4%）だったが，2019年には「1小1中」の自治体は220（1741自治体の12.6%），「1小0中」が9（0.5%），義務教育学校1校のみが7（0.4%）となり，統廃合の余地のない自治体が増えている（廣谷貴明氏の研究による）。なお，中学校1校だけの自治体も2010年で470（27.0%），2019年で554（31.8%）と増加した。学校選択制が教育政策の目玉となることもあるが，それは都市部の地方自治体に特有のことであり，その一方でそもそも学校の選択の余地すらない市町村も少なからず存在しているのである。

市町村が公立小中学校の設置者であるという原則を維持することは，もはや困難になりつつあるといえる。仮に少子化がさらに進行すれば，その際には複数の市町村が共同で学校を設置することも検討されるだろう。あらゆる公共サービスを単体で提供するフルセット型地方政府モデルの放棄が近づいている。すでに一部事務組合立学校という制度も存在している（令和4年度「学校基本調査」によれば，小学校で11校，中学校で25校，全日制高等学校で3校）。なかには県境に設置された，正式な校名が日本一長い小中学校の例がある（高知県宿毛市愛媛県南宇和郡愛南町篠山小中学校組合立篠山小学校・同中学校）。

なお，参考までに高校教育について簡単に紹介する。将来推計によれば

2029年に15歳人口が100万を割り込み，2036年には81万となる見込みである（2022年の4分の3）。すでに1741市町村のうち公立高等学校が1校もない自治体が489（28.1％），1校しかない自治体が640（36.8％）であるが，さらなる統廃合も見据えた動きが各都道府県で進められている。

③ 教　職　員

⊪▶ 地方公務員として公教育を支える人

▌少子化時代の教員数▐

　義務教育はヒューマンサービスの典型であり，学校には多くの教員がサービスの提供に携わる。地方公務員は全体で約280万人であるが，教育部門（幼稚園から公立大学まで，教員以外のスタッフも含む）がその4割近く（106万人）を占めている（「令和4年地方公共団体定員管理調査結果」：2022年時点）。小中学校だけではなく高等学校についても中央政府が定員に関して基準を定めている。たとえば，1学級の上限人数が40人の場合，41人だと2学級（教員2人）となるが，40人であれば1学級（教員1人）となる。

　都道府県では一般行政部門の定員削減率が教育部門よりも大きいが，市町村では反対に教育部門の削減率のほうが一般行政部門よりもはるかに大きい（「平成28年地方公共団体定員管理調査結果」）。2006年から2016年の10年間で，都道府県の一般行政部門では平均で15％の定員が削減されたのに対して，教育部門では5％の削減にとどまっている。これは義務教育学校の教員については法令上の定員が定められていることによる。市町村については，一般行政部門では，平均で10％の削減率であるのに対して，教育部門では29％の高い削減率である。市町村の教育部門（幼稚園教諭，学校給食調理員など）については，都道府県の定員となる義務教育教員のように法令上の定員の「縛り」がないことから，削減が容易であることが指摘できる。さらにいえば，一般行政部門との比較では，教育部門については法令の制約がなければ（隙あらば）かなりの削減が試みられるということでもある。ただし，実際は現に雇用されている教職員を解雇するのではなく，定年退職者分の人件費を非正規雇用に回すなどし

て人件費削減を志向するのが一般的である。

　少子化が進んでいるが，2010 年代を通じて教員数（国公私立）はそれほど減少していない。小学校では 2010 年度が 41 万 9776 人で 2019 年度が 42 万 1935 人である。中学校では 2010 年度が 25 万 899 人で 2019 年度が 24 万 6825 人である。この背景には，国による小学校 35 人学級等の少人数学級編制，特別支援学級設置という新しい教育政策に伴う雇用数の増加が挙げられる。

　義務教育の場合，教員は一般的に設置者である市町村の区域を越えた異動をする。これは都道府県が給与負担をしていることから人事権を持つことによる。いわゆる広域人事が行われることで，市町村間の人材の偏在を防ぐことができる。特に離島や山間僻地を抱える都道府県では広域人事を活用している。これは医療（無医村，医師のいない離島）の状況とは異なる。公立学校の教員人事システムの特徴は，公務員として大量に雇用され，そうであるがゆえに広域人事が可能となり，その結果として県内の人材の偏在も回避できる点にある。また，全県的に数多くの教員の人事管理を行うため，多くの都道府県には本庁の出先機関である教育事務所が置かれ，域内数ブロックの教員人事を担当している。教育委員会は，異動に採用，転出入，離職を含めると，毎年教員全体の 3 割近くの数の人事案件を処理しなければならない。

　義務教育はそのほとんどが公立学校で行われる。そこで雇用されている教員は公務員であり，基本的にはフルタイムで勤務する。公立小中学校の正規教員と非正規教員の比率であるが，約 10 年ぶりに調査が行われた 2021 年度で，87.4%，12.6% である。前回調査の 2012 年度が 83.9%，16.1% であり，この10 年間で正規教員の率が改善された。都道府県・政令市別にみると，非正規率が高いのは岡山市（79.8%），奈良県（79.5%）であり，正規率が高いのは愛媛県（94.9%），新潟市（94.9%）である。

職業としての教員

　日本の教員養成は**開放制**と位置づけられる。戦前のように師範学校が独占的に教員養成を担う閉鎖制ではなく，教職課程の置かれる大学（短大）であれば教員免許を取得できる。

　小中学校の教員が新卒採用されるのは意外と難しい（文部科学省「学校教員統

計調査」）。2010 年度は公立小学校の新卒採用者 6418 人に対して新卒以外採用者が 8679 人だった（教育委員会からの異動を除く）。2019 年度は新卒採用者 9488 人に対して新卒以外採用者が 8066 人だった。

新卒採用者をこれまで輩出してきたのは地元（県内教員養成系）国立大学だったが，私立大学の存在感が増している（文部科学省「学校教員統計調査」）。公立学校教員の輩出元をみると，2010 年は県内国立 27.5%，県内公立 12.1%，県内私立 17.8%，県外国立 18.6%，県外公立 2.7%，県外私立 21.3% であった。2019 年は同様に 26.3%，9.6%，24.7%，14.0%，2.1%，23.3% であった。県内国立のシェアは微減にとどまっているものの，県内私立のシェアが大きく増加している。

1997 年度の調査では，小中学校ともに県内外のシェアは現在とそれほど異ならないが，県内国立のシェアが非常に高かった。小学校では県内国立の卒業者が 5 割と他のカテゴリーを圧倒していた。次いで県外国立卒業者が約 25% であった。中学校でも同様であり，県内国立卒業者が 4 割弱のシェアであった。次いで県外私立の約 25% であった。地元国立教員養成系大学の人材輩出機能が大きく低下している。

第 2 次ベビーブーム世代が小学校に入学し始めた 1980 年代初めは教員の大量採用時期でもあった。その時期に採用された教員が退職を迎え，県によってタイミングは異なるが，大量採用時期を再び迎えている。さらに，小学校の 35 人学級の導入等，教員需要が増している。その結果，少子化時代でありながら，2010 年代を通じて全国的に教員採用試験の倍率は低下傾向である。小学校では 2010 年度に 4.4 倍であったが，2019 年度には 2.8 倍と 3 倍を割り込んだ（2022 年度は 2.5 倍）。中学校では 2010 年度に 8.7 倍であったものが，2019 年度には 5.7 倍となり，6 倍を割り込んだ（2022 年度は 4.7 倍）。

教員採用試験の倍率低下と教員不足は深刻な政策課題として捉えられるようになった。たとえば，文部科学省は 2021 年度に「教師不足に関する実態調査」を実施した。採用試験の倍率低下には，教員の多忙化言説が影響しているという見方もあるが，実際のところはわからない。また公務員の定年引き上げが 2023 年度から開始されるので，教員の新規採用数も減り，再び倍率が上昇する可能性もある。

教員不足についても，はたして教員の不人気がどこまで影響しているかは判然としない。採用数が増えることで，これまで採用に至らなかった層が正規教員として雇用されるようになったことはあまり注目されていない。かつては「雇用の調整弁」的機能を担っていた非正規教員の多くが払底した影響は大きい。

　なお，企業の採用活動と競合できるように1次選考の前倒しも2024年度から開始される見込みである。さらに，都道府県・政令市の負担軽減を図る目的で，文部科学省による1次選考の筆記試験を全国共通化する動きがある。これまで都道府県・政令市が実施してきた教員採用試験に国がかかわる可能性が出てきた。これが集権化を意味するのか，国による都道府県・政令市に対する垂直補完なのか，興味深い素材である。

　公立小中学校の教員には，人材確保のために給与の優遇措置が法令で定められている。なお昇給カーブが行政職より緩やかなこと，行政職よりも給料表の級が少ないことから，おおよそ40歳代から行政職のほうが給与水準は全体的には高くなる。初任給をみると，2021年度の小中学校教員の大卒初任給の全国平均は20万9495円であり，一般行政職の大卒初任給の全国平均は18万7623円である（総務省「地方公務員給与の実態」〔令和3年〕）。長野県の年収例（2016年）でみると，小中学校教諭では，25歳で391万円，35歳で576万円，45歳で693万円である。一般行政職では25歳主事で334万円，35歳主任で485万円，45歳係長で639万円である。管理職については，教頭（51歳）で799万円，校長（56歳）で862万円である。一般行政職では56歳課長（7級）で866万円，57歳部長（8級）で987万円，58歳部長（9級）で1117万円である。このように，給与の面からみると校長は本庁課長級であり，部長級の給与まで昇給しない。

　教員（ここでは公立小中学校に加えて，高等学校，中等教育学校，特別支援学校を含む数値）の精神疾患による病気休職者数をみると，2014年度で5045人であり，これは在職者の0.55％だった。その後，2021年度は5897人，0.64％と増加しつつある（文部科学省「公立学校教職員の人事行政状況調査」〔平成26年度，令和3年度〕）。地方公務員の長期病休者のうち「精神及び行動の障害」を理由とする者の数の推移をみると，2014年度には地方公務員全体の1.24％が該当してい

たが，2021 年度には 1.90％ に上昇した（一般財団法人地方公務員安全衛生推進協会「地方公務員健康状況等の現況〔平成 26 年度，令和 3 年度〕」）。この比率は 10 年前の約 1.6 倍，15 年前の約 2 倍であり，他の疾患が横ばいであるのと対照的である。国家公務員については 2021 年度の長期病休者は 6500 人（全職員の 2.32％）で，そのうち「精神及び行動の障害」が 4760 人（長期病休者の 73.2％）だった。全職員に占める長期病休者率，「精神及び行動の障害」による長期病休者率ともに 5 年前の調査から大きく増加した（人事院「国家公務員長期病休者実態調査」）。

　厚生労働省「労働安全衛生調査（実態調査）」（令和 3 年度）の中の「過去 1 年間にメンタルヘルス不調により連続 1 か月以上休業又は退職した労働者がいた事業所割合及び労働者割合」によれば，全産業平均で 0.5％ の社員が連続 1 か月以上休業した。また，産業規模別でみると，1000 人以上という大規模の企業で 0.9％ と高い数値となっている。

　つまり，教員のメンタルヘルス不調による休職率（0.69％）は，公務員の中では相対的に低い水準であり，全産業平均よりもわずかに高い。教員のメンタルヘルスに関連して，2006 年と 2016 年と 2022 年の文部科学省「**教員勤務実態調査**」や 2013 年と 2018 年の **OECD 国際教員指導環境調査**（TALIS）によって，日本の教員の労働時間が世界的に長いことが明らかとなっており，教員採用試験の倍率低下や教員不足が政策課題となるなかで，教員の働き方について関心が高まっている。

4 縮小領域としての教育の新しい動向

　日本の地方自治において，義務教育は大きなウエイトを占めてきた。地方公務員数に占める教員数，地方財政に占める教育費の割合がそれを裏づけている。ところが，1980 年代から，少子化に伴う児童生徒数の急減が続いてきた。これが，学校統廃合，教員の定数削減といった政策論議を呼び，近年では財務省と文部科学省の攻防は年末の予算編成時期の恒例行事となっている（青木 2016）。縮小社会となった日本で，どのように教育政策をデザインするかが問

Column ❾ 　首都圏の中学受験

　『二月の勝者』は首都圏の私立中学受験を描いた漫画でテレビドラマ化もされた。そのタイトルの由来は東京都の威信の高い私立中学の入試日が2月1日から始まることにある。2022年時点で全国の中学校の生徒数は320万5220人であり，設置者別にみると国立2万7156人，公立293万1722人，私立24万6342人である。私立中学生の割合は7.7％で2013年の7.1％と比較して微増であるが，公立小学校40人のクラスでせいぜい3人ぐらいしか進学しない。

　これを都道府県別にみると，私立中学生の割合の上位は東京都（25.5％），高知県（18.1％），京都府（13.6％），奈良県（12.9％），神奈川県（11.0％）である（公益財団法人生命保険文化センターウェブサイト「私立中学校に通う割合はどの程度？」）。ただし県境を越えて通学する生徒も含めているので東京都は都外からの通学者も一定数算入されているだろう。

　全国で私立中学校への進学者数・率が最も多い東京都が興味深い調査を毎年行い公表している。「令和4年度　公立学校統計調査報告書【公立学校卒業者（令和3年度）の進路状況調査編】」によれば，私立中学校進学者は23区平均で24.5％，市部10.4％と区市間で大きく異なる。自治体別では文京区（49.0％），港区（41.5％），目黒区（39.6％），中央区（38.6％），千代田区（37.5％）と4割から5割の高い進学率となっている（千代田，中央，港を都心三区と呼ぶ場合がある）。

われている。さらに，特別な教育ニーズの増加という新たな政策課題も生起している。児童生徒数が教育ニーズの唯一の判断材料とはならない時代となっている。

　一方で，地方分権改革後は，地方政府が独自に教育政策を展開し始めている。これは，中央政府がいわゆる上乗せ・横出しサービスを全面的に許容し始めたからである（詳しくは **Column ⓫**参照）。すべての都道府県で国のガイドラインで定められた人数を下回る県独自の少人数学級編制のガイドラインを策定しているし，一部の市町村では独自に教員を雇用して少人数学級を行っている（青木 2013）。独自のカリキュラム編成については，文部科学省の制度である教育

本来，義務教育は市区町村に提供するユニバーサルサービスである。ところが，東京都の小学生は区によってはおよそ半数がそれを拒否して私立中学校へ進学する。文京区では小学校の 40 人クラスのうち 20 人が私立中学に進学し，地元の公立中学には小学校のクラスメイトの半数の 20 人しか進学しない。これは現代の「逃散」であり，サービス提供主体の市区にとって頭の痛い問題である。公立小学生の進路が不確定である以上，公立中学校数，学級数，教員数をどれだけ減らせばよいのか迷う。他方，私立中学校進学世帯は，住所のある自治体に納税し地元公立中学校の費用負担をしながら私立中学の学費負担を行うので経済的負担が大きい。

表 C9-1　東京都地区別私立中学進学割合ランキング

順位	地区	割合
1	文京区	49.0%
2	港区	41.5%
3	目黒区	39.6%
4	中央区	38.6%
5	千代田区	37.5%
6	新宿区	34.9%
7	世田谷区	34.8%
8	渋谷区	34.6%
9	豊島区	33.2%
10	品川区	32.1%

課程特例校制度がある（かつて教育特区だったものが全国化されたもの）。2023 年 4 月現在，215 の自治体で 1801 校が指定を受けている。小学校低・中学年からの英語教育の実施，小中連携，「ことば」（日本語等），ふるさとや郷土といったものが多い（『読売新聞』2015 年 4 月 24 日西部夕刊，11 頁）。このような上乗せ・横出しサービスは「自律性Ⅱ」として理解することができる。義務教育分野では国からの財政移転が手厚いままに上乗せ・横出しサービスが許容されたため，地方政府は財源調達をそれほど考慮せずに「自律性Ⅱ」を享受することが可能になった。

　学校選択制については，顧客である児童生徒や保護者の選択の自由を増やす

ものであり，2000年代初頭に注目され始め，導入を検討する自治体が相次いだ。しかし，2022年に文部科学省が学校選択を自治体内で実施可能な（小中学校がそれぞれ2校以上設置されている）自治体について調査したところ，小学校では21.9%（319自治体／1455自治体）が学校選択制を実施している（「小・中学校における学校選択制の実施状況について」2012年10月1日現在）。中学校では，19.2%（217自治体／1131自治体）が学校選択制を実施している。文部科学省の調査が2006年，2009年，2012年と続けて行われたものの，その後約10年間も調査が行われず，ようやく2022年に行われた。興味深いことに，2006年の調査では小中学校ともに導入を検討している（予定含む）自治体が約3割あったことからも，2000年代は学校選択がある種のブームだったことがわかる。次いで2012年の調査ではごく一部ながら廃止（検討含む）した自治体も確認された。そして2022年の調査では導入自治体（検討含む）が再び増えた。このように，自治体の教育政策は行きつ戻りつしながら展開している。

　財政制約期における教育は削減の対象である。先述したとおり，首長と財政部局は教職員の定数あるいは人件費の削減を図ろうとしているし，学校の統廃合も財政効率の観点からも進めようとしている。これらの動向は，財政制約への対応という意味で「自律性Ⅰ」とかかわる。住民の要望に応じて教育サービスの水準を向上させるのと財政の健全化はトレードオフの関係である。まして，高齢化が進む時代には教育費に関心をもたず民生費に強い関心を持つ住民が多いかもしれない。いかに「自律性Ⅱ」を享受できるとしても，財政的に持続可能な教育サービスを提供しなければならない。非正規雇用の教員の比率が増えているのは，そのような課題に対応した帰結であるといえる。

　なお，地方政治との関連では，首長と教育委員会の関係が主要な論点である。これは第6章で詳しく論じた（Column❻参照）。

　本章の最後に，教育サービスの受け手である児童生徒に目を向けてみる。第1に，いじめである。認知件数は2022年度で小中高・特別支援学校計で68万1948件であり，2014年度の18万8072件から急増傾向が続いている（児童生徒1000人当たり：2014年13.7件，2022年53.3件）。いじめ認知件数は都道府県別にみると大きな格差がみられる。1000人当たりで最少は愛媛県の14.4件，最多は山形県の118.4件である。もちろん目が行き届くからこそ認知件数が多い可

能性があるし，最少だからといって暗数がないわけでもない。むしろ認知後の解決件数を議論したほうがよいかもしれない。

第2に不登校である。小中学校合計で不登校件数は2022年度に29万9048件であった。コロナ禍の2020年度から著しく増加している。2002年度は13万1252件であり，2012年頃までは横ばいだった。児童生徒1000人当たりでみると，2022年度時点で小学校17.0人，中学校59.8人，小中合わせて1000人当たり31.7人である。2002年は小学校3.6人，中学校27.3人，小中合わせて1000人当たり11.8人だったことから，2010年代以降，そして特に2020年代に入って不登校が深刻化している。都道府県別に児童生徒1000人当たりの数をみると，最少は福井県の23.4人，最多は茨城県の39.7人である。

第3に日本語指導が必要な外国籍の児童生徒である。2021年度に小中高・特別支援学校計で4万7619人おり，これは2012年度の2万7013人から1.8倍の規模である。都道府県別にみると，最少は高知県の12人，最多は愛知県の1万749人である。

都道府県によって，サービスの受け手である児童生徒（子ども）たちをめぐる問題の程度が異なる。子どもたちの声なき声を政策に反映するためにも「自律性Ⅰ」のルートは重要である。

EXERCISE ●演習問題

① 日本の義務教育に関する諸制度は，全国どこでも一定水準のサービスを受けることができる仕組みになっている。この仕組みのメリットとデメリットを考えてみよう。

② 少子化が進む日本では義務教育に投入される予算を削減しようとする議論がある。今後，教育費はどのような水準とするのがよいのだろうか。増額，減額，現状維持の中から1つを選択して，その理由を述べてみよう。

読書案内 | Bookguide ●

地方自治体の学校教育はいま，地方分権改革によってその自由度が増している。その過程を描いたのが**小川正人『教育改革のゆくえ――国から地方**

へ』（筑摩書房，2010年）である。市町村の独自の教員任用をテーマに地方自治体の教育改革を議会の役割に焦点を当てて分析したのが阿内春生『教育政策決定における地方議会の役割──市町村の教員任用を中心として』（早稲田大学出版部，2021年）である。これまで地方自治体の学校教育を支えてきたのは中央政府からの財政援助であった。財政社会学の観点から戦後日本教育における自治体間の平等について論じたのが苅谷剛彦『教育と平等──大衆教育社会はいかに生成したか』（中央公論新社，2009年）である。教育政策を中央政府で担ってきたのが文部科学省である。青木栄一『文部科学省──揺らぐ日本の教育と学術』（中央公論新社，2021年）は文部科学省が官邸や他省庁から新たな教育改革の実施を求められ，それを地方自治体を通じて実現しようと苦労する姿を描いている。映画『みんなの学校』では大阪市立大空小学校を舞台に多様な児童，教職員，保護者によるすべての児童に居場所がある学校づくりが描かれている。

引用・参考文献 | Reference ●

阿内春生（2021）『教育政策決定における地方議会の役割──市町村の教員任用を中心として』早稲田大学出版部。

青木栄一（2013）『地方分権と教育行政──少人数学級編制の政策過程』勁草書房。

青木栄一（2016）「教育分野の融合型政府間財政関係」『学校のポリティクス』（岩波講座　教育変革への展望6）岩波書店，65-99頁。

青木栄一（2021）『文部科学省──揺らぐ日本の教育と学術』中央公論新社。

川上泰彦（2021）『教員の職場適応と職能形成』ジアース教育新社。

廣谷貴明（2020）『教育分野における地方政府の財政行動メカニズム──2000年代以降の学校統廃合を事例として』東北大学大学院教育学研究科博士論文。

本多正人・川上泰彦編（2022）『地方教育行政とその空間──分権改革期における教育事務所と教員人事行政の再編』学事出版。

第 **11** 章

子育て行政

INTRODUCTION

　小学校入学前（就学前）の子どもを対象とする主な施設には，幼稚園と保育所がある。幼稚園は教育施設であり文部科学省が所管する。市町村では教育委員会が公立幼稚園を所管するが，私立幼稚園の担当部局は明確になっていない場合が多い。これに対して保育所は福祉施設であり厚生労働省が所管する。市町村では公立，私立ともに首長部局が所管する。

　本章では，これらの施設を一括して子育てのためのヒューマンサービス施設として捉える。この子育て施設は，公立も私立もそれぞれ重要な役割を果たしている。少子化が進んでいるにもかかわらず，都市部では待機児童が政策課題となっており，保護者は子育て施設の充実を求める一方，一部の地域住民は子育て施設を迷惑施設扱いする。地方自治体は「自律性Ⅰ」の局面で難しい舵取りを強いられている。

　子育て施設で主に働くのは幼稚園教諭と保育士であるが，待遇がその激務に見合っておらず，人材不足が問題となっている。学校教育と同様，子育て行政には多額の予算が必要であり，地方自治体は中央政府と協力しながら子育て行政を展開する（「自律性Ⅱ」）。さらに，公立が大きなウエイトを占める学校教育と異なり，地方自治体は民間部門（学校法人，社会福祉法人など）とも協力しながら子育て行政を展開する。しかし，中央政府からの財政支援は義務教育行政の水準を下回っており，施設整備や職員の給与水準が義務教育学校の教員よりも低い。

1 待機児童問題から考える子育て行政

▎少子化時代の待機児童というパズル▍

少子化が進行する日本で，保育所に入所させたいと希望してもそれが叶わない家庭が直面するのが待機児童問題である。待機児童が生じる背景には，共働きを希望する（せざるをえない）世帯が増加しているという需要側の事情と，需要の多い地域においては保育士の人材不足や保育所を容易に設置できないという供給側の事情が絡んでいる。あるブログの悲痛な訴えのあった直後の2016年4月1日時点で待機児童数は2万3553人であった（「厚生労働省「平成28年4月の保育園等の待機児童数とその後（平成28年10月時点）の状況について」）。この当時，保育所の定員は263万人であり，保育所の利用者は246万人であったから，待機児童が生じたのは一部の地域で需給のミスマッチが生じていたためである（厚生労働省「保育所等関連状況取りまとめ（平成28年4月1日）及び「待機児童解消加速化プラン」集計結果」）。

政府も手をこまねいていたわけではない。たしかに保育所定員は拡大傾向であり，2009年度から2014年度までの6年間で20万人増加した。その反面，保育所利用児童数は同じ期間に23万人増加している。つまり，需要の増加に供給が追いつかない状態だった。

待機児童数を減少させるため，「待機児童解消加速化プラン」（2013～17年度）が政府によって策定された。合計で約45万人の保育の受け皿を拡大することが計画された。2013年度7万人，2014年度15万人，2015年度12万人，2016年度8万人，2017年度4万人の保育拡大がめざされ，実際に54万人の受け皿が拡充された。主な保育の場は認可保育所であるが，この他に教育と保育を一体的に行う認定こども園がある。さらに0～2歳児の保育の受け皿である地域型保育事業として，小規模保育事業（定員が6人以上19人以下の保育），家庭的保育事業（保育者の居宅などで行われる小規模の異年齢保育，保育ママ制度ともいう），事業所内保育事業（事業所が従業員向けに行う），居宅訪問型保育事業（障害，疾患など個別ケアのために保護者の自宅で行う1対1を基本とする保育）がある。この

うち，幼保連携認定こども園の定員増加が著しい。たとえば，2014年度の保育拡大15万人のうち，幼保連携認定こども園は14万人を引き受けた。政府は引き続き「子育て安心プラン」（2018〜20年度）を策定した。32万人分の受け皿拡充がめざされ，26万人分が確保された。さらに「新子育て安心プラン」（2021〜24年度）を策定し，14万人分の受け皿拡充がめざされている。

　このような政府の取り組みによって，待機児童数は減少した。2022年度の待機児童数は2944人となった。2015年度時点で待機児童数が200人以上の自治体は29あったが，2022年度には100人以上の自治体がわずか3市だった。

　このように政府の待機児童対策は一見すると順調に効果をもたらしているが，ここにきて政策課題となっているのが「隠れ待機児童」である（「朝日新聞」ウェブ版2022年10月3日付）。待機児童数にカウントされないケースには「特定の園を希望している」「育児休業を延長している」がある。これらのケースはいわば「自己都合」で入園できないと見なされる。需要側のニーズが満たされないため，実質的には待機児童問題が解消されていないとみることもできる。この「隠れ待機児童」は2022年時点で7万2547人であり，6万9224人だった2017年から問題は解消していない。この問題は供給側にとっても深刻である。政府の要請で定員を増やしたものの，定員に満たない園にとってはコストがかかるだけで十分な収入が得られないことになる。ヒューマンサービスは，一般にニーズのピークに合わせて供給量を拡充した場合，ピークアウトした後の供給量調整が問題となるが，現在の子育て行政でもその問題に早くも直面している。

　認可保育所に預けられない場合，幼稚園に入園させて短時間就労を行うという選択肢もある。しかし，フルタイムで働かざるをえない場合，認可外保育施設へ預けることが有力な選択肢となる。一概に認可外保育施設の保育水準が低いわけではないが，統計上は認可外保育施設での保育時の死亡事故が多い傾向がある。2021年の1年間に保育所や幼稚園での死亡事故は5件発生し，そのうち認可外保育施設で3件発生した（内閣府「教育・保育施設等における事故報告集計」令和3年）。認可保育所は2万2732か所，認可外保育施設は1万4092か所（ベビーホテル等5775か所＋事業所内保育施設8317か所）であるので，発生率でいえば後者が高い。なお，骨折事故1888件のうち，認可保育所で937件，認

可外保育施設では18件である。認可外保育施設は待機児童解消の決め手として期待されるが，預ける側としてはどうしても躊躇する状況もある。なお，放課後児童クラブにおける骨折数が408件である。子育て行政の観点からは就学前だけではなく就学後に保護者がフルタイムで働けるために学童保育の拡充が必要である。しかし，学童保育は過密状態が指摘されるなどの問題がある。就学前の保護者支援が就学後に途絶えることのないような対策が必要である。

保育所建設反対運動

待機児童問題が解決しなければならない公共政策課題だとすると，保育所の新設が有力な政策手段となる。しかし，保育所の建設は時に建設予定地の住民の反対運動に直面することになる。たとえば，千葉県市川市（待機児童が多い地方自治体のトップテンに入っている）では，私立の認可保育所の開園が地域住民の反対運動によって断念に追い込まれた。杉並区でも2017年4月の待機児童数をゼロとするため，区内の公園，区民センター中庭などに認可保育園を整備する計画を発表したが，地域住民からの強い反対に直面している（『産経新聞』2016年6月4日付）。この一連の動向をみると，まさに保育所は**迷惑施設**（NIMBY：Not in My Back Yard）として認識されてしまう危険性をはらんでいることがわかるだろう。

子ども・子育て支援新制度

子ども・子育て支援新制度とは，2012年8月に成立した「子ども・子育て支援法」「認定こども園法の一部改正」「子ども・子育て支援法及び認定こども園法の一部改正法の施行に伴う関係法律の整備等に関する法律」の子ども・子育て関連3法に基づく制度である。民主党（当時）政権が2012年3月に子ども・子育て新システム関連法案を閣議決定し，民主党，自民党，公明党の3党合意を経たものである。

従来と異なるのは2点である。1つ目は，子ども・子育てに関する財源が一本化され，保護者に直接給付されることになった（現物給付から現金給付へ）。2つ目は，保育園と幼稚園を一体化させた幼保連携型認定こども園の拡充がめざされた（図11-1）。このような転換によって，待機児童問題へ対応することが

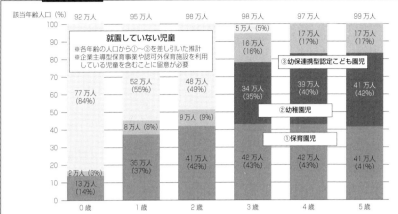

CHART 図11-1　保育園・幼稚園等の年齢別利用者数および割合（2019年度）

（注）　該当年齢人口は総務省統計局による人口推計年報（2019年10月1日現在）より。なお，各年齢の数値は，人口推計年報における当該年齢と当該年齢より1歳上の年齢の数値を合計し，2で除して算出したもの。幼保連携型認定こども園の数値は令和元年度「認定こども園に関する状況調査」（2019年4月1日現在）より。「幼稚園」には特別支援学校幼稚部，幼稚園型認定こども園も含む。数値は2019年度「学校基本調査」（確定値，2019年5月1日現在）より。保育園の数値は2019年の「待機児童数調査」（2019年4月1日現在）より。なお，「保育園」には地方裁量型認定こども園，保育所型認定こども園，特定地域型保育事業も含む。4歳と5歳の数値については，「待機児童数調査」の4歳以上の数値を「社会福祉施設等調査」（2018年10月1日現在）の年齢別の保育所，保育所型認定こども園，地域型保育事業所の利用者数比により按分したもの。「推計未就園児数」は，該当年齢人口から幼稚園在園者数，保育園在園者数および，幼保連携型認定こども園在園者数を差し引いて推計したものである。このため，企業主導型保育事業や認可外保育施設を利用する児童を含む。四捨五入の関係により，合計が合わない場合がある。

（出所）　厚生労働省子ども家庭局保育課「保育を取り巻く状況について」2021年5月26日。

主要な目的であった。特に私立幼稚園から認定こども園への転換が期待された。

 2 未就学児と幼稚園・保育所

⬗ 教育行政と福祉行政の交差点

| 幼稚園と保育所 |

　幼稚園と**保育所**はいずれも子育て行政を展開するうえで基幹的な施設である。幼稚園は文部科学省所管の教育施設である（学校教育法1条に定められている正規の学校であり，1条校と呼ばれる）。これに対して保育所は厚生労働省所管の社会

福祉施設である。幼稚園のほうが開園時間が短く，保育所のほうが開所時間が長い傾向がある。ただ，実際には，幼稚園で預かり保育を実施したり，保育所で教育活動を行うこともあり，活動自体は近年類似性を増している。市町村単位でみると，2021年時点で，幼稚園，保育所または幼保連携認定こども園がともに設置されている市町村は79.6%であり，幼稚園のみが2.2%，保育所のみが16.8%，いずれも設置されていない市町村は1.3%である（文部科学省「令和3年度幼児教育実態調査」）。

待機児童問題の解決策としても期待されるのが，幼稚園の**預かり保育**である。1997年度の時点では，幼稚園全体の3割弱しか実施していなかった（全体29.2%，公立5.5%，私立46.0%）が，2014年度には全体の8割以上が実施するようになった（全体82.5%，公立60.9%，私立95.0%〔文部科学省「平成26年度幼児教育実態調査〕）。さらに2021年度は全体の9割が実施するに至った（全体90.1%，公立76.4%，市立96.9%）。預かり保育を平日週4～5日実施している幼稚園は全体の82.1%，平日17時まで，またはそれ以降も実施している幼稚園は全体の72.2%であった（文部科学省「令和3年度幼児教育実態調査」）。この水準で預かり保育が利用できれば保護者もフルタイムで働ける可能性が拡がる。

┃ 子育て行政の対象者数 ┃

図11-1のとおり，日本では小学校に就学する前の時期には，おおよそ3歳児以降，幼稚園あるいは保育所に入園・入所する傾向が強い。2021年当時の0歳児から2歳児の未就園率は8割から5割である（つまり，その多くが家庭内保育）が，4歳児や5歳児となると幼稚園か保育所いずれかにほとんどの子どもが在園・在所する。なお，3歳児はいわゆる年少，4歳児は年中，5歳児は年長にあたり，年長の年度内に満6歳になる。

保育所の利用児童数は，2020～22年で約273～274万人と高止まりしている（2015年時点で237万人）。これに対して，幼稚園の園児数は，2020～22年で14%減少した（107万8496～92万3295人）。幼稚園に対するニーズよりも0歳から受け入れてもらえる保育所へのニーズが高まっていることがうかがえる。ただし，同じ期間に幼稚園と保育所機能を併せ持つ幼保連携型認定こども園の在籍者は約8%増加しており，実質的に幼稚園児数の減少にある程度の歯止め

をかけている（75万9013人から82万1411人）。

▌ 子育て行政施設数 ▌

　2021年10月1日時点での保育施設数は2万9995（保育所2万2720施設，幼保連携型認定こども園6111施設，保育所型認定こども園1164施設）であり，5年前から2858施設増加した（「令和3年社会福祉施設等調査」）。このうち保育所は2万2720施設であり，2015年時点の2万5580から2860施設減少している。少子化が進むなか，全体の保育施設数が増加しているのは待機児童対策を反映してのことである。幼稚園数は過去15年（2007〜22年）で減少傾向にある（文部科学省「平成28年度学校基本調査」「令和4年度学校基本調査」）。国立，公立，私立合計で34%減少した。公立は46%（5382園から2910園），私立は26%（8292園から6152園）減少した。通常，学校を設置できるのは，原則として中央政府（国立），地方政府（都道府県立，市区町村立）の他には学校法人（私立）のみである。しかし，幼稚園については，その例外として，財団法人，社団法人，宗教法人，その他の法人，個人も設置者となれる。宗教法人が設置者である幼稚園は仏教系，キリスト教系など各地でみられる。学校法人との違いはカリキュラムや財務を含む運営の自由度の違い（例：宗教法人の直轄幼稚園のほうが両者が連携しやすい）である。

　子ども・子育て支援新制度の効果が如実に表れているのが認定こども園数の急増である。2011年度に制度が創設された際，762施設だったが，2022年度時点で9220施設にまで増加した。特に私立幼保連携型こども園数が急増している（表11-1）。

　子ども・子育て支援新制度の目的は私立幼稚園の認定こども園への移行を促すことであった。私立幼稚園は3歳児から5歳児を対象とする教育機関であり，ある程度延長保育などを行うとはいえ，基本的には保育所の代替機能を果たしえなかった。そこで，認定こども園への移行を促すことで，私立幼稚園の保育所的機能を社会が享受することがめざされた。ところが，政府の調査によれば，私立幼稚園のうち2015年度に移行予定と回答したのはわずかに2割であり，それ以外は2016年度以降に状況をみながら検討するか，移行意思がないという回答であった（『日本経済新聞』2014年9月17日付）。

年度	認定こども園数	公私の内訳		類型別の内訳			
		公立	私立	幼保連携型	幼稚園型	保育所型	地方裁量型
2011	762	149	613	406	225	100	31
2012	909	181	728	486	272	121	30
2013	1,099	220	879	595	316	155	33
2014	1,360	252	1,108	720	411	189	40
2015	2,836	554	2,282	1,930	525	328	53
2016	4,001	703	3,298	2,785	682	474	60
2017	5,081	852	4,229	3,618	807	592	64
2018	6,160	1,006	5,154	4,409	966	720	65
2019	7,208	1,138	6,070	5,137	1,104	897	70
2020	8,016	1,272	6,744	5,688	1,200	1,053	75
2021	8,585	1,325	7,260	6,093	1,246	1,164	82
2022	9,220	1,414	7,806	6,475	1,307	1,354	84

（注）　2015 年 4 月 1 日時点の認定数について，同年 5 月 8 日に公表したものから一部修正あり。

（出所）　内閣府「認定こども園の数について（2022 年 4 月 1 日）」。

　認定こども園はたしかに急増しているものの，それらの多くは私立保育所からの移行である。中央政府が財政的に誘導しようとしても，私立幼稚園の多くは園運営の自律性を重視し，移行の意思があまりないように思われる。2022 年度に 368 施設の幼保連携型認定こども園が設置されたが，設置前の施設形態で最も多いのが認可保育所（202 施設）であり，幼稚園だったのは 77 施設だった。

3 保育士と幼稚園教諭
▶ 子育て行政の担い手を社会が大切にしているか

| 保育士や幼稚園教諭になるには |

　認可保育所のニーズの高まりに伴って，**保育士**の人数も増加している。2007 年度に保育所で従事する保育士数は 36.7 万人だったのが 2018 年度に 58.8 万人に増加した。保育士になるには保育士試験に合格し保育士登録する必要がある。累積保育士登録者数も上記期間に増加している（2007 年度 83.8 万人から 2018 年度 154.1 万人）。年々保育所等で従事していない登録保育士が増加している（後

述する潜在保育士問題）。

　幼稚園教諭数は，21 世紀以降のピークだった 2007 年（11 万 1239 人）と比べると 2022 年（8 万 7752 人）には 2 割減少した。ただし，幼保連携型認定こども園の教諭が急増している（2015 年 3 万 7461 人から 2022 年 13 万 6543 人）。

　保育士として保育所で働くためには，まず保育士資格を取得する必要がある。そのためには，(1)都道府県知事（児童福祉法改正により 2016 年度より厚生労働大臣より移管）の指定する保育士を養成する学校その他の施設で所定の課程・科目を履修し卒業する，(2)保育士試験に合格する，の 2 つの方法がある。いずれかの方法で保育士資格を取得した後，保育士登録を行い，保育士証の交付をもって保育士として就業できる（児童福祉法 18 条の 18）。(1)にある指定保育士養成施設は 2021 年時点で 675 ある。4 年制大学，短期大学，専門学校それぞれの種別で指定されている。たとえば，東京都では，白百合女子大学人間総合学部初等教育学科，東京家政大学短期大学部保育学科，代々木アニメーション学院東京校こども学部こども保育科などが指定施設である。指定保育士養成施設の指定はかつて厚生労働大臣（厚生労働省地方厚生局）が行っていたが，2016 年 3 月 31 日から都道府県知事が指定することになった。

　幼稚園教諭になるには，幼稚園教諭免許を取得したうえで，市町村か私立幼稚園の採用試験に合格し，採用される必要がある。免許の種類は，専修免許状（修士），一種免許状（学士），二種免許状（短期大学士，学士，専門士）の 3 種類があるが，指導可能な範囲に違いはない。玉川大学など通信制で免許を取得することができる大学もある。

　幼保連携型認定こども園の急増が示すように，幼稚園と保育所双方の機能へのニーズが高まっていることから，幼児教育施設では，幼稚園教諭と保育士両方の免許状と資格を持つ人材が求められるようになっている。特に，2015 年に施行された認定こども園法により，幼保連携型認定こども園では「保育教諭」として勤務する必要がある。このため，幼稚園教諭免許状と保育士資格の併有が必須となった。当初 2019 年度までの 5 年間の経過措置が採られ，いずれかの免許か資格を有していれば勤務が可能とされ，もう一方の免許か資格が取得しやすくされた。この経過措置は，保育人材の確保のために，さらに 2025 年度末まで延長された。

保育士の労働環境と保育士不足

　保育ニーズの高まりに伴って政策課題となったのは，保育士不足である。それを示すデータをみてみよう。保育士の有効求人倍率が高いほど「売り手市場」となる。最も高い水準なのは東京都である。2015 年は 5.13 倍（2012 年は 3.27 倍）ときわめて高い。ただ，全国平均値が 2015 年で 2.18 倍（2012 年は 1.36 倍）であるから，保育士不足が東京都のような都市部に限ったものではなく，全国的なものであることがわかる（池本 2015）。有効求人倍率が 1 倍を下回る県は，2015 年については山梨県と群馬県の 2 県しかない（2012 年は 17 道府県）。2010 年代以降，保育士不足が急速に進行しているといえる。売り手市場というよりは売り手自体が市場から退出しているかのようである。2017 年度から 2022 年度の期間をみても，各年度最も高い有効求人倍率の月をみると，3.40，3.64，3.86，2.94，2.93，2.50 と若干低下傾向であるが，依然として高い水準となっている（こども家庭庁「保育士の有効求人倍率の推移〔全国〕）。2022 年時点で東京都 3.57 倍，山梨県 2.17 倍，群馬県 1.41 倍である。

　保育ニーズが高まっているということは，保育所の増設や保育士の雇用環境が良くなると予想できるはずである。しかし，実際には，有効求人倍率からもうかがえるとおり，保育分野では深刻な人材不足に見舞われている。

　指定保育士養成施設の卒業者のうち，6 割が保育所か幼保連携型認定こども園に就職する（幼稚園には 15％。2018 年の数値。出所：厚生労働省「保育士の現状と主な取組」2020 年）。また，かつて保育士として勤務経験があり，現在保育士としての就職を希望しない求職者を対象とした調査では，保育士としての勤務年数が短いことがわかっている（厚生労働省職業安定局「平成 25 年保育士資格を有しながら保育士としての就職を希望しない求職者に対する意識調査」）。これらの半数以上は勤務年数 5 年未満で保育士を退職している。そのうち 1 割は 1 年未満で退職し，2 割は 1 年以上 3 年未満で退職している。いずれにせよ，保育士として就職を希望しなかったり，就職してもすぐに退職する保育士が多いことがわかる。また，最近は非常勤として採用される人数が，新規採用者全体の 3 分の 1 となっている。短時間労働のニーズに合っているという見方もできるが，処遇という面では課題となりうる。

保育士資格を保有している者で，求職中の者が保育士として就業を希望する割合は5割にとどまる（51.5%）。保育士として就業を希望しない理由は，多岐にわたるが，なかでも，「責任の重さ・事故への不安（40.0%）」「就業時間が希望と合わない（26.5%）」「賃金が希望と合わない（47.5%）」「休暇が少ない・休暇がとりにくい（37.0%）」が主な理由である（厚生労働省職業安定局「平成25年保育士資格を有しながら保育士としての就職を希望しない求職者に対する意識調査」）。ただし，これらの理由が解消した場合には，保育士として就業を希望する割合は6割を超えている（63.6%）。この調査結果は，保育士資格の取得を希望した時点では直面しない困難に，就職の段階あるいは就業後に直面することを物語っている。

　保育所は開所時間が学校と比較して長い（全国保育協議会「会員の実態調査2021報告書」）。保育所全体で平均10.8時間（公設公営9.9時間，公設民営11.5時間，民設民営11.2時間）である。民営施設ではおおむね7時に開所し19時に閉所することから，開所時間が約12時間となる。ただし，正規職員の週当たり実働時間は「週40〜50時間未満」「週30〜40時間未満」で9割を占めるため，長時間労働が問題ではなく，シフト制に伴う勤務条件で困難が生じている可能性がある。義務教育の分野でも，小中学校の教員の多忙さが政策課題となっているが，保育所と学校で大きく異なるのは，保育所は早朝保育や延長保育など，児童に直接接する正規業務が長時間にわたるという点である。これに対して，学校では，部活動の朝練や放課後のデスクワークなど，任意の活動であったり，児童生徒に直接接しない業務が多忙の要因となっている。つまり，保育所では，対人サービスの本来的な業務が長時間にわたっているという点で学校以上に政策的介入の余地が少ない。小中学校であれば，部活動を縮小・廃止したり，デスクワークを事務職員に移行するといった方策が考えられるが，保育所の労働は，本質的に保育士への負荷が大きい。実際，保育士試験合格者が働く場合に求めることの上位は「仕事量の適正さ」「休暇保障」「家庭事情に理解」がそれぞれ6割前後である（厚生労働省「保育士の現状と主な取り組み」令和2年）。

　保育士資格を保有している者のうち，保育士としての就業希望の有無は問わず，保育士として働いてない者が**潜在保育士**である（株式会社ポピンズ「潜在保育士ガイドブック──保育士再就職支援調査事業・保育園向け保育所」）。保育士登録

者数は約154万人で従事者数は約59万人であるから，潜在保育士は約95万人存在する（前出厚生労働省資料）。潜在保育士の多く（7割）は，日中，自身の子ども（未就学児）を保育している。これに対して，保育所で勤務している保育士の65%が保育所に自分の子どもを預けている。潜在保育士が保育士として復帰するためには，自身の子どもを保育園に預ける必要がある。保育定員の増加に見合うだけの保育士の確保が必要であるが，そのために保育士自身が働くことのできるような保育環境が必要である。これは容易に解消できない政策上のジレンマである。

4. 子育て行政に関する財政

　2019年10月から幼児教育・保育が「無償化」された。それまでは保護者負担が必要だった。その当時，公立幼稚園の費用は保護者負担が2割であり，残り8割を設置者である市町村等が賄った。私立幼稚園では保護者負担が6割であり，残り4割を国，県，市町村が賄った。幼稚園全体でみれば，公費と保護者負担がそれぞれ5割だった。公立保育所の費用は保護者が6割を負担し，残り4割を市町村が賄った。私立保育所では保護者が6割を負担し，残り4割を国，県，市町村が賄った。保育所全体で公費4割，保護者6割だった。保護者負担割合は公立幼稚園が最も小さかったが，これは園児数が少ないために制度が維持できていたとみるべきだろう。

　子育て行政について，保護者負担をさらに減らし公費投入を増やすことは少子化対策になると期待され，幼児教育・保育の無償化が制度化された。無償化は3つの柱からなる（図11-2）。第1に，3〜5歳の幼稚園，保育所，認定こども園などの利用料の無償化である。なお0〜2歳については住民税非課税世帯は無償化の対象となる。第2に，幼稚園の預かり保育の無償化である。保育の必要性の認定を受けた場合，月額1.13万円まで無償化された。第3に，認可外保育施設等の無償化である。3〜5歳について月額3.7万円（認可保育所の保育料全国平均値）までの利用料が無償化された。0〜2歳までは保育の必要性の認定を受けた住民税非課税世帯については月額4.2万円までの利用料が無償化され

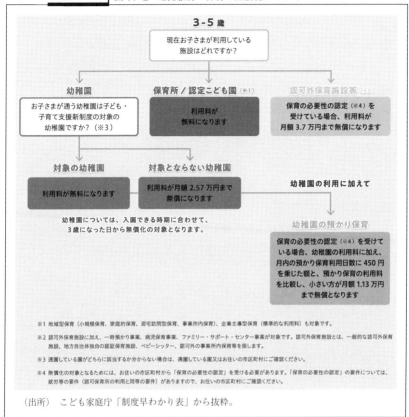

CHART 図11-2　幼児教育・保育の無償化について

3-5歳

現在お子さまが利用している
施設はどれですか？

幼稚園

お子さまが通う幼稚園は子ども・
子育て支援新制度の対象の
幼稚園ですか？（※3）

保育所／認定こども園（※1）

利用料が
無料になります

認可外保育施設等（※2）

保育の必要性の認定（※4）を
受けている場合、利用料が
月額3.7万円まで無償になります

対象の幼稚園

利用料が無料になります

対象とならない幼稚園

利用料が月額2.57万円まで
無償になります

幼稚園については、入園できる時期に合わせて、
3歳になった日から無償化の対象となります。

幼稚園の利用に加えて

幼稚園の預かり保育

保育の必要性の認定（※4）を受けて
いる場合、幼稚園の利用料に加え、
月内の預かり保育利用日数に450円
を乗じた額と、預かり保育の利用料
を比較し、小さい方が月額1.13万円
まで無償となります

※1　地域型保育（小規模保育、家庭的保育、居宅訪問型保育、事業所内保育）、企業主導型保育（標準的な利用料）も対象です。

※2　認可外保育施設に加え、一時預かり事業、病児保育事業、ファミリー・サポート・センター事業が対象です。認可外保育施設とは、一般的な認可外保育
　　施設、地方自治体独自の認証保育施設、ベビーシッター、認可外の事業所内保育等を指します。

※3　通園している園がどちらに該当するか分からない場合は、通園している園又はお住いの市区町村にご確認ください。

※4　無償化の対象となるためには、お住いの市区町村から「保育の必要性の認定」を受ける必要があります。「保育の必要性の認定」の要件については、
　　就労等の要件（認可保育所の利用と同等の要件）がありますので、お住いの市区町村にご確認ください。

（出所）　こども家庭庁「制度早わかり表」から抜粋。

た（文部科学省「幼児教育の現状」）。

　次に保育士の賃金についてみてみよう。保育士に人材が集まりにくくなって
いる大きな要因が，労働の厳しさに見合わない低収入である。2019年時点の
保育士の平均賃金（年収換算363.5万円）が全職種平均（同500.7万円）と比較し
て低いものの，幼稚園教諭，福祉施設介護員とは同水準である（厚生労働省
「保育士の現状と主な取組」2020年）。2014年時点では，保育士は幼稚園教諭や介
護員と比較しても低賃金だったので，一定の改善がみられる。政府は保育士を
増やすため，処遇改善を図ってきた（「待機児童解消加速化プラン」「子育て安心プ
ラン」等）。2010年以降では，保育士の年収が最も低かったのが2013年（310
万円）だったが，その後改善された。

5 少子化を克服するための政策はあるのか

（隠れ）待機児童問題を解決した先にあるもの

少子化は日本社会にとっても，中央政府，地方政府にとっても喫緊の課題だとされている。少子化の何が問題であるのかをここで議論することはしないが，少なくとも少子化が政策課題とされていて，それは地方政府にとっても深刻な問題と認識されていることは確かである。

その地方政府の一部が直面するのが待機児童問題である。少子化時代における（隠れ）待機児童の存在という「パズル」については，本章の冒頭で示したとおりである。待機児童の解消は当該地方政府にとっては解決が迫られる公共問題である。

ただし，待機児童問題の解決に積極的であるという「評判」が当該地方政府にとってどのような影響をもたらすかは一義的ではない。もちろん，直面する待機児童問題に手をこまねいていれば子育て世代からの反発を買う。しかし，保育所建設反対運動にみられるように，待機児童問題の解決は容易ではない。強引に保育所を建設すれば子育て世代以外からの反発を受けてしまう。「自律性Ⅰ」の局面で，子育て世帯に対して応答しすぎないよう，地方政府は慎重にならざるをえない。もちろん，待機児童問題を放置するという選択肢もあるが，消滅可能性自治体というフレーズが都心自治体（東京都豊島区）をも襲ったときの顛末（区は「豊島区消滅可能性都市緊急対策本部」を設置したほか，「としまF1会議」も設置した）をみれば，地方政府は火中の栗を拾わなければならない。

また，仮に待機児童問題に一定の道筋がついたとして，待機児童数が減少し，さらにはゼロになる地方政府も出てくるだろう。しかし，子育て世帯が必ずしも税収増をもたらすわけではないことに留意すべきである。むしろ，待機児童の「解消」という政策の成功によって，福祉の磁石効果が発動する可能性が十分にある（「足による投票」と「シティ・リミッツ」論：第9章）。低所得の子育て世帯がそうした地方政府に押し寄せてくるならば，そのような先進的自治体では，待機児童問題がさらに深刻化した形で，再び生じることすらあるだろう。

なお，兵庫県明石市は積極的な子育て支援政策を展開し，子育て世帯が流入し人口が増加するとともに税収も増加したという指摘もあり，今後の検証が待たれる（「南日本新聞」ウェブ版 2023 年 5 月 6 日付）。

　児童福祉法に基づき都道府県知事に認可されたのが認可保育所である。しかし，大都市においては認可保育所だけでは子育てニーズに対応することが難しい。そこで東京都では認証保育所制度を独自に設けている。全施設で 0 歳児から預かり，13 時間の開所を基本とするなどの特色がある。このように，地方政府が住民のニーズに応答する「自律性Ⅰ」を発揮することは可能である。「自律性Ⅱ」の軸においては中央政府の基準が存在しているものの，その基準を緩和した認証保育所も並存できるのは，中央政府の基準の意味合いが学校教育とは異なるからである。学校教育では学校として見なされるためには中央政府の基準に合致することが求められ，それを満たさない場合には学校として運営できない。これに対して子育て施設については，中央政府の基準を満たさない場合にも保育サービスを提供することができる。これは「自律性Ⅱ」の軸において中央政府からの財政支援の程度の差から理解することができる。つまり，学校教育では中央政府からの手厚い財政移転があるのと引き替えに，地方政府は学校教育サービスの提供に際してはこれまで「自律性Ⅱ」の発揮を控えてきた。それは住民への応答性を犠牲にしてきたことも意味する（「自律性Ⅰ」）。

　これに対して，子育て行政では，中央政府からの財政支援は学校教育と比べて手厚くないため，「自律性Ⅱ」の軸では地方政府は自由度を発揮できる。しかし，そのことは各地方政府の財政状況によって「自律性Ⅰ」の態様が変化することを意味する。東京都のように財政力の強い地方政府では財政的に耐えられるため応答度を高くできる。しかし，財政力に乏しい地方政府では住民に対する応答度と財政力との間で，ジレンマが生じる可能性がある。応答しようにも，そのための財源がなければ応答できないからである。

子ども・子育て支援新制度はどうなるのか

　地方政府が再分配政策を行うことの不合理さは，第 9 章で指摘したとおりである。そこで中央政府の存在が重要となってくる。義務教育において福祉の磁石効果が働きにくいのは，公立小中学校の教員の人件費の全額と，学校建設費

　第一線職員とは教員，保育士，介護施設職員，警察官などを包括して指す言葉である。本書で扱っているヒューマンサービスではこのような第一線職員が大量に雇用されている。リプスキー（M. Lipsky）が提唱した，両者の関係をサービスの提供者と顧客の関係として捉えるこの言葉によって，第一線職員とサービス対象者の関係が明確になった（リプスキー 1986）。

　第 10 章で扱った学校教育では，小中学校についていえば，ほとんどの学校が公立学校であり，そこで働く教員は公務員である。給与は国と都道府県によって負担されており，きわめて手厚い身分保障に支えられている。体罰がしばしば問題となるが，顧客を自らの支配下に置くための「方策」として捉えることが可能である。もちろん，このように分析的に捉えることは研究上有益であるが，他方でその行為自体を倫理面から非難することも必要である。特に体罰がエスカレートして重大な事案に至るケースではなおさらである。本章の保育施設の職員や，第 12 章で扱う介護施設職員による乳幼児や高齢者に対する虐待事案となると，サービス提供者の倫理上の逸脱行為として捉えるだけではなく，劣悪な労働環境や待遇上の不満が顧客に歪んだ形で向けられたものと理解することもできる。そこで，サービス提供者の職務上の良心に期待するだけでなく，雇用環境や施設設備のあり方と第一線職員の行動との間に密接な関係があると考えることが重要となる。

のほぼ全額が中央政府によって保障されているからである。学校教育についていえば，地方政府は「自律性Ⅱ」の面ではある程度中央政府のコントロール下に置かれつつ，財政面での支援を享受してきた。他方，子育て行政については，地方政府は中央政府からの財政支援を期待できなかった。そもそも，幼稚園と保育所いずれも私立のシェアが大きく，公的な支援に乏しかった。つまり，「自律性Ⅱ」の面で中央政府からの自律性を求めるほどの財政支援はなかった。

　子ども・子育て支援新制度はこれまでの乏しい財政支援を脱却しようと意図されたものである（三浦 2013）。すなわち，消費税増税による増収分を財源として見込み，子育て行政への公費投入の増額をめざしたものである。しかし，消費税増税が経済状況によって延期されたように（2016 年の伊勢志摩サミットで首相が表明），子育て行政の財源は安定性を欠きやすい。たしかに，2019 年 10

月に消費税が引き上げられ（8% から 10%），増収分の一部が待機児童の解消，幼児教育・保育の無償化に充てられたものの，今後の見通しは不透明である。岸田内閣が打ち出している「異次元の少子化対策」の実現可能性も財源調達の議論から逃れられない。

さらにいえば，民主党が地域主権を掲げ，地域主権改革第一次一括法を成立させたことがこの問題を深刻化させた。たとえば待機児童対策をねらった特例である。**保育所最低基準**（面積，人員）は省令により定められている（「従うべき基準」）が，待機児童問題が深刻で厚生労働省が告示で指定する市区に限って，保育所の床面積基準に関して，特例で国の基準を「標準」として条例で独自の定めができるようになった。それを受けて，大阪市では 2015 年度までの暫定措置ではあるものの，一部の地域では面積基準が国基準を下回ることとなったほか，保育士配置の独自加算を廃止した（萩原 2013）。ただ，大阪市が市内の一部地域以外の地域では面積基準を引き上げた（国基準より上乗せ）ことにも留意すべきである。大阪市の事例からは，国基準の「標準」化（緩和）を活用して待機児童対策を行った背景には「自律性 II」の面での変化があったといえる。そして，その背景には待機児童問題を解消してほしいという子育て世帯の要望に応答しなければならない「自律性 I」の問題がある。なお，たとえ「自律性 II」を発揮することができたとしても，それには限界がある。「上乗せ」の対極にある「引き下げ」が許容される程度には限度がある。これは「上乗せ・横出し」を行う傾向のある学校教育と対照的である。

こども家庭庁の設置

2023 年 4 月にこども家庭庁が内閣府の外局として設置された。担当大臣（各省大臣に対する勧告権を持つ），副大臣，大臣政務官が置かれ，その下にこども家庭庁長官が置かれた。組織は，内閣府子ども・子育て本部，厚生労働省子ども家庭局からの移管分（208 人）を中心に，増員分を合わせて 350 人からなる長官官房と 2 局（成育局，支援局）でスタートした。地方自治体職員や民間人材を積極的に登用するとされた。なお，幼稚園行政は文部科学省にとどめられ，こども家庭庁は保育所と認定こども園を所管することになったため，これまでの三元行政から二元行政になったといえる。

こども家庭庁の対象は幅広い年齢年齢（妊娠前から主に18歳まで。一部施策では18歳以降も対象となる）の「こども」と保護者であり，「切れ目ない」包括的支援をめざし，こどもを対象とした医療，福祉，保健，教育を一元的に担当する。このように中央政府に子育て行政の「司令塔」ができたが，地方自治体の体制はどうなるだろうか（第6章）。政府の調査（内閣官房「地方自治体におけるこども政策に関する連携体制の事例把握調査」）によると，こども政策の司令塔部局・総合調整部局を設置している自治体は約3割，幼稚園・保育所・認定こども園の所管を集約している自治体約4割，こども家庭庁設置に対応して組織改編を検討する自治体は約2割であり，自治体側の動き次第では，中央政府と地方政府の「ねじれ」が生じる恐れもある。

EXERCISE ●演習問題

① 少子化の日本で（隠れ）待機児童が問題になっている。（隠れ）待機児童問題を解決するために，どのような政策が必要かを考えてみよう。

② 保育所を建設しようとすると，近隣住民から反対されることがある。このような状況がなぜ起こるのか，考えてみよう。

読書案内 | Bookguide ●

本章では（隠れ）待機児童問題を取り上げた。横浜市副市長としてこの問題に取り組んだこともある著者が執筆したのが**前田正子『保育園問題——待機児童，保育士不足，建設反対運動』**（中央公論新社，2017年）である。保育の現場の深刻な現状を教えてくれるのが**小林美希『ルポ保育崩壊』**（岩波書店，2015年）である。他方，保育の本質や現状を歴史的な観点から描いたのが**近藤幹生『保育とは何か』**（岩波書店，2014年）である。財政難のあおりを受けて子育てに公的支援が十分回らない状態が続いている。このテーマに取り組んでいる著者が執筆した新書が**柴田悠『子育て支援と経済成長』**（朝日新聞出版，2017年）である。ところで，日本の子育ての特徴は海外と比較するとみえてくる。**佐藤淑子『イギリスのいい子日本のいい子——自己主張とがまんの教育学』**（中央公論新社，2001年）は日本の子育てや教育の問題を浮き彫りにしてくれる。

池本美香（2015）「保育士不足を考える——幼児期の教育・保育の提供を担う人材供給の在り方」『JRIレビュー』28，2–30頁。

泉房穂（2019）『子どものまちのつくり方——明石市の挑戦』明石書店。

萩原久美子（2013）「保育所最低基準の自治体裁量と保育労働への影響——夜間保育所の勤務シフト表を糸口に」『自治総研』412，49–69頁（http://socio-logic.jp/gojo/x02_matsuki/HagiwaraKumiko_201302.pdf）。

三浦まり（2013）「政権交代とカルテル政党化現象——民主党政権下における子ども・子育て支援政策」『レヴァイアサン』53，36–56頁。

リプスキー，マイケル／田尾雅夫・北大路信郷訳（1986）『行政サービスのディレンマ——ストリート・レベルの官僚制』木鐸社。

第 **12** 章

高齢者福祉

INTRODUCTION

　老人福祉施設への入所希望が叶えられない待機老人（介護難民），老老介護（認認介護）の果ての介護殺人や，老人福祉施設での介護職員による入所者虐待というように，人生終期の社会福祉の1つである高齢者福祉，特に介護は，日本社会全体の課題であるとともに，介護サービス提供の中心となった市町村，そして都道府県にとっても重要な政策課題である。

　本章で扱う高齢者福祉は，第10章で扱った学校教育や第11章で扱った子育て行政と異なり，地方自治体の直営施設によるサービス供給はまれであり，ほとんどは民営施設によってなされている。ここに高齢者福祉行政の難しさがある。地方自治体の直営ではないため，サービスの質の維持は民間事業者を通じて行わなければならないからである。また，住民からの介護ニーズが高まったとしても，地方自治体はその供給量や質を直接コントロールすることはできず，民間事業者を通じて住民ニーズに応答することになる。

　しかし，要介護認定には地域差があることが指摘されており（厚生労働省資料「都道府県ごとに見た介護の地域差」），住民の介護ニーズに対する市町村の応答度に違いがある（「自律性Ⅰ」）。「自律性Ⅱ」の軸では，財政的に脆弱な市町村は中央政府に対してさらなる財政面の支援を求めている。これは学校教育とは対照的である。ただし，一部の市町村では介護サービスにおいて「上乗せ・横出し」サービスを提供していることから，「自律性Ⅰ」を左右するのは市町村個々の財政状況であるともいえる。

1 高齢化が変える日本の姿

　高齢者福祉に大きな影響を与える要素は社会の高齢化である。内閣府の『高齢社会白書』から日本の**高齢社会**の状況を確認してみよう。高齢者（65歳以上）は、2022年10月1日時点で3624万人で、総人口（1億2495万人）に占める高齢化率は29.0％である（2015年時点26.7％）。これに対して、生産年齢人口（15〜64歳）は7421万人（59.4％）、年少人口（0〜14歳）は1450万人（11.6％）である。75歳以上に限っても、1936万人（15.5％）おり、「子ども」よりも「お年寄り」のほうが多く生活している国が2010年代以降の日本である。

　人口推計によると、**高齢化率**は上昇を続け、2070年には39.7％に達すると予測されている。ちなみに、都道府県によって高齢化率の深刻度は異なっており、2022年時点で最も高齢化率が高いのは秋田県（38.6％、2014年：32.6％）で、2045年には50.1％に上昇すると予測されている。これに対して最も高齢化率が低いのは東京都であり（22.8％、2014年の最低は沖縄県19.0％）、2045年には30.7％に上昇すると予測されている（沖縄県は31.4％）。世界的にみても日本は2020年時点において、すでに最も高齢化率の高い国である。ただ、中国で急激に高齢化が進んでおり、2045年頃に日本を抜いて高齢化率世界一となる推計がなされている。

　全世帯に占める65歳以上の者がいる世帯の割合は、2021年時点で49.7％（2014年：46.7％）であり、過去40年間で上昇を続けている（1980年時点では24.0％）。1980年当時、三世代世帯が全世帯の半数（50.1％）を占めていたが、2021年時点では夫婦のみ（32.0％）、単独世帯（28.8％）がそれぞれ3割を占める。日常生活を営むことに影響のある高齢者（65歳以上）の割合は、2019年で23.8％である（厚生労働省「令和元年度国民生活基礎調査」）。特に85歳以上になると45.2％に上昇することから、年齢が上がるにつれて一気に支障を感じるようになることがわかる。ここでいう日常生活とは、「日常生活動作（起床，衣服着脱，食事，入浴）」「外出」「仕事・家事・学業」「運動」である。高齢者の認知症の状況は、2012年時点では15％であるが、2060年には最大で33.3％に

なるという深刻な推計もある（内閣府『平成29年版高齢社会白書』）。

このように，日本では高齢化に伴って，日常生活を送るのに支障があったり，認知症を患ったりする高齢者が増加し，家族がその介護を担うことが困難になりつつある。そこで，家族に代わって社会がその機能を担うため，2000年度から**介護保険制度**がスタートした。この制度では，高齢者が直面する困難度に応じて，「要支援（1～2）」「要介護（1～5）」と認定される。2020年時点では，65～74歳までの高齢者の1.4%が要支援，3.0%が要介護であり，75歳以上の8.9%が要支援，23.4%が要介護である（内閣府『令和5年版高齢社会白書』）。要支援者が受けるのは介護予防サービスであり，要介護者が受けるのは介護サービスである。

主な介護者は同居者（54.4%）であり，その中でも配偶者（23.8%），子（20.7%）が多い。主な介護者の年齢は60歳以上が多く（男性72.4%，女性73.8%），いわゆる「**老老介護**」が現実に生じている。

介護サービスの受益者となる65歳以上被保険者数は，2020年時点で3558万人であり，2000年時点の2165万人から1.6倍となった（厚生労働省「介護保険制度の概要」令和3年5月）。要介護（要支援を含む）認定者数は669万人である。これは制度スタート時が218万人であったから，20年間でじつに3.1倍になっている。介護サービス受給者数は，494万人（在宅サービス384万人，施設サービス95万人，地域密着型サービス84万人〔複数回答〕）であり，2000年時点の149万人（在宅サービス97万人，施設サービス52万人）から3.3倍となった。介護保険に関する総費用（地方交付税により措置される介護保険に関する事務コストや人件費は含まない）は，2018年度に11兆円であり，これは2000年時点の3.6兆円の約3倍である。2018年度時点の政府の将来推計によると介護費用は今後も増加していく見込みである（2025年度約15兆円，2040年度25～26兆円）。なお，医療費は2018年度時点39.2兆円で，2025年度に約50兆円，2040年度に67～70兆円となる見込みである（内閣官房・内閣府・財務省・厚生労働省2018年「2040年を見据えた社会保障の将来見通し」）。

重い市町村の責任をサポートするには

介護保険制度

　介護ニーズの高まりが予測されるようになり，2000 年度から介護保険制度（介護保険法）が導入された。保険方式によって広く費用負担を求めることで，普遍的なサービス提供がめざされたのである。介護保険法が成立した 1997 年当初は国民健康保険と同様に，国の事務の市町村への団体委任事務とされたが，法律が施行された 2000 年の地方分権改革以降，介護保険事務が自治事務とされた。ただし，介護保険制度は法令によって細かな定めがあるため，市町村の裁量は限定的であった。その後，2005 年，2011 年の制度改正によって，介護保険分野の地方分権化が進んだ。たとえば，人員，設備・運営，定員基準が都道府県条例で定められることになったほか，指定居宅サービス事業者の指定と監督権限が政令指定都市と中核市へ移譲された（横川 2014）。

　保険という制度を選択したとしても，実際の運営をどのようにするのかは選択の余地がある。たとえば，医療分野の国民皆保険（1961 年）を支えてきた国民健康保険の運営主体が 2018 年に市町村から都道府県へ移管されたほか，後期高齢者医療制度では都道府県ごとに広域連合を設置して運営されている。これに対して，介護保険では，市町村が以前から高齢者福祉の主体であったという経緯に加えて，介護サービスの利用範囲が市町村の範囲内であるため，市町村を保険者とすることとされた（横川 2014：178 頁），「地域」が介護行政のキーワードとなっている。介護保険制度は 3 年ごとに財政収支を検証し制度の見直しをすることになっており，介護保険法の改正も 2000 年の制度開始（第 1 期）以来 3 年ごとに行われている（2021 年度から第 8 期）。最近の改正では「地域包括ケアの推進」（第 5 期），「地域支援事業」（第 6 期），「全市町村の保険者機能の発揮」（第 7 期），「市町村の包括的な支援体制の構築の支援」（第 8 期）のように市町村が介護保険制度の主体として位置づけられている。さらに市町村には介護ニーズが多様化し増大するなかで，自助，互助，共助，公助を体系化する役割が期待されるようになった。互助はボランティアや地域住

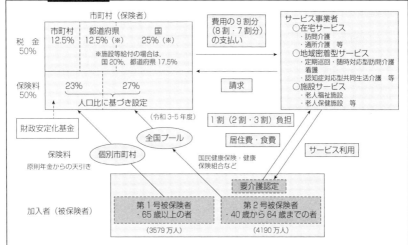

CHART 図 12-1　介護保険制度の仕組み

（注）　第 1 号被保険者の数は，「介護保険事業状況報告令和 3 年 3 月月報」によるものであり，
令和 2 年度末現在の数である。第 2 号被保険者の数は，社会保険診療報酬支払基金が介護
給付費納付金額を確定するための医療保険者からの報告によるものであり，令和 2 年度内
の月平均値である。
（出所）　厚生労働省老健局「介護保険制度をめぐる最近の動向について」令和 4 年 3 月 24 日。

民の取り組みを指すが，市町村はそれを支援する（厚生労働省老健局振興課「介
護予防・日常生活支援総合事業の基本的な考え方」）。つまり，介護保険だけで介護
ニーズは対応しきれない状況が生じており，社会の資源を総動員する主体とし
て市町村が期待されている。ただし，広域連合や一部事務組合（第 7 章参照）
が保険者となる場合もあるため，すべての市町村が独立して保険者になってい
るわけではない。

　介護保険制度の仕組みは**図 12-1** のとおりである。被保険者は 65 歳以上の
者（第 1 号被保険者）と 40〜64 歳までの者（第 2 号被保険者）が保険料を支払う。
第 1 号被保険者が要介護認定を受けた場合には，介護サービスを利用すること
ができ，原則として費用の 1 割を負担する（介護保険財政を維持するため，所得に
応じて 2 割負担〔2015 年〕，3 割負担〔2018 年〕が導入された）。介護保険全体の
50% が保険料によって賄われている。残りの 50% が税金によって負担され，
市町村がその 4 分の 1，都道府県も 4 分の 1，国が 2 分の 1 を負担する。介護
保険全体で介護サービス費用の 9 割を負担する。

増え続ける介護費用を賄うために，介護保険料は上昇を続けている。介護保険制度導入後，第1期2911円，第2期3293円，第3期4090円，第4期4160円，第5期4972円，第6期5514円，第7期5869円，第8期6014円と上昇を続けている。ただし，第6期中の見通しでは2020年度6771円，2025年度8165円だったことからわかるように，上昇率を圧縮する努力が続けられている。その1つが先述した所得の高い高齢者の負担率引き上げである。

　市町村が保険者となることで目立ってきたのが保険料の市町村格差である。第6期基準月額でみると，最低額は鹿児島県三島村の2800円，最高額は奈良県天川村の8686円である。全体の8割の保険者（主として市町村）が4501円以上6000円以下の保険料を設定している。また第5期と第6期を比較して，第5期よりも基準額を引き上げた保険者が94.2%あった。保険料の格差の要因として考えられているのが，要介護認定率，介護サービス利用率，介護サービスの充実度である。要介護認定はガイドラインに沿って行われるものの，最終的な認定権限は市町村に留保されているから，介護サービスを十分に提供できない市町村では介護認定が限定的となると指摘されている（恩田 2006）。

　市町村の中には介護保険料の収納金額が不足したり，給付費が予測よりも増えてしまったりしたことで，介護保険特別会計に赤字が出る場合がある。市町村の一般財源から補填する必要がないように設置されたのが，**財政安定化基金**である。各都道府県が設置主体となっているこの基金の原資は，国，都道府県，市町村が3分の1ずつ負担している。市町村の介護保険事業の支出が収入を上回った場合，保険料収納不足分の2分の1は基金から交付される。残りの2分の1の額についても，支出が収入を上回った金額については，保険料収納不足分に対する交付額を除いた額が貸し付けされる。さらに，給付費が増加したことによる不足分は全額貸し付けされる。つまり，市町村にとっては保険料収入の確保努力を行うインセンティブが制度上は乏しいものであり，要介護認定が甘くなる恐れもある。これも**ソフトな予算制約問題**の1つである（第8，9章参照）。

介護サービスと地方自治体の役割

　介護保険法上の介護サービスは介護給付（要介護1〜5）と予防給付（要支援1

都道府県・政令市・中核市が指定・監督を行うサービス		市町村が指定・監督を行うサービス
介護給付を行うサービス ◎**居宅介護サービス** ［**訪問サービス**］ 　○訪問介護（ホームヘルプサービス） 　○訪問入浴介護 　○訪問看護 　○訪問リハビリテーション 　○居宅療養管理指導 　○特定施設入居者生活介護 　○福祉用具貸与 　○特定福祉用具販売 ◎**施設サービス** 　○介護老人福祉施設 　○介護老人保健施設 　○介護療養型医療施設 　○介護医療院	［**通所サービス**］ 　○通所介護（デイサービス） 　○通所リハビリテーション ［**短期入所サービス**］ 　○短期入所生活介護（ショートステイ） 　○短期入所療養介護	**地域密着型介護サービス** 　○定期巡回・随時対応型訪問介護看護 　○夜間対応型訪問介護 　○地域密着型通所介護 　○認知症対応型通所介護 　○小規模多機能型居宅介護 　○認知症対応型特定施設入居者生活介護 　○地域密着型介護老人福祉施設入所者生活介護 　○複合型サービス（看護小規模多機能型居宅介護） **居宅介護支援**
予防給付を行うサービス ◎**介護予防サービス** ［**訪問サービス**］ 　○介護予防訪問入浴介護 　○介護予防訪問看護 　○介護予防訪問リハビリテーション 　○介護予防居宅療養管理指導 　○介護予防特定施設入居者生活介護 　○介護予防福祉用具貸与 　○特定介護予防福祉用具販売	［**通所サービス**］ 　○介護予防通所リハビリテーション ［**短期入所サービス**］ 　○介護予防短期入所生活介護 　（ショートステイ） 　○介護予防短期入所療養介護	**地域密着型介護予防サービス** 　○介護予防認知症対応型通所介護 　○介護予防小規模多機能型居宅介護 　○介護予防認知症対応型共同生活介護 　（グループホーム） **介護予防支援**

この他，居宅介護（介護予防）住宅改修，介護予防・日常生活支援総合事業がある。

（出所）　厚生労働省老健局「介護保険制度をめぐる最近の動向について」令和 4 年 3 月 24 日。

~2) に大別される。①ケアプランの作成，②自宅で受けるサービス，③日帰りで施設に出かけて受けるサービス，④施設で生活しながら長期間もしくは短期間受けるサービス，⑤訪問，通い，宿泊を組み合わせて受けるサービス，⑥福祉用具利用サービスがある。

　介護サービスの種類によって事業主体の指定や監督を担う主体が異なる（図12-2）。都道府県，政令市，中核市が指定や監督を担うのが，居宅介護サービス（訪問サービス，通所サービス，短期入所サービス），施設サービスである。他方，市町村が指定や監督を担うのが地域密着型サービスである。これは 2006 年に創設されたサービスである。たとえば，小規模多機能型居宅介護，グループホームなど，サービスの提供範囲がより地域に密着したサービスであり，独居高齢者や認知症高齢者の増加，在宅支援の強化などを背景・目的としている。地域密着型サービスを利用できるのは，サービス提供事業者のある市町村に住む人に限られる（介護予防サービスも同様）。さらに市町村は居宅介護支援を担う（以前は都道府県等が担ったものを移管）。なお，介護に至らない状態であるが支援を受ける必要のある高齢者に対しては，介護給付ではなく予防給付が行われる。これらについても介護サービスと同様の区分で，都道府県・政令市・中核市が

介護予防サービスを指定・監督し，市町村は地域密着型介護予防サービス，介護予防支援を指定・監督する。

　介護サービスを受けるには要介護認定を受ける必要がある。これを判定するのが，市町村に設置される**介護認定審査会**である。都道府県は介護保険の保険者ではないが，介護サービス事業者の指定・監督といったより専門性の高い機能を担うほか，財政調整基金の運用者として市町村をサポートする。

　2005 年の介護保険法改正により，市町村に地域包括支援センター（高齢者の総合相談窓口）が設置されることとなった。これは介護，福祉，保険，医療といったさまざまな面から高齢者を支援する施設である。保健師，社会福祉士，主任ケアマネジャーが相談業務を行う。さらにこれを進めて，2011 年と 2014 年の介護保険法改正では，地域包括ケアシステムの構築を進めることとなった。このシステムは 30 分以内に必要なサービスが提供される日常生活圏域（中学校区）を単位として想定するものである。このようなシステムが構想された背景には，高齢社会の進展状況に大きな地域差が生じているため，市町村や都道府県が，地域の自主性や主体性に基づいて，地域の特性に応じてシステムを作り上げる必要が高まったことにある。

　介護保険制度はそのスタート時点で地方分権を制度原理に組み込んでいた。実際，居宅介護支援が都道府県から市町村へ移管されたり，市町村が地域包括ケアシステムの中核として位置づけられるなど，改正のたびに市町村の責任（仕事の量と範囲）が増している。ただし，介護保険の財政状況の悪化を背景として，国の関与が強化されているという指摘もある（三原 2018）。介護が必要な状態になる前に予防すればそれだけ介護保険財政は節約できる。そうした自立支援，重度化防止に関する取り組みを市町村に促すために国は「保険者機能強化推進交付金」（2018 年度市町村分 190 億円，都道府県分 10 億円）を創設した。国の定めた基準によって市町村の取り組みを評価し，評価結果に応じて交付金が傾斜配分される（財政的インセンティブ）。さらに評価結果は市町村別に公表される。このように，自律性 II のルートにおいて「分権と集権が同時に進む」ともいえる状況が生まれている。

高齢者福祉施設

⊪▶民設民営がもたらすこと

　自宅で介護サービス（居宅）を受けるだけでは不十分なケースもある。また家族が介護を担う場合，長時間の介護で疲弊する。あるいは自宅のみの介護が困難となるケースもある。その場合一時的に施設に出向いてサービスを受けたり（通所），さらには入所して長期間サービスを受けるような（居住）施設における介護サービスの提供が行われている。高齢者福祉施設のうち主な施設の役割を，厚生労働省所管独立行政法人福祉医療機構のサイト（WAM-NET）を参考にしつつ説明する。大きく分けて，介護保険施設，介護予防サービス事業所，地域密着型介護予防サービス事業所，介護予防支援事業所（地域包括支援センター），居宅サービス事業所，地域密着型サービス事業所，居宅介護支援事業所の7類型がある。

　居宅で利用するサービスには，訪問介護（ホームヘルプサービス），訪問看護，訪問リハビリテーション，訪問入浴介護，居宅療養管理指導がある。いずれも「要介護」と認定された人が利用できる。

　通所して利用するサービスには，通所介護（デイサービス），通所リハビリテーション（デイケア），短期入所介護（ショートステイ）がある。いずれも「要介護」と認定された人が利用できる。

　予防給付のうち訪問介護・通所介護については，2017年度末に地域支援事業へ移行した。これは介護予防・日常生活支援総合事業の一部であり，従来全国一律の基準で実施してきたものを地域の実情に応じた取り組みができるようにした。既存の介護事業所によるサービスに加えて，NPO，民間企業，ボランティアなど多様な主体の活用をめざすものである（高齢者も支え手側になることも想定）。これを通じて「サービスの充実」と「費用の効率化」をめざすものである（厚生労働省「介護予防・日常生活支援総合事業の基本的な考え方）。自律性Ⅱの軸でみると，中央政府は地方分権を進め，地方政府の自律性を高めたようであるが，財源構成は予防給付と同じため，地方政府にとっては責任が増した

割には負担が大きくなるともいえる。

　介護保険施設には介護老人福祉施設，介護老人保健施設，介護療養型医療施設，介護医療院の４つがある。介護老人福祉施設（特別養護老人ホーム＝特養，老人福祉法の呼称）は，寝たきりや認知症により，常に介護が必要で（要介護３以上）かつ自宅での生活が困難な人を対象とする施設である。介護，機能訓練，健康管理，相談，レクリエーションを提供する。個室（従来型個室の場合。居室のタイプで費用は異なる）１日当たり自己負担額は，要介護３で695円，要介護５で829円である。

　介護老人保健施設（老健）は，入所者に対してリハビリテーションなどの医療サービスを提供して，家庭への復帰をめざすための施設である。看護，リハビリテーション，介護を提供する。対象となるのは入院治療をする必要まではないが，リハビリテーション，看護，介護を必要とする人（要介護１以上）である。リハビリテーションは，理学療法士，作業療法士，看護師により行われる。診察，投薬，検査といった医療ケア，看護も提供される。食事，入浴，排せつなど日常生活上の介護，相談援助，レクリエーションも提供される。個室（介護保険施設サービス費Ⅰ・基本型（i））１日当たり自己負担額は，要介護１で698円，要介護５で907円である。

　医療的サービスが充実している介護療養型医療施設（医療ニーズを必要としない利用者の入居が目立ち2024年3月に廃止）は，慢性疾患のため長期療養が必要な人を対象として，介護職員が手厚く配置された医療機関である。病状が安定した長期療養が必要な人（要介護１以上）が入所し，医療サービス，介護，リハビリテーションなどが提供される。１日当たりの自己負担額は，療養病床を有する病院の従来型個室療養機能強化型Ａの個室では，要介護１で669円，要介護５で1198円である（居室の種類やサービスの内容によって費用は異なる）。

　介護医療院は，長期にわたって療養が必要な人を対象として，療養上の管理，看護，介護，機能訓練などのサービスを提供する。１日当たりの自己負担額はⅠ型介護医療院サービス費（Ⅰ）従来的個室の場合，要介護１で694円，要介護５で1223円である。

　なお，介護予防支援事業所（地域包括支援センター）は，「地域住民の心身の健康の保持及び生活の安定のために必要な援助を行うことにより，その保健医

　国の基準を上回る公共サービスの提供を上乗せサービスという。これに対して国の基準の範囲外のサービスを提供することを横出しサービスという。介護保険制度上の上乗せ・横出しサービスと介護保険制度以外の上乗せ・横出しサービスがある。介護保険制度上の上乗せサービスは条例によって「支給限度基準額」を上回る増額（訪問介護の追加利用等）を設定するものであり，介護保険制度上の横出しサービスは条例によって保険給付の対象外（配食，介護用品支給等）を「市町村特別給付」として実施するものである。いずれも財源は第1号被保険者の保険料である。

　他方，介護保険制度以外の上乗せ・横出しサービスは，市町村が一般財源で提供するものと，介護サービス事業者が保険外サービスとして提供しているものがある。市町村が提供するものは負担額が少ないが，事業者が提供するものは利用者が全額負担する（公正取引委員会「介護サービス・価格の弾力化（混合介護）」平成28年）。これらの事例は，冒頭で述べたように「自律性Ⅰ」の観点から理解することができるが，一方では「自律性Ⅱ」をめぐる「ソフトな予算制約」問題の例としても議論の材料となる。

療の向上及び福祉の増進を包括的に支援することを目的とする施設」である（介護保険法115条の46第1項）。設置主体は市町村であるが，外部委託が可能である。

　厚生労働省「介護サービス施設・事業所調査」（令和3年度）から，それぞれのカテゴリの主要な施設・事業所がわかる（**表12-1**）。介護保険施設では介護老人福祉施設，介護老人保健施設の数が多い。最も数が多いのが居宅介護支援事業所である。介護支援専門員（ケアマネジャー）が居宅サービス計画（ケアプラン）を作成し，各事業所との連絡調整を行う。なるべく居宅で生活したいニーズに応える重要な機能を果たす。そうしたニーズを反映して，居宅サービス事業所，地域密着型サービス事業所の数が全種別の中で多い。なお，利用者1人当たりの1か月（2021年9月）の利用回数をみると，訪問介護が21.1回（週に約5回），通所介護が9.4回（週に約2回）である。

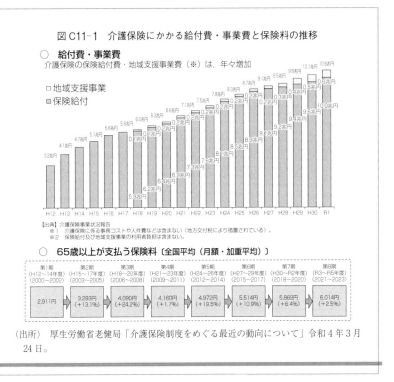

図 C11-1　介護保険にかかる給付費・事業費と保険料の推移

○　給付費・事業費
　介護保険の保険給付費・地域支援事業費（※）は，年々増加

□地域支援事業
■保険給付

【出典】　介護保険事業状況報告
　※1　介護保険に係る事務コストや人件費などは含まない（地方交付税により措置されている）。
　※2　保険給付及び地域支援事業の利用者負担は含まない。

○　65歳以上が支払う保険料〔全国平均（月額・加重平均）〕

第1期 (H12～14年度) (2000～2002)	第2期 (H15～17年度) (2003～2005)	第3期 (H18～20年度) (2006～2008)	第4期 (H21～23年度) (2009～2011)	第5期 (H24～26年度) (2012～2014)	第6期 (H27～29年度) (2015～2017)	第7期 (H30～R2年度) (2018～2020)	第8期 (R3～R5年度) (2021～2023)
2,911円	3,293円 (+13.1%)	4,090円 (+24.2%)	4,160円 (+1.7%)	4,972円 (+19.5%)	5,514円 (+10.9%)	5,869円 (+6.4%)	6,014円 (+2.5%)

（出所）　厚生労働省老健局「介護保険制度をめぐる最近の動向について」令和4年3月24日。

　介護保険施設については，介護老人福祉施設が8414施設（前年比108増，以下同じ），介護老人保健施設が4279施設（25減），介護医療院が617施設（81増），介護療養型医療施設が421施設（135減）である。なお，介護保険施設の定員は，介護老人福祉施設が58万6061人（1施設当たり69.7人），介護老人保健施設が37万1323人（同86.8人），介護医療院が3万8159人（同61.8人），介護療養型医療施設が1万3533人（同32.1人）である。介護老人福祉施設の定員が1年間で約1万人増加している。定員に占める在所（院）者数を「利用率」と呼ぶ。介護老人福祉施設は95.5%，介護老人保健施設は88.3%，介護医療院が92.9%，介護療養型医療施設が83.2%であり，新規の入所（院）が困難であることがうかがえる。

　経営主体別にみると，訪問介護事業所，通所介護事業所のいずれについても，それらを地方自治体が直営することは珍しい。直営率は訪問介護で0.2%，通

	2021 年	2020 年
介護保険施設		
介護老人福祉施設	8,414	8,306
介護老人保健施設	4,279	4,304
介護予防サービス事業所		
介護予防訪問看護ステーション	13,221	12,115
介護予防短期入所生活介護	11,256	11,134
地域密着型介護予防サービス事業所		
介護予防認知症対応型共同生活介護	13,703	13,612
介護予防支援事業所（地域包括支援センター）	5,280	5,249
居宅サービス事業所		
訪問介護	35,612	35,075
訪問看護ステーション	13,554	12,393
通所介護	24,428	24,087
地域密着型サービス事業所		
地域密着型通所介護	19,578	19,667
認知症対応型特定施設入居者生活介護	14,085	13,977
居宅介護支援事業所	39,047	39,284

（出所）　厚生労働省「介護サービス施設・事業所調査」（令和 3 年度）。

所介護で 0.3% である。営利法人（会社）が経営する事業所が最も多く，次いで社会福祉法人の経営が多い。たとえば，訪問介護では 7 割が営利法人の経営，16% が社会福祉法人の経営であるし，通所介護では 5 割が営利法人の経営，35% が社会福祉法人の経営である。また，介護保険施設については，介護老人福祉施設の 9 割以上が社会福祉法人によって開設されていて，地方自治体は 3.4%（都道府県 0.8%，市区町村 2.6%）である。介護老人保健施設の 4 分の 3 が医療法人によって開設されており，16% ほどは社会福祉法人が開設したものである。地方自治体による直営は 3.1%（市区町村のみ）である。介護医療院は 9 割が医療法人が開設している。介護療養型医療施設の 8 割が医療法人によって開設されており，地方自治体による直営は 7.8%（市区町村のみ）である。他方，介護予防支援事業所（地域包括支援センター）は地方自治体の直営もあるが（2 割），やはり社会福祉法人のほうが割合は高い（56%）。

　このように，老人介護の仕事は，学校教育や子育て行政とは異なり，地方自治体が直接サービスを提供することは例外的であり，社会福祉法人や営利法人（会社）が担う場合が多い。市町村は保険者であることを踏まえて，地方自治

体内の地域に密着した介護システムの構築という責務を担うことが期待され，都道府県にはそうした市町村の支援が期待されている。特に，高齢化の進展に伴って，重度な要介護状態となっても住み慣れた地域で自分らしい暮らしを人生の最後まで続けることができるよう，団塊の世代が75歳以上になる2025年を目途に住まい，医療，介護，予防，生活支援が一体的に提供される**地域包括ケアシステム**の構築を政府は目標に掲げている。市町村には，単に保険者であること以上の役割を果たすことが期待されている。具体的には，住まい，医療，介護，予防，生活支援をそれぞれ担う介護事業所，医療機関，老人クラブ・自治会・ボランティア・NPOをネットワーク化することが市町村に期待されている。行政直営でもなく民間委託でもない行政のコーディネート機能が市町村には求められる。なお広域自治体である都道府県には市町村を専門性の面から補完するとともに，財政面でも補完機能を担うことが期待されている。

4 介護人材

一生の仕事にできないのはなぜか

大量に必要とされる介護人材

高齢者福祉施設で勤務したり，訪問介護サービスに従事する介護人材数は要介護（要支援を含む）認定者数の増加に応じて年々増加している。制度がスタートした2000年度の介護人材数は，訪問系，通所系，入所系合わせて54.9万人（常勤，非常勤の実数計）だったものが，2021年度には214.9万人となった（3.9倍）。この間，認定者数は244万人から688万人と2.8倍になった。すでに公立の小中学校と高等学校の教員数（約100万人）をはるかに超えている。就業形態については，介護職員では，正規職員が6割，非正規職員が4割である（厚生労働省「介護労働の現状」）。訪問介護員では，正規職員が3割，非正規職員が7割である。性別をみると，女性割合が高く，介護職員では正規職員の約7割が女性，非正規職員の約9割である。男性の介護職員の年代は40歳未満が2割弱であるが，女性では40歳以上が9割である。女性が大多数を占める訪問介護員については，40歳以上が8割を占める。離職率であるが，介護職員

で16.7％（採用率18.9％），訪問介護員14.8％（採用率15.2％）である。ただし，問題は常勤労働者の離職率である。介護職員の常勤労働者の離職率は19.0％（採用率20.1％）であり，全産業平均（離職率11.6％，採用率12.1％）と比べて高い水準にある。つまり，介護職員の常勤労働者はせっかく雇用しても人材が定着せず，経験の浅い職員が多数配置されていることを意味する。実際，介護人材の勤続年数は全産業平均と比べて短い（全産業平均12.1年，介護職員6.4年，訪問介護員6.6年）。

　介護人材の中核となる介護福祉士については，介護福祉士登録者数が介護保険制度創設当初（2000年）の21万人から急増し，2012年には109万人，2022年には187万人となった。しかし，介護福祉士として従事している者は約8割である（公益財団法人社会福祉振興・試験センター「介護福祉士就労状況調査（令和2年度）」）。つまり，保育士資格を持ちながら保育士として働いていない「潜在保育士」が多数存在し，保育士不足が待機児童の一因となっているのと同様に（第11章参照），潜在介護福祉士が38万人近く存在する。

　介護人材の待遇は全産業や類似職種との比較において低い。厚生労働省「平成29年賃金構造基本統計調査」では，全産業平均が30.4万円であるのに対して，訪問介護員22万円，介護職員22万円であるから，介護人材の待遇面の低さが介護人材の離職率の高さや大量の潜在介護福祉士の要因と見なされている。保育士の場合は若年女性が短期間で退職することが多かったが，介護の場合には処遇の問題が制度の開始当初から浮き彫りになっている。経験・技能のある介護人材に対する処遇改善が2009年度から段階的に図られており，2019年度までで月額平均7.5万円が改善（増額）された。

　介護人材の待遇の低さに加えて，勤務の厳しさも課題となっている。介護施設では夜勤や残業が不可避であるため，割増賃金の不払いが起こりやすい。特に夜勤中の仮眠，介護サービス利用者の送迎のための移動時間といった「グレー」な時間の扱いは紛争になりやすい。これからますます介護に対する需要が高まっていくなかで，サービス供給主体が脆弱で不安定なままでは持続可能性は期待できない。

介護福祉士になるには

　介護福祉士は名称独占の国家資格である。社会福祉士及び介護福祉士法の定義によれば，介護福祉士は，「専門的知識及び技術をもって，身体上又は精神上の障害があることにより日常生活を営むのに支障がある者につき，心身の状況に応じた介護を行い，並びにその者及びその介護者に対して介護に関する指導を行うことを業とする者」である。

　介護福祉士となるには，実務経験ルート，養成施設ルート，福祉系高校ルートなどがある。養成施設の卒業生には国家試験受験が不要であったが，介護福祉士になるには（介護福祉士登録を受けるには）2017 年度から介護福祉士試験に合格しなければならないこととなった。ただし，2017 年度から 2027 年度までに養成施設を卒業した場合，不合格や未受験の場合でも，卒業後 5 年間は介護福祉士の資格を持てることとされた。さらにこの期間に合格しなくても，5 年間続けて介護業務に従事することでも介護福祉士登録が継続される。これは，介護福祉士の専門性の向上と，介護福祉士不足という相反する課題に直面したための苦肉の策である。いずれにせよ，介護福祉士資格に関する制度は流動的であり，介護福祉士をめざす人は常に情報収集が必要である。実務経験ルートは，実務経験 3 年以上に加えて，実務者研修（450 時間）が必要である。養成施設ルートは履修期間 2 年以上（1850 時間）が必要であるが，福祉系大学等，社会福祉士養成施設等，保育士養成施設等の卒業者は履修期間が 1 年以上でかまわない。福祉系高校ルートは履修期間 3 年以上（1855 時間）が必要とされる。

　国家試験合格後，介護福祉士として登録を行うことで介護福祉士として業務を行うことができるようになる。2023 年の国家試験受験者数は 7 万 9151 人であり，最多だった 2014 年（15 万 4390 人）から大幅に減少している。また 2023年の合格率は初めて 8 割を超えた。介護人材の量的確保と質の維持が今後課題になっていくだろう。

　介護福祉士養成施設は 4 年制大学，短期大学，専門学校に分かれる。4 年制養成施設については，たとえば，東北福祉大学では総合福祉学部社会福祉学科社会福祉コース介護福祉士課程，東洋大学では福祉社会デザイン学部社会福祉学科，京都女子大学では心理共生学部心理共生学科が設けられている。3 年制

養成施設はすべて専門学校であり，仙台医療福祉専門学校介護福祉学科，東京福祉専門学校介護福祉士科などが設置されている。2年制養成施設は短期大学，専門学校のいずれかとなっている。養成施設ルートの受験者は国家試験受験者のうち約13%にとどまる（厚生労働省「第35回（令和5年）介護福祉士国家試験合格発表」）。つまり受験者の多くは実務経験ルートを選択している。介護福祉士養成校の入学者数や定員充足率は減少傾向である。養成校数も減少している（2014年度406校→2022年度314校）。

　高齢者介護に携わるのは，家族のほか，介護施設職員，ホームヘルパーである。いずれの介護者においても強いストレスに直面し，介護すべき高齢者に対して虐待に至るケースがある。厚生労働省「令和3年度　高齢者虐待の防止，高齢者の養護者に対する支援等に関する法律に基づく対応状況等に関する調査結果」によれば，家族による虐待件数は1万6426件，施設職員によるものは739件であった。ただし，施設職員による虐待が増加傾向である。虐待による死亡者数は，2006年から21年の期間で年間おおよそ20人台から30人台で推移している。なお，虐待した家族の続柄で最も多いのは「息子」の4割，次に「夫」の2割である。

5 市町村による介護サービスの持続可能性

　地方政府がかかわるヒューマンサービスを，それらが提供される施設の設置管理主体から比較してみると次のように理解できる。まず，学校教育は，地方政府が主な設置主体となる公設公営型である。子育て行政は，公立と私立の混合型である。これらに対して高齢者福祉（介護）では，地方政府は設置主体とはならず，法人が設置した施設を監督する立場である。社会的に介護ニーズが高まるなか，法人が供給するサービス量のコントロールやサービスの質の確保が地方政府の役割であるが，それは地方政府がこれまで蓄積してきた直営（公設公営）主義とは異なるものである。民間委託が進み，委託先には経験，情報，ノウハウが蓄積していく一方で，地方政府では直営時代の経験などが時間を経るごとに減少していく。一時的なコスト削減で安易に民間委託をしていく傾向

　2015 年に神戸市と兵庫県で「アミューズメント型」「カジノ型」介護施設に規制をかける条例を制定した（『産経新聞』WEB 版 2015 年 11 月 13 日付）。これらの施設は，介護保険施設であるものの，カジノ，パチンコ，マージャンなどの娯楽施設を備えている。レクリエーションは介護メニューにも含まれており，それとの線引きをどうするかは議論すべき課題である。また，自宅に引きこもりがちな高齢者が外出する契機ともなっているという指摘もある。神戸市ではデイサービス施設を対象とし，兵庫県ではそれに加えて，特別養護老人ホーム，介護老人保健施設も対象とした。条例では，娯楽性の高いサービスを提供する施設に対しては指導を行い，改善されない場合には介護保険法に基づく指定を取り消すことが盛り込まれた。

　介護という領域において，介護サービスの提供主体の多くは法人などの事業者であり，地方自治体が直営しているわけではない。このカジノ介護施設をめぐる議論からは，指定主体である地方自治体の専門性をどう構築するか，サービス提供主体の事業者の行動を行政がいかに統制するか，介護サービスの受益者である高齢者が幸福に健康で人生の後半期を過ごすためのサービスとは何か，といった論点が浮上する。

が強いが，地方政府がどのように「情報の非対称性」を克服して実施の委託先をモニタリングする能力を向上させるかが新たに大きな課題となっている。

　しかし，すでに超高齢社会に突入しており，介護サービスへのニーズは高まっているだけではなく，そのニーズも多様化している。このことは，学校教育との比較において，高齢者福祉行政に関して市町村がより困難な状況にあることが理解できる。つまり，学校教育の分野では，従来，保護者や住民からのニーズはそれほど多様化しておらず（あくまで高齢者福祉との比較。学びの多様化学校の設置，広域私立通信制高校にみられるニーズの多様化はある），中央政府からの財政移転も手厚かったため，安定的なサービス供給が可能だった。「自律性Ⅰ」の局面で地方政府が困難を感じることは少なかったのである。さらに，その後，中央政府からの財政移転は手厚いままに，「自律性Ⅱ」の軸で自律的な政策選択が可能となり，上乗せ・横出しサービスが展開できるようになったことで，「自律性Ⅰ」の局面でも住民ニーズへの応答性が高まった。

これに対して，高齢者福祉の分野では，学校教育ほどに市町村への財政支援がなされているわけではない。市町村は，「自律性Ⅱ」の軸において，その自律性の程度を高めたいと考えるよりも，まず中央政府からのより手厚い財政支援を求めざるをえない状況にある。そのような状況下では，市町村は本来「自律性Ⅰ」の軸において，住民への応答性を高める余裕はないはずであるが，多様化した介護サービスのニーズに対応せざるをえない。住民への応答性を高めるあまり，「ソフトな予算制約」問題が全国化すれば，介護保険制度をはじめとする高齢者福祉行政の仕組み自体の持続可能性が揺らぐことになる。

EXERCISE ●演習問題

1　高齢化が進む日本では，介護費用をはじめとして高齢者のための公的支出が増大している。日本の財政の持続可能性と高齢者の幸福のために必要な政策は何かを考えてみよう。

2　日本では今後，高齢者福祉に関して第9章で説明した「足による投票」が盛んになると考えられる。その理由を述べてみよう。

読書案内 | Bookguide ●

　介護保険の現場を鮮やかに描いたのが結城康博『介護——現場からの検証』（岩波書店，2008年），結城康博『在宅介護——「自分で選ぶ」視点から』（岩波書店，2015年）である。同じ著者の学術的な分析を読み解くのも挑戦しがいがある（結城康博『日本の介護システム——政策決定過程と現場ニーズの分析』〔岩波書店，2011年〕）。介護保険制度は複雑さを増しているが，制度の構想から成立までを丹念に記述し，資料を紹介したのが介護保険制度史研究会編著『介護保険制度史——基本構想から法施行まで』（社会保険研究所，2016年）である。どの政策分野でもそうであるが，制度は関係者の利害関係の調整の結果でもあるし，関係者の行動を方向づけもする。一見無味乾燥と思われる制度も，その成立過程はドラマティックである。映画『毎日がアルツハイマー』は認知症の母親との生活を丁寧に描いたドキュメンタリーである。

恩田裕之（2006）「高齢者介護サービスと自治体の役割」国立国会図書館調査資料『地方再生――分権と自律による個性豊かな社会の創造』199–214頁。

近藤倫子（2019）「介護人材確保のための施策の概要」『調査と情報』1034, 1–10頁。

菊地雅彦（2019）「公的介護保険制度の持続可能性と自治体間差異」『保健学雑誌』2019（647）, 101–131頁。

鈴木栄之心（2022）「介護保険料の設定における市町村行動と調整交付金の財政調整効果の検証」『会計検査研究』65, 33–50頁。

三原岳（2018）「分権と集権が同時に進む医療・介護改革の論点――『機能的集権』で考える複雑な状況の構造と背景」ニッセイ基礎研究所ウェブサイト。

横川正平（2014）『地方分権と医療・福祉政策の変容――地方自治体の自律的政策執行が医療・福祉政策に及ぼす影響』創成社。

索　引

● あ 行

相乗り　66,69
　──首長　40,66
青島幸男　9
足による投票（vote with one's feet）　175,
　　176
預かり保育　216
天川モデル　171
アミューズメント型介護施設　247
委員会　25
一部事務組合　130
一般行政職　46
一般財源　153
一般職試験　47
移転財源　152,156,157
入口選抜方式　47
「入れ子」構造　132,143
引責辞任　18
上乗せサービス　206,227,240
上乗せ条例　86
運輸安全委員会　111
OECD 国際教員指導環境調査（TALIS）
　　205
応益原則　162
応能原則　162
大阪都構想　82,103,129,142
大部屋主義　114
オール与党　40

● か 行

改革派
　──市長　13
　──首長　33,41
　──知事　11
概括例示方式　3,170

海区漁業調整委員会　111
会計検査院　105
介護医療院　239,241
介護難民　230
介護認定審査会　237
介護福祉士　244,245
介護保険施設　238,241
介護保険制度　177,232,233,240
介護保険法　233
　　2005 年の──改正　237
介護予防サービス事業所　238
介護予防支援事業所（地域包括支援セン
　　ター）　240
介護予防訪問介護事業所　238
介護療養型医療施設　239,241
介護老人福祉施設　239,241
介護老人保健施設　239,241
会　派　26
開放制　202
下位レベルの政府（sub-national, or sub-
　　central government）　168
カウンシル税　154
学習指導要領　193
革新自治体　186
カジノ型介護施設　247
カジノ管理委員会　111
学級数　198
学校選択制　200,207
学校統廃合　199,205
合併協議会　79
合併特例法　79
家庭的保育事業　212
河村たかし　7,13,41
監査委員　111
関西広域連合　130
官僚優位論　181

議案提出権　4, 25, 36
議院内閣制　35, 185
議員年金　11, 39
議員の報酬　33
議会運営委員会　25
議会解散請求　76, 91
機関委任事務（制度）　181, 182
議決権　23
基礎自治体（municipality）　v, 127
義務教育（制度）　193, 202
義務教育費　195
義務教育費国庫負担金　194
義務標準法　198
給料表　54
教育委員会　110, 120
教育委員会制度　120
教育課程特例校制度　206
教育職　46
教育長　120
教育費　149, 195, 205
教員勤務実態調査　205
教員の定数削減　205
行政委員会　3, 110
行政区　136
共有地の悲劇（tragedy of the commons）
　180
居宅介護サービス　236
居宅介護支援事業所　238
居宅サービス事業所　238
居宅訪問型保育事業　212
区長公選制　128
国地方係争処理委員会　182
郡　127
景観条例　86, 87
警察職　46
警察費　149
警察法　111
兼業　28
原子力規制委員会　111
原則非募債主義　158
公安委員会　110, 111

公安審査委員会　111
広域自治体　127
広域連合　130
後援会　74
公害等調整委員会　111
後期高齢者医療制度　177, 233
合議制　110
公職選挙法　39, 65
公正取引委員会　111
功績顕示（credit-claiming）　51
高等学校　193
交付税及び譲与税配布金特別会計（交付税等
　　特別会計）　157
公務員　44
高齢社会　i, ii, 231
高齢化率　ii, 231
個人情報保護委員会　111
　　特定——　111
国民健康保険　233
国家公安委員会　111
国家公務員　46
国庫支出金　153, 156, 157
国庫補助負担金　58, 177
固定資産評価審査委員会　111
こども家庭庁　119, 227
子ども・子育て支援新制度　214, 217, 226
個別型住民投票　82
個別的利益　74

● さ　行

再議請求権　4, 23
財政安定化基金　235
財政移転制度　193
財政請負制度（fiscal contracting system）
　174
財政規律　174
財政調整制度　156, 174
財政的公平性（fiscal equity）　178
財政連邦主義（fiscal federalism）論　173
再選　6, 51
財務省　187, 205

債務不履行（デフォルト）　184
三層制　127
3割自治　153, 183
市　127
GHQ　36
ジェネラリスト　52
市議会　22
事業所内保育事業　212
市区町村　v, vi, 126, 127
施行時特例市　131, 137
市場保全型連邦主義（market-preserving
　　federalism）　173-175, 178
市職員　9
施設サービス　236
自治省　57, 187
市　長　8
　──の給与　12
市町村　v, vi, 127
市町村合併　79
執行機関多元主義　120
指定保育士養成施設　220
シティ・リミッツ（city limits）　161, 175,
　　176, 179
児童福祉法　225
事務監査請求　76, 77
社会福祉士　237
集権的分散システム　182
集権‒分権（centralization-decentralization）
　　軸　171
集中‒分散（concentration-dispersion）軸
　　172
住民自治　62, 64
住民投票　76, 78
収用委員会　111
主権（sovereignty）　168
首　長　2, 6
　──の給与　11
首長・議会議員の解職請求　76
首長公選　36
首長選挙　5
首長部局　3, 70, 110

出向官僚　56
小学校　198-200
小規模保育事業　212
少子化　i, 224
昇進管理　51
常設型住民投票　82
小選挙区制　65, 72
小選挙区比例代表並立制　10, 19
常任委員会　25, 26
少人数学級　206
少人数学級編制　198, 202
情報公開条例　87
消滅可能性自治体　224
条　例　85
条例制定　4
条例制定改廃請求　76, 77
助　役　9
自律性（autonomy）　vi
自律性Ⅰ（type 1 autonomy）　vii, viii, 62,
　　85, 125, 192, 208, 211, 224, 225, 227, 247
自律性Ⅱ（type 2 autonomy）　vii, viii, 125,
　　192, 207, 208, 211, 225-227, 247
私立幼保連携型こども園数　217
新型コロナウイルス　i, 142, 209
新産業都市建設促進法　185
人事委員会　3, 110
人事院　111
垂直的行政統制モデル　181, 182, 185
水平的政治競争モデル　181, 185
スペシャリスト　52
税源移譲　177
制限列挙方式　3, 169, 170
性質別分類　148
政　党　66
政府間関係　193
政務活動費　34
政令指定都市　12, 131, 135
責任回避（blame-avoidance）　51
全員協議会　25
選挙管理委員会　76, 110
選挙制度改革　10, 19

専権事項　4
全国政府（national government）　vi
全国知事会　183
潜在介護福祉士　244
潜在保育士　221, 244
先進的自治体　224
全体的利益　74
専門職　46, 47
総合区制度　137
総合職試験　47
総務省　8, 57, 187
ソフトな予算制約（soft budget constraints）　180, 235, 248

● た　行

第一線職員　226
待機児童　213, 214
　　——解消加速化プラン　212
　　——数　213
　　——問題　212, 224
待機老人　230
大選挙区制　71, 73
大統領制　36
大都市地域特別区設置法　79, 129
「代理人」モデル（agent model）　181
竹原信一　79
多選首長　65
単一主権国家（unitary state）　168
単一主権制（unitary system）　168
短期入所サービス　236
地域主権　227
地域主権改革第一次一括法　227
地域政党　36
地域包括ケアシステム　243
地域密着型介護予防サービス事業所　238
地域密着型サービス事業所　238
地方議員　72
　　——の党派性　32
地方議会　22, 23
地方公共団体（local public entity）　v
地方交付税　58, 156, 177

地方公務員　46
地方債　158, 161, 165
地方財政健全化法　165
地方財政法　158, 160
地方自治体（local authority）　v, vi
地方自治の本旨　64
地方自治法　18, 23–25, 78, 91, 109, 127, 131, 170
　　2014 年の——の改正　137, 142
地方消滅論　140
地方税財政制度　58
地方税収　153
地方政府（local government）　vi, 63, 146, 168
地方創生　140
地方分権一括法　161
地方分権改革　10, 36, 70
地方民主主義　62
中央政府（central gonernment）　v, 146, 168
中央地方関係　181
中央労働委員会　111
中核市　131, 137
中学校　199
中学受験　206
中選挙区制　10, 71–73
直接請求　76, 88
直接選挙　35
通所介護　238, 242
通所サービス　236
通年会期制　25
底辺への競争（race to the bottom）　177
ティボー・モデル　175
定例会　25
適債事業列挙主義　158
デジタル化（Digital Transformation: DX）　140
デジタル田園都市国家構想基本方針　140
出直し選挙　91
統合–分立（integration-fragmentation）軸　172

道州制　169
都区財政調整制度　128
特定財源　153
独任制　110
特別委員会　25, 26
特別区　v, 79, 127–129, 155
特別区設置協定書　79, 83
特別支援学級　199
特別支援学級設置　202
特別支援学校　193
特別地方公共団体　56, 128, 130
特例市　131, 137
所沢市空き家等の適正管理に関する条例
　　92, 102
都道府県　v, vi, 127, 129

● な 行

内水面漁業管理委員会　111
ナショナル・ミニマム　156, 183
二元代表制　22, 35, 91
二重行政　142, 170
二層制　126
入所者虐待　230
認可外保育施設　213
認可保育園　214
認可保育所　212, 213, 225
認証保育所制度　225
認定こども園　212, 217
NIMBY（Not in My Back Yard；迷惑施設）
　　214
寝屋川市子どもたちをいじめから守るための
　　条例　95, 102
農業委員会　111

● は 行

廃藩置県　129
橋下徹　41
ハミルトニアン・モデル　174, 178
ハミルトン, アレグザンダー（Alexander
　　Hamilton）　174
百条調査権　24

広島平和記念都市建設法　78
福祉施設介護員　223
副市長　9, 56
福祉の磁石（welfare magnet）効果　176,
　　224
副知事　8, 37, 56
不信任議決権　23
不信任決議　18, 24
フラット化　53, 116, 117
ふるさと納税　162
ブレア, トニー（Tony Blair）　170
平成の大合併　11, 77, 128
ベイルアウト　161, 173
　　——期待行動　154, 174, 178, 180
保育士　218, 223
　　——不足　220
保育所　215
保育所建設反対運動　214
保育所最低基準　227
法人関連二税　154
法定受託事務　181
法定受託事務制度　182
訪問介護（ホームヘルプ）　238, 242–244
訪問サービス　236
保健師　237
保健所　139
　　——行政　139
補助金　153
本会議　25
本部制　117

● ま 行

町　127
マーブルケーキ・モデル　146
三重県リサイクル製品利用推進条例　87
美濃部亮吉　186
民生費　149, 195
武蔵野市住民投票条例　98, 103
無所属議員　26, 33, 73
無党派　67
　　——首長　69

無党派層　69
無投票　80
村　127, 128
迷惑施設　→NIMBY
目的別分類　148
文部科学省　193, 205

● や　行

融合的政府間財政制度　194
融合‒分離（separation-interfusion）軸　171
幼児教育・保育無償化　222
幼稚園　119, 213, 215
　　──教諭　219, 223
幼保連携認定こども園　213
横出しサービス　206, 227, 240
横出し条例　86

横山ノック　9
横割り組織　116
予算案　23
予算提案権　23

● ら　行

リプスキー，マイケル（Michael Lipsky）　226
臨時会　25
臨時財政対策債　158
レイヤーケーキ・モデル　146
連携協約制度　131
連邦国家（federal state）　168
連邦制（federa systeml）　168
労働安全衛生調査　205
労働委員会　111
老老介護　230, 232

【有斐閣ストゥディア】

地方自治論〔新版〕——2つの自律性のはざまで

Local Government in Japan, New Edition

2017 年 12 月 20 日 初版第 1 刷発行
2024 年 3 月 20 日 新版第 1 刷発行

著　者　　北村 亘, 青木栄一, 平野 淳一
　　　　　きたむらわたる　あお き えいいち　ひら の じゅんいち

発行者　　江草貞治

発行所　　株式会社有斐閣
　　　　　〒101-0051 東京都千代田区神田神保町 2-17
　　　　　https://www.yuhikaku.co.jp/

装　丁　　キタダデザイン

印　刷　　株式会社理想社

製　本　　牧製本印刷株式会社

装丁印刷　株式会社亨有堂印刷所

落丁・乱丁本はお取替えいたします。定価はカバーに表示してあります。
©2024, Wataru Kitamura, Eiichi Aoki, Junichi Hirano.
Printed in Japan. ISBN 978-4-641-15121-5